KB074285

법언

東洋學叢書
동양학총서
29

법언 法言

한나라의 『논어』를 꿈꾸다

양웅揚雄 著 · 이준영 해역

자유문고

『법언』은 어떤 책인가?

『법언法言』은 한나라 양웅揚雄의 저서로, 공자와 맹자를 본받고자『논어』와『맹자』의 체제를 따라 편찬했다. 양웅은 정치·경제·사회·역사·문화·교육·군사 등의 제반 제도와 문물을 총망라하여 자문자답 형식으로 이 한 권 속에 집중시키고 그것을 "법언(法言: 본받을 만한 말)"이라고 명명했다.

그러므로 공자 이후『논어』를 말할 때,『근사록』을 송宋나라의 논어라 하고『법언』은 한漢나라의 논어라 하여, 이것을 3대 논어라고 일컫기도 한다.

그러면 양웅揚雄은 어떤 사람인가?

한나라의 유학을 부흥시킨 대학자인 양웅은 촉군蜀郡의 성도成都 사람이며, 전한前漢 선제宣帝 감로(甘露: B.C. 53년) 원년에 태어났다. 자字는 자운子雲이다. 자기 고향 출신인 대시인大詩人 사마상여司馬相如의 영향을 받아 어려서부터 부賦 짓기를 좋아했다.

그의 작품인「감로부甘露賦」,「하동부河東賦」,「우렵부羽獵賦」,「장양부長楊賦」 등은 당시에는 물론이고 오늘날에도 한대漢代의 뛰어난 작품으로 인정받고 있다.

그는 나이 30여 세 때에 도읍인 장안長安으로 나왔으며, 대사마大司馬인 거기장군車騎將軍 왕음王音과 사귈 수 있었던 것은 그의 타고난 문재文才 덕분이었다.

그 즈음에 그는 부賦를 지어 왕에게 바침으로써 낭郎의 벼슬에 제수除
授되었다. 이것은 양웅이 문인 학자로서 명성을 날리는 계기가 되었으
며, 이로 말미암아 정계政界의 흙탕물의 파도에 휩쓸리게 되고 또
지독한 오명汚名을 뒤집어쓰지 않으면 안 될 운명까지도 짊어지게
되었다.

그가 생애를 보낸 전한前漢 말기는 어떤 상태였던가?

성제成帝의 영시永始 4년은 양웅이 상경하여 몇 해 지난 후에 해당하
는데, 그해 4월에 장락궁長樂宮과 임화전臨華殿, 그리고 미앙궁未央宮의
동사마문東司馬門에 화재가 일어났다. 다시 6월에는 패릉霸陵의 성덕원
盛德園 동궐東闕에 또 화재가 발생했다. 재災라는 것은 하늘의 불로서
군주에 대한 하늘의 경계인 것이다.

당시 성제成帝의 모후母后인 왕태후王太后의 동생 세 사람이 차례로
정권을 장악하여 일족一族이 조정을 풍미하였는데, 이러한 화재는
그들이 장차 국가에 큰 피해를 준다는 전조라고 생각되었다.

그 다음해인 원연元延 원년에는 7월에 큰 혜성이 나타나 길게 뻗은
꼬리의 빛이 천계天界의 모든 성궁星宮을 휩쓸고 돌았다. 이것이야말로
상고上古의 대란大亂의 지극한 현상으로 드물게 있는 일이라고 곡영谷
永이나 유향劉向 등 당대의 재이학자災異學者들이 크게 우려했다.

이로부터 5년 뒤 성제가 붕어崩御하고 애제哀帝·평제平帝로 이어지
며 한조漢朝의 운명은 급속하게 몰락해 갔다.

이와 같은 시대의 풍조를 교묘하게 이용하여 출현한 자가 바로 역사상
찬탈자로 이름 높은 왕망王莽이다. 때마침 우물 속에서 건져낸 흰

돌에 '안한공安漢公 망莽에게 고하노니, 황제皇帝가 되라.'라고 하는 단서丹書로 되어 있는 것이 발견되었다. 이러한 것을 부명符命이라고 하는데, 이 일이 있은 이래로 이어서 혜성이 나타나 여론을 자극하여 마침내 왕망은 자신의 목적을 달성하는 데 이르게 되었다.

그런데 왕망이 황제가 된 뒤에도 또 부명符命을 바치는 사람이 있었다. 이번에는 왕망의 노여움을 사 관계자들이 체포되었는데, 이 사건에 연루되어 일어난 것이 양웅이 천록원天祿園에서 뛰어내린 자살미수사건이었다. 이것은 그가 지은 왕망王莽 찬미의 글인 「극진미신劇秦美新」과 함께 양웅의 평판을 크게 떨어뜨린 주요한 원인이 되었다.

양웅은 『역易』에 비기어 『태현경太玄經』을, 『논어論語』를 모방하여 『법언法言』을, 『우잠虞箴』을 본떠 『주잠州箴』을 저술한 대학자였다. 이처럼 대학자였던 연유로 고전古典의 주석에도 조예가 깊어 『맹자孟子』의 주석도 있었다고 하는데 지금은 전하지 않는다. 그리고 『창힐蒼頡』에 비기어 『훈찬訓纂』을 만들었으며, 저 유명한 『방언方言』의 저서를 편찬하여 언어학자로서도 뛰어났다.

그는 그 박학博學함 때문에 묻는 사람이 많았다. 그는 답할 때는 성인聖人의 법法을 설하는 것을 상례常例로 했다. 그것을 모아 만든 것이 『법언』이다.

그의 대저술에 감화되어 닮고자 하였던 향리鄕里의 어떤 돈 많은 사람이 천만 전을 내면서 기재할 것을 청해 왔으나 그것을 물리쳤다고 하는 말이 전해지고 있다.

양웅은 명리名利에 대한 욕심은 없었던 것 같다. 만년에야 겨우 대부大夫의 지위에 올랐으며, 처음에는 같은 지위였던 왕망이나 유흠劉

歆, 동현董賢 등의 출세에 비해 큰 차이가 있었다.

그는 오로지 저술에 의해 이름을 남기고자 하였으며 헛되이 시국의 거친 파도를 피하고자 하여 때론 아부하는 문장文章까지 썼다. 그 따분한 심사를 술로 달래 가면서 채울 수 없는 가슴 속을 어렵고 깊은 문자文字에 응결시켰던 것 같다.

(※이 해역본은 원전原典을 구하지 못하여 일본의 명덕출판사明德出版社 발행본을 저본으로 했다.)

설 | 이단의 본성을 드러내지 않았다면 | 욕망을 적게 하라는
점은 좋다

제5권 문신問神 • 107

제6권 문명問明 • 133

사람을 등용했더라면… | 천하를 물려주려고 한 요임금 | 제비는
어느 점이 좋습니까? | 유세하다가 죽음을 면치 못한 한비韓非 |
덕을 기르는 것이다

제7권 과견寡見 • 157

도를 배우는 사람은 마을마다 가득하지만… | 군자라고 할 수 있는
인물 | 미혹된 지식을 가진 사람 | 현명한 사람을 계획하는 것 |
다섯 가지 경전은 변론하는 것입니까? | 어디에 공자가 계시다는
말입니까? | 구슬에는 조각을 하지 않는다는데… | 많은 논설을
요약할 수 있습니까? | 군자도 노래를 듣습니까? | 쌍륙으로
군자와 상대하는 것은 | 하늘을 높이 날 수 있는 새 | 하늘의
일이라는 것 | 덕은 나라를 지키는 것이다 | 구정九鼎을 보배로
삼고 있습니다 | 진秦나라만큼 강한 나라는 없었다 | 다른 나라의
침략을 받은 이유 | 노가 없으면 배를 어떻게 부릴까? | 지혜라는
것은 쓸모가 없지 않습니까? | 배가 안전하면 배에 탄 사람도
안전하다 | 백성들은 한 목숨을 바친다 | 하늘이 비를 내려줄
것이다 | 태평성세를 실현시키는 일 | 세상에 추위가 몰아칠 때 |
방법이 틀렸는데 실행하는 것

제8권 오백五百 • 179

5백년마다 성인이 나오는 근거가 있습니까? | 성인聖人이란
무엇인가? | 성인도 남에게 굽힙니까? | 아아, 도는 행해질
것인가? | 그의 이름이 전하지 않다 | 어찌하여 공자를 임용하지
않았습니까? | 후세의 군자에게 가려고… | 부모의 나라를
떠난 공자 | 하늘의 마음을 전한 성인聖人 | 혁혁한 태양의
광채 | 오경伍經은 번거롭게 나누어져 있습니까? | 성인은 보통
사람에게 쓸모가 없습니까? | 성인도 하늘의 점을 칩니까? |

제9권 선지先知 • 205

명예는 인仁과 효 | 어떤 것을 좋은 계략이라고 합니까? | 그 빛은 지금까지도 미치고 있다 | 천하를 받은 것도 과분한 것은 아니다 | 천하에 통용되는 다섯 가지 도 | 힘은 기껏 해야 백 사람의 힘뿐이다 | 무슨 뜻인지 가르쳐 주십시오 | 성인은 자기의 인격을 닦는 데 힘쓴다 | 천자가 모든 백성을 통치할 수 있는 것은 | 연령이 높아질수록 인덕도 높아지는 사람 | 어느 편이 바람직합니까? | 그것을 다스리는 방법은 미묘한 도이다 | 준철俊哲과 홍수洪秀라는 것은 | 좋다고 결정한 뒤에 행동하는 군자 | 중심이 되는 행위란 도덕적인 행위이다 | 관저關雎의 시가 만들어진 시기 | 사방에서 공물을 받은 한나라 | 최상의 정치란 먼 나라가 사모하는 것 | 최고의 덕의 상징은 기린과 봉황 | 후하게 대우하지 않을 수 있는가 | 군대를 함부로 출동시키지 않은 한나라 | 주애군은 원제元帝 때 폐지했다 | 선조나 여러 신을 제사 지내면… | 하늘이 수고하는 것이 있겠습니까? | 이윤伊尹보다 더한 왕망 | 한나라의 운명은 중천에 당도했다

제14권 법언서法言序 • 365

제1권 학행學行

1. 학문은 실행하는 것이 으뜸이다

학문은 실행하는 것이 으뜸이다. 그것을 논술하는 것은 그 다음이고, 그것을 남에게 가르치는 것은 또 그 다음이다. 그 세 가지 가운데 한 가지도 하지 않는 자는 보통사람이다.

學行之上也 言之次也 敎人又其次也 咸無焉爲衆人

〔학문은 그것을 실행하는 것이 최상이다. 그것을 말하는 것은 다음이요, 남에게 가르치는 것은 또 그 다음이며, 다 없는 것은 중인이다.〕

2. 학문을 좋아하면 오래 살기를 바라지 않아…

어떤 사람이 말하기를

"사람이 오래 살기를 바라는 것은 그만큼 배우고자 하기 때문입니다. 학문을 좋아하는 사람이라 이를 만하지 않습니까?"

하니, 대답했다.

"아직 학문을 좋아한다고 할 수 없다. 참으로 학문을 좋아한다면 오래 살기를 바라지 않는다."

◉ 이 구절은 "아침에 도道를 들으면 저녁에 죽어도 좋다."고 한 『논어』
이인편里仁篇을 참조하면 된다.

或曰 人羨久生 將以學也 可謂好學已乎 曰 未之好也 學不羨
〔혹자或者가 말하기를 사람이 오래 살기를 바라는 것은 장차 그것으로써
배우고자 해서인데 가히 학문을 좋아한다고 할 것인가. 말하기를 아직
좋아하는 것이 아니다. 배우면 오래 사는 것을 부러워하지 않는다.〕

3. 중니의 가르침이 아닌가?

하늘의 도道는 중니仲尼의 가르침에 있지 않는 것인가? 중니는 수레나
말을 타고 다니며 자기의 가르침을 널리 전했다. 도道는 유가儒家에게
있지 않는 것인가? 만약 장차 다시 수레나 말을 타고 가르치는 바를
설명하려고 한다면 모든 유학자로 하여금 목탁木鐸이 되게 하는 것과
같은 것이 없을 것이다.

天之道 不在仲尼¹乎 仲尼駕說²者也 不在玆儒乎 如將復駕³其所說
則莫若使諸儒金口而木舌⁴
〔하늘의 도道는 중니仲尼에게 있지 않은가. 중니는 가세駕說한 사람이다.
이것은 유자儒者에게 있지 않은가. 장차 다시 그 가르치는 바를 전하러
유세하게 된다면 모든 유자로 하여금 목탁木鐸을 울리게 하는 것만 같지
못한 것이다.〕

※

1 仲尼(중니): 공자孔子의 자字.

2 駕說(가세): 수레나 말을 타고 사방으로 유세하러 가다. 또는 선왕先王의
도道로도 쓰인다.

3 復駕(복가): 다시 가르침을 전하러 수레나 말을 타다.

4 金口而木舌(금구이목설): 금구목설金口木舌이라고 한다. 목탁木鐸. 나무로
만든 혀를 가진 것을 목설木舌, 쇠로 만든 방울을 금구金口라고 한다. 모두
법령을 공포할 때 그것을 울려 백성에게 알렸다. 곧 학자가 지위를 얻어
백성을 가르치고 인도하는 것을 뜻한다.

4. 타고난 성질을 어떻게 합니까?

어떤 사람이 말하기를

"학문을 해도 유익할 것이 없습니다. 타고난 본질대로 하는 것이
어떻습니까?"

하니, 대답했다.

"아직 생각이 미치지 못한 말이다. 대저 칼을 가진 자는 갈아야
하고 옥玉을 가진 자는 쪼아서 닦아야 한다. 갈고 닦지 않으면 어찌
쓸모가 있겠느냐? 갈고 닦음으로 말미암아 본바탕이 드러나는 것이다.
그렇게 하지 않으면 그것으로 끝나는 것이다."

或曰 學無益也 如質何 曰 未之思矣 夫有刀者礪諸 有玉者錯諸 不礪不
錯 焉攸用 礪而錯諸 質在其中矣 否則皠

〔혹자가 말하기를 배워도 유익한 것이 없는데 바탕대로 하는 것이 어떠한

20

가. 답하기를 아직 생각하지 않은 것이다. 대저 칼을 가진 자는 그것을
갈고, 옥玉을 가진 자는 그것을 닦는다. 갈지도 닦지도 않는다면 어디에
쓸 데가 있느냐. 갈고 닦으면 바탕은 그 속에 있는 것이다. 아니면 그치는
것이다.〕

5. 날 닮아라, 날 닮아라

뽕나무 벌레의 애벌레가 죽어서 나나니벌을 만났다. 나나니벌이 그를
보고 "날 닮아라. 날 닮아라." 하니, 하루하루 지나는 동안에 나나니벌을
닮았다. 빠르구나. 70제자들이 그들의 스승인 중니仲尼를 닮은 것이….

螟蛉之子[1] 殪而逢蜾蠃[2] 祝之曰 類我類我 久則肖之矣 速哉 七十子之
肖仲尼也

〔명령螟蛉의 애벌레가 죽어 과라蜾蠃를 만났다. 빌어 말하기를 나를 닮아
라. 나를 닮아라. 오래하면 닮을 것이다. 빠르도다. 70제자가 중니를
닮은 것이여.〕

※

1 螟蛉之子(명령지자) : 뽕나무 벌레의 애벌레.
2 蜾蠃(과라) : 나나니벌. 토봉土蜂.

6. 배워서 도를 닦는 것이다

학문을 하여 도를 닦고, 사색思索하여 그것을 정밀하게 하고, 벗과
벗이 그것을 연마하고, 명예로운 것을 귀하게 여기고, 생애를 게으르지

않게 마친다. 그러면 학문을 좋아하는 사람이라고 이를 수 있을 것이다.

學以治之 思以精之 朋友以磨之 名譽以崇之 不倦以終之 可謂好學也
已矣

〔배움으로써 그것을 다스리고, 생각함으로써 그것을 정밀精密하게 하고,
벗과 벗이 그것을 닦고, 명예로써 그것을 높이고, 게으르지 않음으로써
그것을 마친다면 가히 학문을 좋아한다고 이를 것이다.〕

7. 주공을 배운 사람이다

공자孔子는 주공周公을 배운 사람이고, 안연顏淵은 공자를 배운 사람이
다. 지금 만약 활의 명인名人인 예羿나 봉몽逢蒙이 활을 나누어 주고,
마차를 모는 명인인 왕량王良이 채찍을 버리고, 물건을 만드는 일의
명인인 공수반公輸般이 도끼를 던지고 주공과 공자의 도를 배우고자
한다면 그 누가 그르다고 할 것인가.
　어떤 사람이 말하기를
"도덕도 명예이고 기예技藝도 명예입니다. 어떤 한 가지 일에 몰두하
여 명예를 드날림에는 하나일 뿐입니다."
하니, 대답했다.
　"천(川: 개울)에는 독瀆이 있고, 산에는 악嶽이 있다. 높고 또 거대한
것은 보통 사람들은 뛰어넘을 수 없는 것이다."
◉ 이 구절은 "중니仲尼는 해와 달 같아서 도저히 넘을 수 없다."라고
한 『논어』 자장편子張篇을 참조해서 말한 것이다.

22

孔子習周公¹者也 顔淵²習孔子者也 羿逢蒙³分其弓 良⁴捨其策 般⁵投
其斧而習諸 孰曰非也 或曰 此名也 彼名也 處一焉而已矣 曰 川有瀆⁶
山有嶽⁷ 高而且大者 衆人所不能踰也

〔공자孔子는 주공周公을 배운 사람이요, 안연顔淵은 공자를 배운 사람이
다. 예羿나 봉몽逢蒙이 그 활을 나누고 주고, 양良이 그 채찍을 버리고,
반般이 그 도끼를 던지고 그것을 배운다면 누가 그르다고 할 것인가.
혹자가 말하기를 이것도 이름이요, 저것도 이름인데 하나에 처處할 뿐입니
다. 말하기를 시내〔川〕에는 독瀆이 있고 산에는 악嶽이 있다. 높고 또한
큰 것은 중인衆人이 넘을 수 없는 바다.〕

※

1 周公(주공): 주周나라 문왕文王의 아들이며 무왕武王의 동생으로 이름은
　단旦. 무왕을 도와 은殷나라를 멸망시켰고, 무왕이 죽은 뒤에는 어린 조카인
　성왕成王을 도와 주왕실周王室의 기초를 튼튼하게 했다.

2 顔淵(안연): 안회顔回. 연淵은 그의 자字. 공자의 수제자.

3 羿逢蒙(예봉몽): 예와 봉몽. 두 사람 다 활을 잘 쏘았다고 하는 활의 명인이다.

4 良(양): 왕량王良. 마차를 아주 잘 몰았다고 한다.

5 般(반): 공수반公輸般. 도구 만드는 것을 잘했다고 한다. 『묵자』에 보면
　묵자와 서로 성곽을 수비하고 공격하는 기구를 만들어 견주었다고 전한다.

6 瀆(독): 특별히 큰 강江이라는 뜻. 양자강揚子江·황하黃河·회수淮水·제수濟
　水의 네 강을 말한다.

7 嶽(악): 특별히 큰 산이라는 뜻. 대악岱嶽·형악衡嶽·화악華嶽·항악恒嶽·숭
　악嵩嶽의 다섯 산을 말한다.

8. 황금을 주조할 수 있습니까?

어떤 사람이 묻기를

"세상에는 연금술鍊金術을 말하는 사람이 있습니다만 진실로 황금을 주조할 수 있는 것입니까?"

하니, 대답했다.

"내가 듣기로는, 군자君子를 만나서는 사람을 만드는 일에 대해 물을 일이지 황금을 주조하는 일 따위를 묻는 것이 아니라고 했다."

어떤 사람이 말하기를

"사람을 만들어내는 일이 가능한 것입니까?"

하니, 대답했다.

"공자는 안연을 훌륭한 인물로 만들어냈다."

이에 어떤 사람이 놀라면서 말했다.

"의미가 있었다. 황금 만드는 일을 물었다가 사람 만드는 이야기를 들을 수 있었다."

或問 世言鑄金[1] 金可鑄與 曰 吾聞 覯君子者 問鑄人 不問鑄金 或曰 人可鑄與 曰 孔子鑄顔淵矣 或人踧爾曰 旨哉[2] 問鑄金 得鑄人

〔혹자가 묻기를 세상에서는 금金을 만든다고 하는데 금은 만들 수 있는 것인가. 말하기를 나는 듣건대 군자를 만난 자는 사람을 만드는 것을 묻고 금 만드는 것을 묻지 않는다고 한다. 혹자가 말하기를 사람은 만들 수 있는 것인가. 말하기를 공자는 안연을 만들었다. 혹자가 놀라면서 말하기를 의미 있었다. 금 만드는 것을 물어 사람 만드는 일을 얻었다.〕

※

1 鑄金(주금): 황금을 만들다. 연금술鍊金術.
2 旨哉(지재): 의미가 있었다의 뜻.

9. 타고난 본성을 닦는 것이다

배운다고 하는 것은 타고난 본성本性을 닦는 것이다. 보고, 듣고, 말하고, 용모를 꾸미고 몸가짐, 생각하는 다섯 가지는 인간의 본성 중에 포함되어 있다. 배우면 그것은 올바르게 되고 배우지 않으면 기울어지게 되는 것이다.

◉ 양웅揚雄의 성론性論에 관한 것은 수신편修身篇을 참조한다. 성론은 또 『중용』의 수장首章과 비교된다.

學者所以修性也 視聽言貌思 性所有也 學則正 否則邪
〔학문이라는 것은 성품性品을 닦는 까닭이다. 보는 것과 듣는 것과 말하는 것과 모양과 생각하는 것은 성품이 둔 바다. 배우면 정正이고 배우지 않으면 사邪다.〕

10. 스승에 의해 결정된다

스승이여! 스승이여! 동자童子의 운명을 결정하는 것이다. 혼자서 힘써 배우는 것은 좋은 스승을 구하는 데 힘쓰는 것만 같지 못하다. 스승은 사람의 모범模範이다. 세상에는 모범이 모범이 되지 못하고,

법이 법답지 못한 것도 적지 않은 듯하다.

師哉師哉 桐子[1]之命也 務學不如務求師 師者人之模範也 模不模 範
不範 爲不少矣

〔스승이여, 스승이여. 동자(桐子: 童子)의 명命이다. 학문에 힘쓰는 것은
스승을 구하는 데 힘쓰는 것만 같지 못하다. 스승이라는 것은 사람의
모범이다. 모模가 모 아니고 범範이 범 아닌 것이 적지 않다.〕

✽

1 桐子(동자): 동자童子로도 쓴다.

11. 스승의 말을 표준으로 삼는다

한 곳의 시끄러운 저잣거리에는 서로 뜻이 다른 의견이 수없이 많다.
한 권의 책에도 각양각색의 의견이 수없이 많다. 한 곳의 시끄러운
저잣거리에는 반드시 공평한 것을 세운다. 한 권의 책에도 반드시
스승을 세우는 것이다.

一鬨[1]之市 不勝異意焉 一卷之書 不勝異說焉 一鬨之市 必立之平 一
卷之書 必立之師

〔일홍一鬨의 저자도 이의異意를 이기지 못하고, 한 권의 서적도 이설異說을
이기지 못한다. 일홍의 저자에도 반드시 평平을 세우고, 한 권의 서적에도
반드시 스승을 세운다.〕

✽

1 鬨(홍): 시끄러운 곳의 뜻.

12. 사특한 도를 이기는 길

익혀서 익숙하게 되는 것이여! 그른 것을 익히면 옳은 것을 이기는
데 사용하는 것이다. 하물며 옳은 것을 배워서 그른 것을 이겨내겠는가!
아아! 배우는 사람이여 그의 옳은 것을 살필 뿐이다.

어떤 사람이 말하기를

"어떻게 옳다는 것을 알고 익히겠습니까?"

하니 대답했다.

"해와 달을 살펴보면 모든 별이 미세하다는 것을 알 수 있고, 성인聖人
을 우러러보면 여러 사람의 말이 소소하다는 것을 알 수 있을 것이다."

習乎習 以習非之勝是 況習是之勝非乎 於戱 學者審其是而已矣 或曰
焉知是而習之 曰 視日月而知衆星之蔑也 仰聖人而知衆說之小也
〔익혀서 익숙한 것이여! 그른 것을 익히면 옳은 것을 이긴다. 하물며
옳은 것을 익혀 그른 것을 이기겠는가! 오호라! 학자는 그의 시(是:
옳은 것)를 살필 뿐이다. 혹자가 말하기를 어찌 시是를 알고 익히겠는가.
이르기를 해와 달을 보고 뭇별의 작음을 알고, 성인을 우러러 뭇 학설學說
의 작음을 알라.〕

13. 사물에 통달한 중니仲尼

학문을 익혀서 왕자(王者: 지도자)가 되는 일은 먼 옛날부터 그러했다.
요堯임금·순舜임금·우禹임금·탕왕湯王·문왕文王·무왕武王 등은 쉬

지 않고 열심히 하였고, 중니仲尼가 모든 사물에 통달한 것도 이미 오래 전부터 노력한 결과였다.

學之爲王者事 其已久矣 堯舜禹湯文武[1]汲汲[2] 仲尼皇皇[3] 其已久矣
〔배워서 왕자王者가 되는 일은 그것이 이미 오래되었다. 요堯·순舜·우禹·탕湯·문文·무武는 급급汲汲하였으며 중니仲尼가 황황皇皇한 것은 이미 오래였다.〕

※

1 堯舜禹湯文武(요순우탕문무): 요堯는 요임금. 중국의 성천자聖天子. 오제五帝의 한 사람. 순舜은 순임금. 요임금으로부터 천자의 자리를 물려받은 성천자. 오제五帝의 한 사람. 우禹는 우임금. 하왕조夏王朝를 세운 성군聖君. 탕湯은 탕왕. 은왕조殷王朝를 세운 성군. 문文은 문왕. 주왕조周王朝를 세운 무왕武王의 아버지로 주왕조의 기초를 닦은 성군. 무武는 무왕. 주왕조를 창업한 성군.
2 汲汲(급급): 쉬지 않고 힘쓰는 모양.
3 皇皇(황황): 모든 것에 통달한 모양.

14. 앞으로 나아가는 것을 가르쳐 주십시오

어떤 사람이 진進, 곧 나아가는 것에 대하여 물으니, 대답했다.
  "흘러가는 물이다."
  어떤 사람이 말하기를
  "그 밤과 낮을 가리지 않고 쉬지 않기 때문입니까?"
하니, 대답했다.
  "그렇다. 가득 찬 뒤에 서서히 나아가는 것은 물이니라."

28

어떤 사람이 묻기를

"큰기러기가 차츰차츰 나아가는 것입니까?"

하니, 대답했다.

"갈 곳이 아니면 가지 않고, 살 만한 곳이 아니면 살지 않는다. 차츰차츰 나아가는 것이 물과 같으니라."

어떤 사람이 청해 묻기를

"나무도 차츰차츰 나아가는 것입니까?"

하니, 대답했다.

"근본을 단단히 굳히고 나서 점차 위로 성장해 가는 것이 나무인 것이다. 이것 또한 물과 같을 뿐이다."

或問進 曰 水 或曰 爲其不捨晝夜與 曰 有是哉 滿而後漸者 其水乎 或問鴻漸 曰 非其往不往 非其居不居 漸猶水乎 請問木漸 曰 止於下而 漸於上者 其木也哉 亦猶水而已矣

〔혹자가 진進에 대하여 물으니 대답하기를 물이다. 혹자가 가로되 그 낮과 밤을 버리지 않기 때문인가. 답하기를 그렇다. 가득 찬 후 서서히 나아가는 것이 물이니라. 혹자가 큰기러기의 나아가는 것에 대하여 물으니 이르기를 그 갈 때가 아니면 가지 않고, 그 있을 데가 아니면 있지 않는다. 나아감이 마치 물과 같은져! 청하여 나무의 나아감을 물으니 이르기를 아래에 멈추어 서서 위로 나아가는 것은 그것이 나무로구나. 또한 마치 물과 같을 뿐이다.〕

15. 자기의 덕을 아름답게 하는 사람

나는 아직 자기의 덕德을 갈고 닦는 일을 그 집의 동자기둥의 무늬를
아름답고 화려하게 장식하는 것처럼 좋아하는 사람을 보지 못했다.

吾未見好斧藻¹其德 若斧藻其梲²者也
〔나는 아직 그 덕德 닦는 것 좋아하는 것을 그 동자기둥에 무늬를 새기는
것처럼 좋아하는 것을 보지 못했다.〕

※

1 斧藻(부조) : 깎아 꾸미다. 수식하다.
2 梲(절) : 동자기둥. 집의 들보 위에 세우는 짧은 기둥이다.

16. 감정대로 움직이는 새와 짐승

새와 짐승은 그의 정情으로 부딪치는 것이다. 일반 사람은 이와는
다른 것인가. 현인賢人은 보통 사람과는 다르다. 성인聖人은 현인과도
다르다. 예의가 만들어진 것도 까닭이 있는 것이다. 사람으로서 배우지
않는다면 비록 근심스러운 것이 없을지라도 새와 같은 것을 어찌할
것인가?

鳥獸觸其情者也 衆人則異乎 賢人則異衆人矣 聖人則異賢人矣 禮義
之作 有以矣夫 人而不學 雖無憂如禽何
〔조수鳥獸는 그 정情에 접촉하는 것이다. 중인衆人은 곧 다른 것인져.

현인賢人은 곧 중인과 다르고 성인聖人은 곧 현인과 다르다. 예의禮義가 만들어지는 것도 까닭이 있다. 사람으로서 배우지 않으면 비록 근심이 없다고 해도 금수와 같은 것을 어찌할 것인가.〕

17. 구하지 않으면 얻지 못한다

배우는 것은 군자 되기를 구하는 것이다. 구해도 얻지 못하는 일이 있는 것이다. 그러나 구하지 않고서 얻는 일은 있지 않았다.

學者所以求爲君子也 求而不得者有矣夫 未有不求而得之者也

〔배운다는 것은 군자君子 되기를 구하는 까닭이다. 구해서 얻지 못하는 것이 있을진져. 아직 구하지 않고 얻는 자 있지 않았다.〕

18. 안회와 같은 사람이 되기 쉽습니까?

천리마千里馬가 되기를 염원하는 말은 그 또한 천리마다. 안회顏回가 되기를 염원하는 사람은 그 또한 안회와 같은 사람이다.
　어떤 사람이 말하기를
　"안회와 같은 사람이 되기는 쉬운 일입니까?"
하니, 대답하기를
　"그 사람이 되는 것을 염원하여 구하면 이미 그 사람인 것이다."
하고는, 또 말했다.
　"옛날에 안회는 일찍이 공자가 되기를 염원했다. 상송商頌을 만든

정고보正考甫는 일찍이 주송周頌을 지은 윤길보尹吉甫가 되기를 염원했
으며, 마찬가지로 노송魯頌을 만든 공자 해사公子奚斯는 일찍이 정고보
正考甫가 되기를 염원했다. 본인이 그것을 원하여 구하지 않는다면
그만이지만, 만약 성현聖賢이 되기를 원하여 구한다면 어느 사람도
그것을 막을 수가 없을 것이다."

睎驥¹之馬亦驥之乘也 睎顔之人亦顔之徒也 或曰 顔徒易乎 曰 睎之
則是 曰 昔顔嘗睎夫子矣 正考甫²嘗睎尹吉甫³矣 公子奚斯⁴嘗睎正考
甫矣 不欲睎則已矣 如欲睎 孰禦焉

〔천리마千里馬가 되기를 바라는 말은 또한 천리마다. 안회顔回가 되기를
바라는 사람은 또한 안회의 무리다. 혹자가 말하기를 안회의 무리가
되기는 쉬운 것인가. 이르기를 그것 되기를 바라면 곧 그것이다. 말하기를
옛날에 안회는 일찍이 부자夫子 되기를 바랐고, 정고보正考甫는 일찍이
윤길보尹吉甫 되기를 바랐고, 공자公子인 해사奚斯는 일찍이 정고보正考甫
되기를 바랐다. 바라는 것을 하고자 하지 않으면 곧 그만둔다. 만약
바라고자 하면 누가 그것을 막을 것인가.〕

※

1 驥(기) : 천리마千里馬. 하루에 천리를 달린다는 명마名馬.
2 正考甫(정고보) : 상송商頌을 지은 사람.
3 尹吉甫(윤길보) : 주송周頌을 지은 사람.
4 公子奚斯(공자해사) : 노송魯頌을 지은 사람.

19. 서書와 경經은 동일한 것이다

어떤 사람이 말하기를

"서書와 경經은 동일한 것인데 세상에서는 숭상하지 않습니다. 다스리는 것이 가한 것입니까?"

하니, 대답했다.

"가한 것이다."

어떤 사람이 껄껄 웃으면서 말하기를

"모름지기 대책을 발동시켜 과제로 결정하는 것입니다〔어떤 사람은 학문의 목적은 관직을 얻는 데 있는 것이라고 여겨서 생각을 말한 것이다〕."

하니, 대답했다.

"대인大人의 학문은 도道를 위해 하는 것이지만 소인小人의 학문은 이익을 위해서 한다. 그대의 학문은 도를 위해 하는 것인가, 이익을 위해서 하는 것인가?"

어떤 사람이 말하기를

"농사를 지어 수확이 없고, 사냥해 차릴 것이 없다면 농사짓는 일이나 사냥하는 일을 하겠습니까?"

하니, 대답했다.

"도道를 경작해서 도를 얻고 덕德을 사냥하여 덕을 얻는다면, 이것으로 도와 덕을 수확하고 제사상을 차릴 뿐이다.

나는 삼성參星과 진성辰星이 서로 나란히 하늘에 나타나는 것을 보지 못했다. 이로써 군자는 선善으로 옮기는 것을 귀하게 여기는 것이다. 선으로 옮기는 자는 성인聖人의 무리인 것이다.

모든 강물은 바다를 배우려고 끊임없이 흐르고 흘러 기어코 바다에 이른다. 언덕은 아무리 산을 배우려 해도 한 곳에 서 있는 채 나아가지 않으므로 산에 이르지 못한다. 그런 까닭에 자포자기하는 자를 미워하는 것이다."

◉ "모든 강江은 바다를 배우려고 바다에 이르지만 언덕은 산을 배우려 해도 산에 이르지 못한다."는 말은 강물이 밤과 낮을 가리지 않고 쉬는 일이 없이 바다를 향해 나아가는 데 비해 언덕은 한 곳에 머물러 서 있는 채 나아가려고 하지 않으니 산에 이를 수가 없다는 뜻으로, 노력하지 않는 것을 의미한다.

或曰 書[1]與經同 而世不尙 治之可乎 曰 可 或人啞爾笑曰 須以發策決科[2] 曰 大人之學也爲道 小人之學也爲利 子爲道乎 爲利乎 或曰 耕不穫 獵不饗 耕獵乎 曰 耕道而得道 獵德而得德 是穫饗已 吾不覩參辰[3]之相比也 是以君子貴遷善 遷善者聖人之徒與 百川學海而至于海 丘陵學山不至于山 是故惡夫畫也

〔혹자가 말하기를 서書는 경經과 같건만 세상에서는 숭상하지 않는다. 그것을 다스려도 좋은가. 대답하기를 좋다. 혹자가 놀라는 듯이 웃으면서 말하기를 잠시 그것으로써 책策을 발發하여 과科를 정할 것이다. 답하기를 대인大人의 학문은 도道를 위해서 하고 소인小人의 학문은 이利를 위해서 한다. 그대는 도를 위해서 하는가. 이利를 위해서 하는가. 혹자가 말하기를 농사지어 거둘 것이 없고, 사냥하여 먹을 것이 없어도 농사짓고 사냥하겠는가. 이르기를 도道를 농사지어 도를 얻고, 덕德을 사냥하여 덕을 얻으면 그것이 수확이요, 먹을 것일 뿐이다. 나는 삼성參星과 진성辰星이 서로 나란히 있는 것을 보지 못했다. 이로써 군자는 선善으로 옮기는 것을

34

귀하게 여긴다. 선으로 옮기는 자는 성인의 무리이다. 온갖 물은 바다를 배우려고 바다에 이르고 구릉丘陵은 산을 배우려 해도 산에 이르지 못한다. 그런 까닭에 획일적인 것을 미워하는 것이다.]

※

1 書(서): 『논어論語』, 『효경孝敬』, 『맹자孟子』, 『이아爾雅』 등은 전기傳記한 책으로 경經을 전승하고 해설한 기록.

2 發策決科(발책결과): 미리 문제를 책策에 적어 그 양量에 의해 갑甲과 을乙의 두 과科로 나누어, 그것을 엎어두고 잡은 것에 따라 해석하게 하여 그 우열優劣을 본다. 합격자는 낭중郎中으로 보직補職된다.

3 參辰(삼진): 삼성參星과 진성辰星. 삼성은 겨울의 대표적인 성좌인 오리온좌座의 세 별. 진성은 여름의 대표적인 성좌인 전갈좌의 별.

20. 면붕面朋에 지나지 않는 것

빈번하게 당黨을 조직하여 모이는 일이 제주직박구리(=후루룩비쭉새)보다도 심하다고 하는 것은 온전히 양식만 축내는 집단이라 할 것이다. 친구를 사귐에 있어 성심으로써 대하지 않으면 얼굴만 대면하는 면붕面朋에 지나지 않고, 벗을 사귐에 있어 성심으로써 대하지 않으면 얼굴만 대면하는 면우面友에 지나지 않는다.

頻頻之黨 甚於鷦斯 亦賊夫糧食而已矣 朋而不心 面朋也 友而不心 面友也

[자주 무리를 이루는 것이 제주직박구리보다 심한 것은 또한 저 양식을 도둑질할 따름이다. 붕朋이라 하면서 마음을 쓰지 않는 것은 면붕面朋이요, 우友라 하면서 마음을 쓰지 않는 것은 면우面友이다.]

21. 재산을 다스리는 방법

어떤 사람이 말하기를

"당신의 재산을 관리하는 방법은 재정가財政家이던 단규丹圭의 부유함만 같지 못합니다."

하니, 대답했다.

"내가 듣기로는, 선생께서는 서로 더불어 이야기를 하면 곧 인仁과 의義로써 하고, 시정市井의 상인들은 서로 더불어 이야기를 하면 재財와 이利로써 한다고 했다. 어찌 그 부富를 말하겠는가. 어찌 그 부를 말하겠는가."

어떤 사람이 말하기를

"선생께서는 부모가 생존할 때에는 봉양하지 못했고, 돌아가신 뒤에는 장례를 치룰 수가 없었으니, 그것을 어찌합니까?"

하니, 대답했다.

"그 봉양하려는 것 자체가 부모를 지극하게 봉양하는 것이요, 그 장례를 치르려는 것 자체가 지극하게 장례를 치른 것이다."

或謂 子之治産 不如丹圭[1]之富 曰 吾聞 先生相與言 則以仁與義 市井 相與言 則以財與利 如其富 如其富 或曰 先生生無以養也 死無以葬也 如之何 曰 以其所以養 養之至也 以其所以葬 葬之至也

〔혹자가 말하기를 그대의 치산治産은 단규丹圭의 부富만 같지 못하다. 이르기를 내가 듣기로 선생이 서로 더불어 말하면 인仁과 의義로써 하고, 시정市井에서 서로 더불어 말하면 재財와 이利로써 한다고 하는데 어찌

그 부富인가. 어찌 그 부인가. 혹자가 말하기를 선생은 살아서는 그것으로써 봉양이 없고, 죽어서는 그것으로써 장례가 없다. 그것을 어찌할 것인가. 답하기를 그 봉양하는 소이所以로써 하는 것은 봉양의 지극함이요, 그 장례하는 소이로써 하는 것은 장례의 지극함이다.〕

✻

1 丹圭(단규): 백규白圭이다. 옛날 수천만금을 쌓은 사람으로, 이름이 단丹이다.

22. 의돈의 효도에 뒤지지 않는다

어떤 사람이 말하기를

"옛날의 부호富豪인 의돈猗頓과 같이 자신의 재산을 써서 효도를 행하면 지극한 효도가 아니겠습니까? 안회顔回는 지극히 가난해서 부모에게 끼니도 제대로 잇게 하지 못했습니다."

하니, 대답했다.

"의돈은 물질로써 하였고, 안회는 정성으로써 했다. 의돈의 효도는 굽어 있는 것이고, 안회의 효도야말로 올바른 것이다. 안회의 효도는 의돈의 효도에 뒤지지 않는 것이다."

或曰 猗頓¹之富以爲孝 不亦至乎 顔其餒矣 曰 彼以其粗 顔以其精 彼以其回 顔以其貞 顔其劣乎 顔其劣乎

〔혹자가 말하기를 의돈猗頓의 부富로써 효도함이 또한 지극한 것이 아닌가. 안회顔回는 굶주렸다. 답하기를 피彼는 그 조粗로써 했고, 안顔은 그 정精으로써 했다. 피彼는 그 회回로써 하고 안顔은 그 정貞으로써 했다. 안이 그 뒤지는 것인가. 안이 그 뒤지는 것인가.〕

※

1 猗頓(의돈): 옛날 부호富豪의 이름.

23. 제후국의 군주가 되게 한다면…

어떤 사람이 말하기를

"나로 하여금 제후국諸侯國의 군주君主가 되게 한다면, 그 즐거움은 가히 헤아릴 수가 없을 것입니다."

하니, 대답했다.

"제후국의 군주 된 자의 즐거움은 안회의 즐거움만 같지 못하다. 안회의 즐거움은 안으로부터 솟아나오는 것이요, 제후국 군주의 즐거움은 겉으로만 드러나는 것이다."

어떤 사람이 말하기를

"안회는 시종일관 공空하다고 했는데, 그 공의 속 내용은 무엇이었는지 알고 싶습니다."

하니, 대답했다.

"안회는 공자의 도를 완전히 체득하기 전에는 비록 천하를 얻는다고 하더라도 즐거워하기에 부족했을 것이다."

어떤 사람이 묻기를

"그렇다면 또 괴로운 일도 있었습니까?"

하니, 대답했다.

"안회의 괴로움은 공자가 손이 닿지 않는 너무도 높은 곳에 있는 데에 있었다."

어떤 사람이 놀라면서 말했다.

"안회의 괴로움이야말로 정히 그 즐거움을 만드는 데에 있었구나."

◉ 제후국 군주의 즐거움이 안회顔回의 즐거움을 따를 수 없다는 말은 『논어』옹야편雍也篇의 "한 소쿠리의 밥과 한 표주박의 물로 더러운 골목에 사는 일이 보통 사람으로서는 그 고생스러움을 견디기 어려우련만 안회는 그 즐거움을 바꾸려 하지 않는다."라고 한 말에서 이르는 말이다.

或曰 使我紆朱懷金[1] 其樂不可量已 曰 紆朱懷金者之樂 不如顔氏子之樂 顔氏子之樂也內 紆朱懷金者之樂也外 或曰 請問屢空之內 曰 顔不孔 雖得天下 不足以爲樂 然亦有苦乎 曰 顔苦孔之卓之至也 或人瞿然曰 玆苦也 祇其所以爲樂也與

〔혹자가 말하기를 나로 하여금 주朱를 감고 금金을 품는 제후諸侯가 되게 한다면 그 즐거움이 헤아릴 수 없을 것이다. 답하기를 제후가 된 자의 즐거움은 안회의 즐거움만 같지 못하다. 안회의 즐거움은 안에 있고, 제후가 된 자의 즐거움은 밖에 있다. 혹자가 말하기를 청컨대 누차 공空한 동안의 속을 묻겠다. 답하기를 안회는 공자가 아니면 비록 천하를 얻는다고 하더라도 그것으로써 즐거움을 삼기에 부족했다. 그러면 또한 괴로움이 있었는가. 답하기를 안회는 공자의 탁자에 이르려고 괴로워했다. 혹자가 놀라면서 말하기를 이 괴로움이 바로 그 즐거움으로 삼는 까닭인가.〕

※

1 紆朱懷金(우주회금): 우주紆朱는 붉은 것을 감다. 곧 인수를 찬 것을 이른다. 제후국諸侯國의 군주君主, 곧 후왕侯王을 가리킨다. 후왕은 금인金印·귀뉴鬼紐·훈주수纁朱綬를 띠고 있다. 후왕侯王이 되는 것.

24. 단념은 열의의 부족이다

말하기를

　"사람을 가르치고 사람 되는 도道를 세워 사심이 없이 나간 사람은 공자이다. 가르침을 받고 그 가르침을 사심이 없이 전해 나간 사람은 안연이다."

라고 했다. 어떤 사람이 말하기를

　"도를 세우는데 중니仲尼까지를 목표로 삼는 것은 불가능합니다. 받은 가르침을 전하기는 하지만 안연 정도까지 다 이루기에는 불가능합니다."

하니, 대답했다.

　"생각하지 않는 것이다. 누가 그것을 막을 것인가."

曰 有敎 立道無心¹ 仲尼 有學 術業無心 顏淵 或曰 立道 仲尼不可爲思矣 術業 顏淵不可爲力矣 曰 未之思也 孰禦焉

〔말하기를 가르침이 있고 도道를 세우되 마음이 없는 것은 중니仲尼요, 배움이 있고 업業을 술(術: 述)하되 마음이 없는 것은 안연顏淵이다. 혹자가 말하기를 도를 세워도 중니는 생각할 수가 없고 업을 술하여도 안연은 힘써 될 수가 없다. 답하기를 생각하지 않는 것이다. 누가 막을 것인가.〕

※

1 無心(무심): 사심이 없는 것이다. 천복본天復本에는 '무지無知'로 되어 있다.

제2권 오자吾子

1. 성인成人은 하지 않는 것이다

어떤 사람이 묻기를

"그대는 소년 시절부터 부賦 짓기를 좋아하였습니까?"

하니, 대답하기를

"그렇다. 소년들은 문장을 지을 때 지나치게 자구字句의 수식에만
얽매여 연습한다."

하고는 잠시 후 말했다.

"장부(壯夫: 成人)는 하지 않는 것이다."

어떤 사람이 말하기를

"부賦로써 가히 남을 풍자諷刺할 수 있습니까?"

하니, 대답했다.

"풍자를 말하는가. 풍자하면 상대가 깨닫고 곧 그만둘 것이다. 그만두
지 않으면 나는 아마도 권유勸誘하지 않을 수 없을 것이다."

어떤 사람이 말하기를

"안개와 같이 섬세하게 짠 비단의 무늬는 아름답습니다."

하니 말했다.

"그런 것은 길쌈하는 여자의 적敵이다."

검객론劍客論에 이르기를

"칼은 자신을 소중하게 하는 것이 가하다."

하니, 말했다.

"감옥이 사람으로 하여금 예절을 익히게 할 수 있겠는가."

或問 吾子少而好賦[1] 曰 然 童子彫蟲篆刻[2] 俄而曰 壯夫不爲也 或曰
賦可以諷[3]乎 曰 諷乎 諷則已 不已 吾恐不免於勸也 或曰 霧縠之組[4]
麗 曰 女工之蠹[5]矣 劍客論曰 劍可以愛[6]身 曰 狴犴[7]使人多禮乎

〔혹지가 묻기를 그대는 젊어서 부賦를 좋이하였느가. 답히기를 그렇다.
동자童子는 조충彫蟲하고 전각篆刻하는 것이다. 잠시 후에 말하기를 장부
壯夫는 하지 않는다. 혹자가 말하기를 부賦는 그것으로써 풍자諷刺할
수 있는가. 답하기를 풍자한다. 풍자하게 되면 그치는 것이다. 그치지
않으면 나는 아마도 권함을 면하지 못함을 두려워할 것이다. 혹자가
말하기를 무곡霧縠의 무늬는 아름답다. 답하기를 여공女工의 적敵이다.
검객론劍客論에 이르기를 검劍은 그것으로써 몸을 지킬 수 있다. 답하기를
폐한狴犴이 사람으로 하여금 다례多禮하게 하는가.〕

※

1 賦(부): 한대漢代에 유행한 운문韻文의 한 체體. 감상을 진술하는 것.

2 彫蟲篆刻(조충전각): 작은 벌레를 새기고 이상야릇한 글자를 아로새긴다는
   뜻으로, 문장을 지을 때 지나치게 자구의 수식에만 얽매이는 것을 말함.

3 諷(풍): 풍자諷刺. 또는 깨우치다.

4 霧縠之組(무곡지조): 섬세하게 짠 비단의 무늬.

5 女工之蠹(여공지두): 여공女工의 좀. 여공女工은 여자가 하는 일. 곧 길쌈.

방적紡績. 두蠹는 좀을 말함.

6 愛(애): 지키다.

7 犴狴(폐한): 감옥을 뜻하며 또한 들개의 뜻도 있다.

2. 기교에 흐르면 어떻게 되는가?

어떤 사람이 묻기를

"경차景差·당륵唐勒·송옥宋玉·매승枚乘 등이 지은 부賦는 유익한 것입니까?"

하니, 대답하기를

"반드시 지나치게 기교技巧에 흘렀다."

했다. 또 묻기를

"지나치게 기교에 흐르면 어떻게 되는 것입니까?"

하니, 대답했다.

"고시古詩의 작자들이 지은 부賦는 법칙으로써 아름답게 했다. 근대 사부辭賦의 작자들은 미사여구에 힘써 지나친 기교로 흘렀다. 만약 공자孔子 문하門下에서 부를 가르쳤다면, 곧 가의賈誼는 당堂으로 오르고, 사마상여司馬相如는 실室로 들어갔을 것이다. 그러나 공문孔門에서는 부를 가르치지 않았으니 어찌할 것인가."

或問 景差唐勒宋玉枚乘¹之賦也 益乎 曰 必也淫² 淫則奈何 曰 詩人之賦 麗以則 辭人之賦 麗以淫 如孔氏之門用賦也 則賈誼³升堂 相如⁴入室矣 如其不用何

〔혹자가 묻기를 경차景差·당륵唐勒·송옥宋玉·매승枚乘의 부賦는 유익한
가. 답하기를 반드시 음淫하다. 음하면 어떠한가. 답하기를 시인의 부는
법칙으로 아름답게 했고, 사인辭人의 부는 음淫한 것으로 아름답게 했다.
만일 공씨孔氏의 문하에서 부를 썼다면 가의賈誼는 당堂에 오르고, 상여相
如는 실室로 들어갔으련만, 그것을 쓰지 않는 것을 어찌하랴.〕

※

1 景差唐勒宋玉枚乘(경차당륵송옥매승)∶ 경차景差·당륵唐勒·송옥宋玉은 초
　나라의 문인文人. 매승枚乘은 한대漢代 초기의 문인.
2 淫(음)∶ 건전하지 못하고 기교技巧로만 흐른다는 뜻.
3 賈誼(가의)∶ 한대漢代의 학자이며 대문장가.
4 相如(상여)∶ 사마상여司馬相如. 한대漢代의 대문장가.

3. 사물의 바르고 그른 것을 구별하라

어떤 사람이 창승(蒼蠅∶ 파리)과 홍자紅紫에 대하여 물으니, 대답했다.
　"눈을 밝게 하여 사물의 바른 것과 그른 것을 구별하라."
　정鄭나라와 위衛나라의 음악이 정통의 아악雅樂을 닮았는데도 그르
다고 하는 데 대하여 물으니 대답했다.
　"귀를 밝게 하여 사물의 진위眞僞를 판단하라."
　어떤 사람이 묻기를
　"이주離朱나 사광師曠 같은 잘 보고 잘 듣는 사람이 세상에 있지
않는 것은 어째서이겠습니까?"
하니, 대답했다.
　"또한 정밀하게 하는 것일 뿐이다."

● 창승蒼蠅은 『시경詩經』 소아小雅에서 귀찮게 날아다니는 쉬파리를 남을 모함하는 사람에 비유하여 노래했다. 그것은 파리가 물건을 더럽혀 흑백黑白을 분간할 수 없게 하기 때문이라고 했다. 홍자紅紫란, 적赤이나 흑黑과 같은 정색正色이 아니고 간색間色이다. 『논어』 향당편鄕黨篇에 군자는 일상적인 옷을 입을 때에도 간색의 옷은 입지 않는다고 했다.

或問蒼蠅[1]紅紫[2] 曰 明視 問鄭衛之似[3] 曰 聰聽 或曰 朱曠[4]不世 如之何 曰 亦精之而已矣

〔혹자가 창승蒼蠅과 홍자紅紫를 물으니 답하기를 보는 것을 밝게 하라. 정鄭과 위衛의 음악이 유사한 것을 물으니 답하기를 듣는 것을 밝게 하라. 혹자가 말하기를 이주離朱와 사광師曠이 세상에 있지 않다면 그것을 어찌할 것인가. 답하기를 또한 그것을 정밀하게 할 뿐이다.〕

※

1 蒼蠅(창승): 쉬파리.
2 紅紫(홍자): 적색도 흑색도 아닌, 색이 혼합된 색으로 간색間色.
3 鄭衛之似(정위지사): 정鄭나라·위衛나라의 음악은 사특한 음악이다.
4 朱曠(주광): 이주離朱와 사광師曠. 이주는 눈이 밝기로 유명하고 사광은 귀가 밝기로 유명했으며 악성樂聖이라고 한다.

4. 음란한 음악이 되는 것은 무슨 까닭인가?

어떤 사람이 묻기를

"오성五聲과 십이율十二律을 뒤섞어 음악을 만드는 일은 마찬가지인데, 어떤 것은 아악雅樂과 같은 바른 음악이 되고, 어떤 것은 정나라 음악과 같이 음란한 음악이 되는 것은 무슨 까닭입니까?"

하니, 대답하기를

"중심이 바르면 곧 아악이 되고, 음란함이 많아지면 곧 정나라의
음악이 된다."

했다. 청하여 근본을 묻겠습니다 하니, 대답했다.

"황종黃鐘을 기본 음으로 하여 음조音調를 만들고, 그 중심이 되는
바른 가락으로써 고르게 하면 정나라나 위나라의 음란한 가락은 결코
침입해 들어올 수 없을 것이다."

或問 交五聲[1]十二律[2]也 或雅或鄭何也 曰 中正則雅 多哇則鄭 請問本
曰 黃鐘以生之 中正以平之 確乎鄭衛不能入也

〔혹자가 묻기를 오성五聲과 십이율十二律을 교차시켰는데, 혹은 아악雅樂
이 되고 혹은 정나라 음악이 되는 것은 무엇인가. 답하기를 중정中正이면
아악이 되고, 음란하면 정나라 음악이 된다. 근본을 청하여 물으니 답하기
를 황종黃鐘으로써 만들고, 중정中正으로써 그것을 통일하면 확실하게
정나라나 위나라의 음악으로 들어갈 수 없다.〕

※

1 五聲(오성): 오음五音. 궁宮·상商·각角·치徵·우羽의 다섯 음계音階.

2 十二律(십이율): 육률六律과 육려六呂로 이루어진 12음계. 육률六律은 황종
黃鐘·태주太簇·고선姑洗·유빈蕤賓·이칙夷則·무역無射이고, 육려六呂는 협
종夾鍾·중려仲呂·임종林鍾·남려南呂·응종應鍾·대려大呂이다.

5. 책에도 용모와 안색이 있습니까?

어떤 사람이 묻기를

"여자에게는 용모와 안색의 미美가 있습니다만, 책〔書〕에도 또한 용모와 안색이 있습니까?"

하니, 대답했다.

"있다. 여자는 분이나 연지가 타고난 여자의 요조한 아름다움을 손상시킬 것을 꺼려하는 것이다. 서책에서는 부정한 말들이 성인聖人의 법도를 어지럽히는 것을 꺼려하는 것이다."

或曰 女有色 書亦有色乎 曰 有 女惡華丹[1]之亂窈窕也 書惡淫辭[2]之淈法度也

〔혹자가 말하기를 여자에게는 색色이 있는데, 책에도 색이 있는가. 답하기를 있다. 여자는 화단華丹이 요조窈窕를 어지럽히는 것을 미워하고, 책은 음사淫辭가 법도를 어지럽히는 것을 미워한다.〕

※

1 華丹(화단) : 분과 연지.
2 淫辭(음사) : 성인의 가르침에 배반되는 말. 음란한 말.

6. 굴원은 지혜로운 사람입니까?

어떤 사람이 묻기를

"굴원屈原은 지혜로운 사람입니까?"

48

하니, 대답했다.

"아름다운 구슬과 같고 빛나는 옥돌과 같았으며 단청丹靑으로 변했다. 그것이 지혜로운 것인가! 그것이 지혜로운 것인가!"

● 굴원屈原은 초楚나라 왕족王族이었으나 그의 청렴결백한 사람됨이 화禍가 되어 멱라수汨羅水에 몸을 던지기에 이르렀다. 사마천司馬遷은 『사기史記』 열전列傳에서 그의 비극적인 생애를 감명 깊게 서술했다.

或問 屈原[1]智乎 曰 如玉如瑩 爰變丹青 如其智 如其智

〔혹자가 묻기를 굴원屈原은 지혜로운가. 답하기를 옥玉과 같고 영瑩과 같으며 이에 단청丹靑으로 변하였다. 그 지혜 같은 것인가. 그 지혜 같은 것인가.〕

※

1 屈原(굴원) : 초나라의 왕족으로 청렴결백한 사람. 『이소경』을 지었으며, 대문장가로 부賦의 사부師傅이다.

7. 군자는 말을 숭상합니까?

어떤 사람이 묻기를

"군자는 말〔言〕을 숭상합니까?"

하니, 대답했다.

"군자는 사실事實을 숭상한다. 사실이 말에 앞서면 곧 솔직하고 정직해진다. 말이 사실에 앞서면 곧 미사여구로 꾸밈이 되는 것이다. 사실과 말이 균형을 이룬 것이 경전經典의 문장이다. 말에 족하고, 실용에

족한 것이야말로 미덕美德의 장식이다."

或問 君子尚辭乎 曰 君子事之爲尚 事勝辭則伉 辭勝事則賦[1] 事辭稱
則經 足言足容 德之藻矣

〔혹자가 묻기를 군자는 말을 숭상하는가. 답하기를 군자는 사실을 숭상한
다. 사실이 말을 이기면 정직하고, 말이 사실을 이기면 부賦가 되며,
사실과 말의 균형이 잡히면 경經이 된다. 말하기에 족하고 실용하기에
족하면 덕德의 장식이다.〕

✻

1 賦(부): 미사여구美辭麗句라는 뜻.

8. 군자는 본보기로 삼지 않는 것이다

어떤 사람이 묻기를

"공손룡公孫龍은 수만 마디의 궤변詭辯으로 사물의 법칙法則을 삼았
습니다. 그것은 과연 법칙이 될 수 있습니까?"

하니, 대답했다.

"나무를 잘라서 장기의 말을 만들고, 가죽을 말아서 축국蹴鞠의 공을
만드는 데에도 또한 모두 그것대로의 법칙이 있다. 옛날 성왕의 도道를
규준規準으로 해 합당하지 않으면 군자는 본보기로 삼지 않는 것이다."

● 공손룡公孫龍은 전국시대戰國時代 말기의 조趙나라 사람으로 '백마비마
론白馬非馬論'과 '견백동이지변堅白同異之辯'으로 유명하다. 『한서漢書』
「예문지藝文志」에서는 그를 명가名家로 분류했고, 현재 『공손룡자公孫龍

子』6권이 전한다. 공자의 제자 중에도 같은 이름의 사람이 있으나 다른 사람이다.

或問 公孫龍[1] 詭辭數萬以爲法 法與 曰 斷木爲棊 梡革爲鞠 亦皆有法 焉 不合乎先王之法者 君子不法也

〔혹자가 묻기를 공손룡公孫龍은 궤사詭辭 수만數萬으로써 법을 삼았다. 법인가. 답하기를 나무를 잘라 장기의 말을 만들고 가죽을 말아 공을 만드는 것도 또한 다 법이 있다. 선왕先王의 법에 맞지 않는 것은 군자의 법이 아니다.〕

※

1 公孫龍(공손룡): 조나라 사람으로 궤변가詭辯家.

9. 참된 도道를 안다고 할 수 있겠는가?

책을 읽는 것은 산이나 물을 바라보는 것에 비유된다. 동쪽의 높은 산인 태산泰山에 오르면 다른 산들이 모두 울퉁불퉁 이어지는 구릉과 같은 것이라는 것을 알게 되는 것이다. 하물며 작은 언덕 따위가 문제이 겠는가. 배를 타고 넓디넓은 바다로 나가면 저 양자강揚子江이나 황하黃河라 하더라도 졸졸 흐르는 흙탕물에 지나지 않는 것을 알게 되는 것이다. 하물며 물이 마른 연못 따위이겠는가.

배를 버리고 항해하여 물을 건너고자 하는 사람은 없다. 오경五經을 버리고 도道를 이루고자 하는 사람은 없을 것이다. 일상으로 먹는 밥을 버리고 특이한 다른 것을 먹으려고 하는 자가 어찌 참된 맛을 분별한다고 말할 수 있겠는가. 성인의 가르침을 무시하고 제자백가諸子百家의 설說을 애호하는 자가 어찌 참된 도道를 안다고 말할 수 있겠는가.

觀書者 譬諸觀山及水 升東岳¹而知衆山之峛崺也 況介丘乎 浮滄海而知江河²之惡沱也 況枯澤乎 舍舟航而濟乎瀆者末矣 舍五經而濟乎道者末矣 棄常珍而嗜乎異饌者 惡覩其識味也 委大聖而好乎諸子者 惡覩其識道也

〔책을 보는 것은 산이나 물을 보는 것에 비유된다. 동악東岳에 올라 많은 산의 연면하는 것을 안다. 하물며 작은 언덕이겠느냐. 창해滄海에 떠서 장강長江과 황하黃河의 작은 흐름을 안다. 하물며 마른 연못이겠느냐. 배를 버리고 물을 건너는 자는 없다. 오경五經을 버리고 도道를 이루는 자는 없다. 항상 먹는 음식을 버리고 특별 반찬을 즐기는 자는 어떻게 그 맛을 알게 되는 것을 볼 것인가. 대성大聖을 버리고 제자諸子를 좋아하는 자는 어떻게 그 도를 알게 되는 것을 볼 것인가.〕

※

1 東岳(동악) : 태산泰山을 가리킨다.
2 江河(강하) : 양자강과 황하.

10. 공씨야말로 성인의 길로 가는 문이다

좁은 산길은 위험하여 걸을 수가 없다. 담벼락으로 향하는 문으로는 들어갈 수가 없다. 묻기를
"그러면 어디로부터 들어가는 것입니까?"
하니, 대답했다.

"저 유학儒學의 조조祖가 된 공씨孔氏로부터 들어간다. 공씨야말로 성인의 길로 가는 문이다."

문기를

"당신께서도 공씨를 문으로 삼았습니까?"

하니, 대답했다.

"문으로 삼고 문으로 삼았다. 내 어찌 공씨를 문으로 삼지 않고 학문을 이룰 수가 있었겠는가."

山嶇之蹊 不可勝由矣 向牆之戶 不可勝入矣 曰 惡由入 曰 孔氏 孔氏者戶也 曰 子戶乎 曰 戶哉戶哉 吾獨有不戶者矣

〔산비탈 좁은 길은 걷기가 어렵고 담장으로 향한 문은 들어가기가 어렵다. 말하기를 어디로 해서 들어가는가. 답하기를 공씨孔氏다. 공씨는 문이다. 말하기를 그대도 문으로 삼았는가. 답하기를 문이로다, 문이로다. 나 홀로 문이 아닐 수 있는가.〕

11. 사관의 마음가짐

어떤 사람이 창힐편蒼頡篇과 사주편史籒篇을 배우고자 하니 이에 대하여 말했다.

"사관史官이고 사관이다. 허망한 것에 빠지는 것보다는 더 낫다."

或欲學蒼頡[1]史篇[2] 曰 史乎史乎 愈於妄闕[3]也

〔혹자가 창힐편蒼頡篇과 사편史篇을 배우고자 하니, 말하기를 사관史官인

가. 사관인가. 망령되게 빠져 있는 것보다 낫다.〕

※

1 蒼頡(창힐) : 소전小篆의 자서字書를 만든 사람.
2 史篇(사편) : 대전大篆의 자서字書를 만든 사람. 사가史家.
3 妄闕(망궐) : 망령된 것에 빠져 있는 것을 뜻한다.

12. 내용이란 대체 무엇을 말하는 것입니까?

어떤 사람이 묻기를

"여기 한 사람이 있어서, 자기의 성은 공씨孔氏이고, 자字를 중니仲尼
라 부르면서 스스로 공자임을 자처하고, 공자의 집으로 들어가 그
당堂에 올라앉아 공자의 책상을 앞에 놓고 앉아 공자의 의복을 몸에
걸치고 있다고 하면, 그것으로써 공자라 이를 수 있겠습니까?"
하니, 대답했다.

"겉모양은 그럴듯하지만 그의 본바탕이 아닌 것이다."

또 감히 묻기를

"본바탕이란 무엇을 말합니까?"
하니, 대답했다.

"양이 호랑이의 가죽을 뒤집어 쓴 것이다. 양이 풀을 보면 좋아하고
늑대를 보면 부들부들 떨 것이니 뒤집어 쓴 그 가죽은 곧 벗겨질 것이고,
그 호랑이의 가죽을 쓰고 있더라도 그 가죽을 쓰고 있다는 것을 잊을
것이기 때문이다."

● 왕망王莽이 스스로 순임금의 후예라 선전하며 되는 대로 고전古典을

54

모방한 것을 풍자한 것이다.

或曰 有人焉 曰¹云 姓孔而字仲尼 入其門 升其堂 伏其几 襲其裳 則可
謂仲尼乎 曰 其文是也 其質非也 敢問質 曰 羊質而虎皮 見草而說
見豺而戰 忘其皮之虎矣

〔혹자가 말하기를 여기 사람이 있어 스스로 이르되 성은 공孔이요, 자字는
중니仲尼라 하고는 그 문으로 들어가 그 당堂으로 올라 그 책상에 엎드리고
그 옷을 입는다면 중니라고 이를 수 있는가. 답하기를 그 모양새는 그렇고,
그 실질은 아니다. 감히 실질을 묻는다. 답하기를 양羊의 몸뚱이에다가
범의 가죽이다. 풀을 보고는 기뻐하고 승냥이를 보고는 떨 것이다. 그
가죽이 범이라는 것을 잊는 것이다.〕

※

1 曰(왈): 자自의 오자誤字.

13. 표범이 한번 변하면 호랑이가 된다

성인聖人의 덕은 호랑이 가죽으로 분별되며, 그 무늬는 선명하게 빛난
다. 군자君子의 덕은 표범 가죽으로 상징되며, 그 무늬는 성대하게
울창하다. 달변인 사람은 살쾡이 가죽으로 비유되며, 그 문채는 취합된
다. 살쾡이가 한번 변하면 표범이 된다. 표범이 한번 변하면 호랑이가
되는 것이다.

◉ 변설을 잘하는 사람이 더욱 노력하면 군자가 될 수 있고, 군자가
다시 덕을 닦으면 성인이 될 수도 있다는 뜻이다.

聖人虎別¹ 其文炳也 君子豹別 其文蔚也 辯人貍別 其文萃也 貍變則
豹 豹變則虎

〔성인聖人은 호별虎別로서 그 무늬는 선명하고, 군자는 표별豹別로서
그 무늬는 무성하며, 변인辯人은 이별貍別로서 그 무늬는 풍부하다. 살쾡
이가 변하면 표범이 되고, 표범이 변하면 범이 된다.〕

⁕

1 虎別(호별): 범의 가죽으로 분별되다. 호변虎變.

14. 공자의 사상을 중요하게 여기면…

책을 좋아하되 공자의 사상들을 중요하게 여기지 않으면 서책書冊을
진열해 놓은 책방과 다름없다. 유세를 좋아하되 공자의 사상들을 중요
하게 여기지 않으면 작은 것에도 울리는 방울과 같은 것이다. 군자의
말에는 가리는 것이 없고 듣는 데는 미혹되는 것이 없다. 가리는 것이
있으면 혼란이 생기고, 미혹되는 것이 있으면 사도邪道로 빠진다.
정도正道를 말하여 전한다고 해도 조금은 사도邪道로 빗나가는 것이
있다. 그러나 사도를 말하여 전하는 데에 조금은 정도가 있다는 것은
있을 수 없는 일이다.

好書而不要諸仲尼 書肆也 好說而不要諸仲尼 說鈴也 君子 言也無擇
聽也無淫 擇則亂 淫則辟 述正道而稍邪哆者有矣 未有述邪哆而稍正也

〔책을 좋아하되 중니에게 그것을 구하지 않는다면 책방이다. 학설學說을
좋아하되 중니에게 그것을 구하지 않는다면 학설의 방울이다. 군자는

56

말에 택택擇하는 것이 없고, 듣는 데 음淫한 것이 없다. 택하면 곧 난亂하고, 음하면 곧 벽僻하다. 정도正道를 술述하여서도 약간의 사차邪哆가 있지만 사차邪哆를 술하는 데에는 약간의 정正한 것도 있지 않다.〕

15. 공자의 도는 행하기가 쉽다

공자의 도道는 명백하고 행하기 쉽다.

어떤 사람이 말하기를

"아이 때부터 배워 백발이 되도록 배워도 어렵습니다. 어찌하여 명백하고 행하기 쉽다고 할 수 있겠습니까?"

하니, 대답했다.

"그 간사한 것을 간사하지 않게 만들고 그 속이는 것을 속이지 못하게 하는 것을 이르는 것이다. 간사한 것을 그대로 간사하게 하고 속이는 것을 속이도록 하는 것 같으면 비록 귀와 눈이 있어도 바르게 되는 것을 얻을 수 있겠는가."

◉ "나의 몸이 바르면 명령하지 않아도 행하여지고 나의 몸이 바르지 못하면 명령하여도 따르지 않는다."고 한 『논어』의 자로편子路篇과 "정政은 정正이다. 그대가 솔선하여 바른 행동을 취한다면 누가 부정不正을 꾀할 자 있겠는가."라고 한 『논어』 안연편顔淵篇을 참조한다.

孔子之道 其較且易也 或曰 童而習之 白紛如也 何其較且易 曰 謂其不
姦姦不詐詐也 如姦姦而詐詐 雖有耳目 焉得而正諸
〔공자의 도道는 그것이 분명하고 또한 쉽다. 혹자가 말하기를 동자童子

때부터 그것을 배워 백발이 되도록 배워야 하는데 그것이 분명하고 또한 쉽다는 것인가. 답하기를 그 간姦한 것을 간하지 않게 하고, 사詐한 것을 사하지 않게 하는 것을 이른다. 만약 간姦을 간으로 사詐를 사로 한다면 비록 이목耳目이 있다 하더라도 어찌 얻어서 그것을 바로잡을 것인가.〕

16. 듣는 것이 적으면 단속해서 지킬 것이 없다

많이 들으면 그것을 단속해서 지키고, 많이 보면 그것의 뛰어난 것을 지킨다. 그러나 듣는 것이 적으면 단속해서 지킬 것이 없으며, 보는 것이 적으면 뛰어난 것을 지킬 것이 없다.

多聞則守之以約 多見則守之以卓 寡聞則無約也 寡見則無卓也

〔많이 들으면 단속해서 지키고, 많이 보면 탁卓을 지킨다. 듣는 것이 적으면 단속할 것이 없고, 보는 것이 적으면 탁卓할 것이 없다.〕

17. 겨울의 추위에 쓸모가 없다

녹의綠衣가 3백 벌이 있는데 그 색을 어찌할 것인가. 솜옷이 3천 벌이 있는데 추위를 어찌할 것인가.

綠衣三百 色如之何矣 紵絮三千 寒如之何矣

〔녹의綠衣가 3백인데 색色을 어찌할 것인가. 저서紵絮가 3천인데 추위를 어찌할 것인가.〕

18. 네 가지 쉬운 것이 있는 군자의 도

군자의 도에는 네 가지 쉬운 일이 있다. 간단해 사용하기 쉽고, 구해서 지키기 쉽고, 밝아서 보는 것이 쉽고, 법칙이 있어 말하기가 쉽다.

君子之道有四易 簡而易用也 要而易守也 炳而易見也 法而易言也
〔군자君子의 도道에는 네 가지 쉬운 것이 있다. 간단하여 쓰기 쉽고,
구하여 지키기 쉽고, 밝아서 보기 쉽고, 법도가 있어 말하기 쉽다.〕

19. 모진 정치가 있은 뒤에 성인聖人의 정사를 안다

폭풍우가 있은 뒤에야 비로소 큰 집이 비바람을 막아 주는 것을 알고,
가혹한 정치가 행하여지는 세상이 있은 뒤에라야 비로소 성인의 도가
성곽처럼 사람을 지켜 주는 것을 깨닫는 것이다.

震風陵雨 然後知夏屋之爲帡幪也 虐政虐世 然後知聖人之爲郛郭也
〔진풍능우震風陵雨 연후에 큰 집이 비바람막이가 되는 것을 알고, 학정학
세虐政虐世 연후에 성인이 막아 주는 것을 안다.〕

20. 양주와 묵적의 사설邪說

옛날에 양주楊朱와 묵적墨翟의 사설邪說이 끼어들어 공자의 도를 가로
막을 때 맹자孟子는 웅변으로써 분연히 떨쳐 일어나 그것을 넓혀 놓았

다. 맹자의 사후에도 도를 막는 자가 있었다. 나는 이 책을 저술하면서 마음속 스스로 맹자가 한 일에 비교했다.

古者揚墨[1]塞路 孟子辭而闢之廓如也 後之塞路者有矣 竊自比於孟子

〔옛날에 양주楊朱와 묵적墨翟이 길을 막았는데 맹자孟子가 말로 그것을 활짝 열었다. 뒤에도 길을 막는 자가 있으니, 은근히 스스로 맹자에 견주었다.〕

※

1 揚墨(양묵): 양주楊朱와 묵적墨翟. 양揚은 양楊의 오자. 양주는 전국시대戰國時代의 학자로 노자老子의 무위자연설無爲自然說을 따라 염세적인 인생관을 세우고, 쾌락주의快樂主義를 주장했다. 양자楊子라고 함. 묵적은 춘추전국시대의 학자로 제자백가諸子百家 중 묵가墨家의 조조이며 겸애설兼愛說을 주장했다. 묵자墨子라고 함.

21. 진실을 누구에게서 구해야 합니까?

어떤 사람이 묻기를

"사람마다 각자 자기가 옳다고 생각하는 것이 진실로 옳은 것이고, 자기가 그르다고 생각하는 것이 진실로 그른 것이라 한다면, 장차 누구를 시켜서 바르게 할 수 있는 것입니까?"

하니, 대답했다.

"세상의 만물이 뒤섞여 어지럽게 된 것에는 모든 하늘에 달려 있는 것으로 법칙을 삼는다. 모든 말이 뒤섞여 문란한 것에는 여러 성인의 말로 절충하는 것이다."

어떤 사람이 묻기를

"어떻게 성인의 가르침을 살펴보고 절충하는 것입니까?"

하니, 대답했다.

"성인이 세상에 살아계실 경우에는 직접 뵙는 것이고, 성인이 돌아가신 뒤에 태어났다면 그가 남긴 서책으로 법칙을 삼는다. 그것을 거느리는 것은 하나일 뿐이다."

或曰 人各是其所是 而非其所非 將誰使正之 曰 萬物紛錯 則懸諸天 衆言淆亂 則折諸聖 或曰 惡覩乎聖而折諸 曰 在則人 亡則書 其統一也
〔혹자가 말하기를 사람이 각각 그 옳은 것을 옳다고 하고, 그 그른 것을 그르다고 하면, 장차 누구에게 그것을 바로잡게 할 것인가. 답하기를 만물이 뒤섞여 있다면 모든 하늘에 걸려 있는 것으로 법한다. 중언衆言이 분분하면 여러 성인에게 절충해 법한다. 혹자가 말하기를 어떻게 성인을 뵙고 그것을 절충하는가. 답하기를 살아 있으면 사람에게 법하고, 세상을 떠나 없으면 책에 기준 한다. 그 가르침은 한 가지다.〕

제3권 수신修身

1. 쏘면 반드시 명중한다

몸을 닦아 바르게 하는 일을 활로 삼고 생각을 바로잡는 것을 화살로 삼고 의義를 세워서 과녁으로 삼고 정성을 들인 뒤에 쏘면, 쏘는 대로 반드시 명중할 것이다.

◉ 천하에는 대적할 것이 없다는 것이다.

修身以爲弓 矯思以爲矢 立義以爲的 奧而後發 發必中矣

〔몸을 닦아서 그것으로써 활을 삼고 생각을 바로잡아 그것으로써 화살을 삼고 의義를 세워 그것으로써 과녁을 삼아 겨냥하여 쏘면, 쏘아서 반드시 적중한다.〕

2. 악인惡人이 되는 것

사람의 천성天性에는 선善과 악惡이 함께 갖추어져 있다. 그 선한 성질에 따라서 접근하여 나가면 선인善人이 되고, 그 악한 성질에 따라서

접근하여 나가면 악인惡人이 된다. 기氣라는 것은 그 선이나 악으로
향할 때 우리를 태워 옮겨 주는 말〔馬〕이라고 할 수 있다.

人之性也 善惡混 修其善則爲善人 修其惡則爲惡人 氣也者 所以適善
惡之馬也與

〔사람의 성품에는 선善과 악惡이 섞여 있다. 그 선을 닦으면 선인이 되고,
그 악을 닦으면 악인이 된다. 기氣라는 것은 선과 악으로 가는 말인져.〕

3. 하늘의 명을 즐기는 자

어떤 사람이 말하기를
　"공자는 여러 가지 일을 겪은 사람입니다. 등용이 되기 전까지는
역시 괴로움도 겪고 번민도 했습니까?"
하니, 대답했다.
　"성인聖人은 하늘의 명命을 즐기고 하늘이 준 분수에 만족하는 것이
다. 하늘의 명을 즐기면 초조하지 않고 하늘이 준 분수에 만족하면
번민 따위가 있을 리 없는 것이다."

或曰 孔子之事多矣 不用則亦勤且憂乎 曰 聖人樂天知命 樂天則不勤
知命則不憂

〔혹자가 말하기를 공자는 일이 많았다. 쓰이지 않아서는 또한 괴로워하고
또 근심스러워 했는가. 답하기를 성인은 하늘을 즐기고 천명天命을 안다.
하늘을 즐기면 괴롭지 않고 천명을 알면 근심하지 않는다.〕

4. 스스로 경계하는 데 의의가 있다

어떤 사람이 기물器物에 새겨 넣는 명銘에 대하여 물으니, 대답했다.

"새기는 것이여, 새기는 것이여! 삼가 한다는 데 의의가 있는 것이다."

或問銘 曰 銘哉銘哉 有意於愼也

〔혹자가 명銘에 대하여 물으니 답하기를 명銘이로구나. 명이로구나. 삼가
는 데에 뜻이 있다.〕

5. 성인의 말을 흉내 낼 수 있는가

성인聖人의 말을 만들어내는 것은 가하다. 사람으로 하여금 믿게 하는
것은 불가한 것이다. 이 때문에 군자는 성인을 목표로 하여 학문에
힘쓰고 부지런히 행동하는 것이다.

◉ 말뿐으로 덕행이 따르지 않으면 사람들이 믿도록 하지 못한다.

聖人之辭可爲[1]也 使人信之 所不可爲也 是以君子彊學而力行

〔성인의 말은 흉내 낼 수 있다. 사람으로 하여금 이것을 믿게 하는 것은
할 수 없는 바다. 이로써 군자는 학문에 힘쓰고, 힘써 행한다.〕

※

1 爲(위): 만들다.

6. 내 몸의 행실을 훌륭하게 처신해야…

물건을 진귀하게 만들고 나서 높은 값에 팔고, 내 몸의 행실을 훌륭하게 처신하고 나서 굳은 교제를 맺으며, 계략을 잘 궁리한 뒤에라야 움직이면 도道를 이룰 수 있는 것이다.

珍其貨而後市 修其身而後交 善其謀而後動 成道也
〔그 물건을 진귀하게 한 뒤에 팔고, 그 몸을 닦은 뒤에 사귀고, 그 계획을 잘한 뒤에 행동하면 도道를 이룬다.〕

7. 신중히 할 것은 언어, 예법, 저술이다

군자가 신중을 기할 것은 언어와 예법과 저술이다.

君子之所愼 言禮書
〔군자가 삼가야 할 바는 말과 예禮와 서書다.〕

8. 어찌 외로이 홀로 할 것인가?

윗사람과의 사귐에는 권세에 아첨하지 않으며, 아랫사람들과의 사귐에는 교만한 마음을 갖지 않는다면 곧 하는 일이 있는 것이다.
  어떤 사람이 말하기를
  "군자는 자기 스스로를 지키는데 어찌 교제를 하는 것입니까?"

하니, 대답했다.

"하늘과 땅이 교접交接하여 만물이 생겨났다. 사람과 도道가 교제하여 공훈을 성취한 것이다. 어찌 지키기만 할 것인가?"

上交不詔 下交不驕 則可以有爲矣 或曰 君子自守 奚其交 曰 天地交萬物生 人道交功勳成 奚其守

〔위와의 교제에서 아첨하지 않고, 아래와의 교제에서 교만하지 않으면 그것으로써 하는 것이 있을 수 있다. 혹자가 말하기를 군자는 스스로 지키는데 어찌 교제하는 것인가. 답하기를 천지가 교제해 만물이 생생하고, 인도人道가 교제해 공훈功勳이 이루어진다. 어찌 지키기만 할 것인가.〕

9. 높은 것도 높지 않은 것은

큰 것을 좋아하여도 실행하지 않으면 큰 것도 크지 않고, 높은 것을 좋아하여도 실행하지 않으면 높은 것도 높지 않은 것이다.

하늘에 가득 찬 성좌星座를 우러러보면 천하의 낮은 곳에 살고 있다는 것을 알 수 있다.

◉ 성인聖人의 도道를 보고 난 뒤에는 제자諸子의 천하고 왜소함을 안다는 뜻이다.

好大而不爲 大不大矣 好高而不爲 高不高矣
仰天庭[1]而知天下之居卑也哉
〔큰 것을 좋아해도 하지 않으면 커도 크지 않고, 높은 것을 좋아해도

하지 않으면 높아도 높지 않다.

천정天庭을 우러르고 천하가 낮게 있는 것을 알겠구나.]

※

1 天庭(천정): 하늘에 가득한 성좌星座.

10. 공의자와 동중서는…

공의자公儀子와 동중서董仲舒는 둘 다 자신이 믿는 도道를 충실하게 실천한 유학자였다. 만약 그들이 선善을 보아도 명백하게 인식하지 못하고, 마음 쓰는 일이 확고하지 않았다면 누가 그와 같은 행위를 할 수 있었을 것인가.

公儀子¹董仲舒²之才之邵也 使見善不明 用心不剛 儔克爾

〔공의자公儀子와 동중서董仲舒의 재才는 뛰어났다. 만약 선善을 봄이 분명하지 않고, 마음을 씀이 굳세지 않았다면 누가 짝하여 그를 이길 것인가.]

※

1 公儀子(공의자): 한漢나라의 저명한 유학자儒學者.
2 董仲舒(동중서): 한나라의 저명한 유학자.

11. 군자는 별로 행동하지 않는다

어떤 사람이 인仁·의義·예禮·지智·신信의 쓰임에 대하여 물으니, 대답했다.

  "인仁은 주택이요, 의義는 도로道路요, 예禮는 의복衣服이요, 지智는 등불이요, 신信은 부절符節이다. 주택에서 몸을 편안히 하고 있고, 도로를 따라 걷고, 의복을 바르게 몸에 걸치고, 등불을 밝히고, 부절의 약속을 굳게 지키는 일이다. 군자는 별로 행동하지 않지만 일단 행동하면 반드시 타당한 행동을 한다."

或問仁義禮智信¹之用 曰 仁宅也 義路也 禮服也 智燭也 信符也 處宅 由路 正服 明燭 執符 君子不動 動斯得矣

〔혹자가 인仁·의義·예禮·지智·신信의 쓰임에 대하여 물으니 답하기를 인은 집이요, 의는 길이요, 예는 옷이요, 지는 촛불이요, 신은 부符다. 집에 있고, 길을 따르고, 옷을 바르게 하고, 촛불을 밝히고, 부를 가져라. 군자는 행동하지 않지만 행동하면 이에 얻는다.〕

※

1 仁義禮智信(인의예지신): 한대漢代로부터 존중되어 오는 사람의 다섯 가지
  덕. 오상五常.

12. 중도에서 좌절하는 사람

뜻이 있구나. 맹자가 말하기를

"대저 도道에 뜻을 두고 이르지 못하는 자는 있었다. 그러나 도에 뜻이 없는 자가 도에 이른 자는 있지 않았다."
라고 했다.

◉ 맹자의 이야기는 지금 전하는 『맹자』에는 보이지 않는 말이다. 아마 외서外書에 있던 말인 듯하다.

有意哉 孟子曰 夫有意而不至者有矣 未有無意而至者也

〔뜻이 있구나. 맹자孟子는 말하기를 대저 뜻이 있으면서 이르지 못하는
자가 있다. 아직 뜻이 없으면서 이른 자는 있지 않다.〕

13. 중니와 같은 성인은 왜 적은가?

어떤 사람이 자신을 다스리는 도를 물으니 대답했다.

"자신을 다스리는 것은 중니仲尼를 사용하는 것이다."

어떤 사람이 말하기를

"자신을 다스리는 것에 중니를 사용하는데 중니와 같은 성인이 어찌
적습니까?"

하니, 대답했다.

"말을 인솔하는데 천리마로써 하는 것이 또한 가하지 않은 것인가."

어떤 사람이 말하기를

"큰 밭을 만들면 그만큼 강아지풀이 더 많이 우거지고, 멀리 있는
사람을 생각하면 가슴에 번뇌만 솟을 뿐입니다."

하니, 대답했다.

"태양에는 광채가 있고 달에는 밝음이 있다. 사람이 3년 동안 태양을
보지 않으면 반드시 시력視力을 잃어 장님이 되고, 3년 동안 달을
보지 않으면 반드시 눈동자가 흐려진다. 시력은 쓰지 않고 오래도록
버려두면 말라 공허하게 되고, 눈동자는 오래도록 쓰지 않으면 가라앉
아 공허하게 되는 것이다. 그리하여 지팡이로 땅을 더듬어 길을 찾고
대낮에도 밤길을 걷듯이 걷지 않으면 안 되게 되는 것이다."

● '멀리 있는 사람'은 공자의 존재 자체가 지나치게 멀리 있다는 것을 말한 것이다.

或問治己 曰 治己以仲尼 或曰 治己以仲尼 仲尼奚寡也 曰 率馬以驥 不亦可乎 或曰 田圃田者 莠喬喬 思遠人者 心忉忉 曰 日有光 月有明 三年不目日 視必盲 三年不目月 精必矇[1] 熒魂曠枯 糟莩[3]曠沈 摘埴索 塗 冥行而已矣

〔혹자가 자기를 다스리는 것에 대하여 물으니 답하기를 자기를 다스림에 중니仲尼로써 하라. 혹자가 말하기를 자기를 다스림에 중니로써 하는데 중니는 어찌하여 적은가. 답하기를 말을 끄는 데 있어 천리마로써 하는 것은 또한 가하지 아니한가. 혹자가 말하기를 포전圃田을 가는 것에 잡초가 무성하고, 먼 데 사람을 생각하는 데 가슴이 벅차다. 답하기를 해에는 광光이 있고 달에는 명明이 있다. 3년 동안 해를 보지 않으면 보는 것은 반드시 맹인이 되고, 3년 동안 달을 보지 않으면 눈동자가 반드시 흐려진다. 형혼熒魂은 광고曠枯하고, 눈동자는 광침曠沈한다. 땅을 더듬어서 길을 찾아 어둡게 걸을 뿐이다.〕

※

1 矇(몽): 맹盲과 같은 뜻.
2 熒魂(형혼): 눈의 활동을 관장하는 것. 곧 시력視力.
3 糟莩(조부): 조糟는 정精의 오자誤字. 눈동자를 말한다.

14. 네 가지 중후한 것이란 무엇인가?

어떤 사람이 묻기를

"어떻게 하면 사람이라고 말할 수 있겠습니까?"

하니, 대답하기를

"네 가지 중후한 것을 몸에 취하고, 네 가지 경박한 것을 버리면 한 사람의 인물이라 할 수 있을 것이다."

했다. 묻기를

"네 가지 중후한 것이란 무엇입니까?"

하니, 대답했다.

"말씨, 행동, 용모와 태도, 좋아하는 것의 네 가지를 중후하게 하는 것이다. 말씨가 중후하면 법도가 있고, 행동이 중후하면 덕德이 있다. 용모가 중후하면 위엄이 생기고, 좋아하는 것을 중후하게 하면 관찰하는 것이 있게 된다."

"감히 네 가지 경박한 것에 대하여 묻겠습니다."

하니, 대답했다.

"말하는 것이 경박하면 근심을 부르게 된다. 행동함이 경박하면 죄를 부르게 된다. 용모와 태도가 경박하면 치욕을 부르게 된다. 애호하는 것이 경박하면 음란한 것을 초래하게 된다."

或問 何如斯謂之人 曰 取四重 去四輕 則可謂之人 曰 何謂四重 曰 重言 重行 重貌 重好 言重則有法 行重則有德 貌重則有威 好重則有觀 敢問四輕 曰 言輕則招憂 行輕則招辜 貌輕則招辱 好輕則招淫

〔혹자가 묻기를 어떻게 하면 이러한 것을 사람이라 이르는가. 답하기를 사중四重을 취하고 사경四輕을 버리면 그것을 사람이라 이른다. 말하기를 어떤 것을 사중이라고 하는가. 답하기를 말을 무겁게 하고, 행동을 무겁게

하고, 용모를 무겁게 하고, 좋아하는 것을 무겁게 하는 것이다. 말이 무거우면 법法이 있고, 행동이 무거우면 덕德이 있고, 용모가 무거우면 위엄이 있고, 좋아하는 것을 무겁게 하면 모범이 있다. 감히 사경을 묻겠습니다. 답하기를 말이 가벼우면 근심을 부르고, 행동이 가벼우면 죄를 부르고, 용모가 가벼우면 부끄러움을 부르고, 좋아하는 것을 가볍게 하면 음란淫亂함을 부른다.〕

15. 꾸밈과 실질이 맞는 데에서 예가 나온다

예禮에는 많은 의식과 절차가 있다.

어떤 사람이 말하기를

"하루해가 기울고 있는데도 고기를 먹지 않는다면 고기는 반드시 마르게 되고, 하루해가 기울고 있는데도 술을 마시지 않는다면 술은 반드시 시게 됩니다. 손님이나 주인이 몇 번이고 거듭 절을 하고 술을 세 번을 돌리면 이미 화려한 것이 아니겠습니까?"

하니, 대답했다.

"실질實質뿐이고 화려한 것이 없으면 촌스럽고, 화려함뿐이고 실질이 없으면 겉치레가 된다. 화려함과 실질이 맞아떨어지는 데서 예가 나오는 것이다."

◉ 예禮의 많은 절차를 『예기』의 중용편中庸篇이나 예기편禮器篇에서는 "삼백과 삼천이나 되는 절차가 있다."고 했다.

禮多儀 或曰 日昃不食肉 肉必乾 日昃不飮酒 酒必酸 賓主百拜[1]而酒

三行 不已華²乎 曰 實無華則野³ 華無實則賈⁴ 華實副則禮

〔예禮에는 의식儀式이 많다. 혹자가 말하기를 해가 기울도록 고기를 먹지 않으면 고기는 반드시 마르고, 해가 기울어도 술을 마시지 않으면 술은 반드시 시어진다. 빈객賓客과 주인이 백 번 절하고 술이 세 차례 돈다. 너무 꾸미는 것이 아닌가. 답하기를 실질實質이고 꾸밈이 없으면 촌스럽고, 꾸미면서 실질이 없으면 겉치레이고, 꾸밈에 실질이 부응副應해야 예禮다.〕

※

1 百拜(백배): 많은 절. 절을 몇 번이고 거듭한다는 뜻.
2 華(화): 꾸밈, 수식修飾.
3 野(야): 촌스럽다.
4 賈(고): 겉치레.

16. 까투리가 살찐 것은 뜻을 얻은 것인가?

어떤 사람이 말하기를

"안회顏回가 단사표음簞食瓢飮으로 말랐다고 하는 것은 어떻다는 것입니까?"

하니, 대답했다.

"명군明君이 위에 있으면 백관의 우양牛羊은 또한 까투리요, 암군闇君이 위에 있으면 단사표음도 또한 까투리이니 무엇이 말랐다는 것인가? 천균千鈞을 가볍다고 하는 것은 오획烏獲의 힘이 세어서였으며, 단사표음으로 마음이 즐거울 수 있었던 것은 안회의 덕이 왕성해서였다."

◉ 산자(山雌: 암꿩, 곧 까투리)라는 것은 『논어』 향당편鄕堂篇에 보이는

공자의 말인 "산의 다리 근처의 까투리는 시기時機를 잘 보고 있구나."
라고 한 것에 바탕을 둔 것이다.

山雌[1]之肥 其意得乎 或曰 回之簞瓢[2]臞 如之何 曰 明明[3]在上 百官牛羊
亦山雌也 闇闇[4]在上 簞瓢捽茹亦山雌也 何其臞 千鈞之輕 烏獲[5]力也
簞瓢之樂 顏氏德也

〔산자山雌의 살찜은 그 뜻을 얻은 것인가. 혹자는 말하기를 안회顏回의
단표簞瓢로 마른 것은 어떤 것인가. 답하기를 명명明明이 위에 있으면
백관百官 우양牛羊도 또한 산자山雌요, 암암闇闇이 위에 있으면 단표簞瓢
졸여捽茹도 또한 산자다. 어찌 말랐는가. 천균千鈞의 가벼움은 오획烏獲의
힘이요, 단표의 즐거움은 안씨顏氏의 덕德이다.〕

※

1 山雌(산자): 꿩의 암컷. 까투리.
2 簞瓢(단표): 단사표음簞食瓢飮. 한 광주리의 밥과 한 표주박의 물이라는
  뜻으로, 소박한 생활을 비유하는 말.
3 明明(명명): 명철한 지혜를 가진 임금.
4 闇闇(암암): 어리석어 어두운 임금.
5 烏獲(오획): 힘이 장사였다고 전하는 사람.

17. 어찌 소의 털 빛깔에 구애되랴?

어떤 사람이 묻기를
  "이우犂牛의 가죽과 현성玄騂의 가죽은 다른 것이 있습니까?"
하니, 대답했다.

74

"같은 것이다."

어떤 사람이 묻기를

"그렇다면, 어찌하여 이우를 희생으로 쓰지 않는 것입니까?"
하니, 대답했다.

"장차 귀신에게 효성을 이르도록 하는 것이다. 감히 이우犂牛로써
사용하지 않는 것이다. 만약 양이나 돼지를 잡아 멀리서 온 사자使者나
군대를 위로하는 경우라면 어찌 소의 털 빛깔에 구애될 것이 있겠느냐."

◉ 이우는 경작耕作에 사용하는 소로 그 빛깔이 황색과 흑색이 섞인
것이 많고, 현성은 붉은색 한 빛깔의 소로 희생犧牲으로 쓰이는 것을
말한다. 그런데 두 종류의 소의 털을 벗겨 디만 피혁皮革으로 만들이도
과연 서로 다르겠느냐고 물은 것이다.

或問 犂牛¹之鞹與玄騂²之鞹 有以異乎 曰 同 然則何以不犂也 曰 將致
孝乎鬼神 不敢以其犂也 如刲羊刺豕 罷賓犒師 惡在犂不犂也
〔혹자가 묻기를 이우犂牛의 가죽과 현성玄騂의 가죽은 그것으로써 다름이
있는가. 답하기를 같다. 그러면 무엇 때문에 이우를 쓰지 않는가. 이르기를
장차 귀신鬼神에게 효孝를 이르게 하려고 감히 그 이우를 쓰지 않는다.
만약 양을 잡고 돼지를 잡아 빈객을 위로하고 군사를 위로한다면 어찌
이우와 이우 아닌 것이 있겠느냐.〕

                              ※

1 犂牛(이우): 경작耕作에 주로 사용하는 소.
2 玄騂(현성): 희생犧牲으로 쓰는 소.

18. 중니에게 자주 물었더라면…

덕이 있는 사람은 성인聖人에게 묻기를 좋아한다.

어떤 사람이 말하기를

"노魯나라 사람들은 덕이 적었습니다. 어찌해 중니仲尼에게 묻는 것을 좋아했습니까?"

하니, 대답했다.

"노나라 사람들이 진실로 중니에게 묻기를 좋아했다고는 할 수 없기 때문이다. 진실로 묻기를 좋아한 것이 아니기 때문에 그런 의문이 일어나는 것이다. 만약 그들이 진실로 중니에게 묻기를 좋아하였다면, 노나라는 동방東方의 주왕조周王朝를 일으킬 수 있었을 것이다."

◉ 질문은, 노나라 군주君主인 정공定公과 애공哀公, 권세가인 계강자季康子·맹의자孟懿子를 비롯한 많은 노나라 사람들이 공자에게 물은 사실을 말하는 것이다. 그리고 그들의 물음이 진실이 아니었다고 대답한 말은, 공자에게 들은 말을 제대로 실행하지 않았으며 다시 공자를 중용重用하였다가 중도에서 물러나게 한 것을 두고 이른 말이다.

有德者好問聖人 或曰 魯人鮮德 奚其好問仲尼也 曰 魯未能好問仲尼故也 如好問仲尼 則魯作東周[1]矣

〔덕德 있는 자는 성인에게 묻기를 좋아한다. 혹자가 말하기를 노魯나라 사람은 덕이 적다. 어찌하여 그 중니仲尼에게 묻기를 좋아하였는가. 답하기를 노나라는 중니에게 묻기를 좋아했다고 할 수 없다. 만약 중니에게 묻기를 좋아했다면 노나라는 동주東周를 만들었을 것이다.〕

76

1 東周(동주): 동쪽에 새로 세워지는 이상적인 주왕조周王朝. 이것은 공자孔子
 의 꿈이었다.

19. 되지 않은 학습을 하는 자는 쫓아버린다

어떤 사람이 묻기를

 "어떤 사람이 공자의 집 담장에 기대어 서서 정鄭나라나 위衛나라의
노래를 부르고, 성현聖賢의 도道를 비방한 한비자韓非子나 장자莊子의
서책을 암송하고 있어도 그 사람을 안으로 끌어들일 것입니까?"
하니, 내답했다.

 "그가 만약 교화가 미치지 않는 야만인 땅의 사람이라면 그 배우려는
뜻을 아껴서 끌어들일 것이다. 그러나 이미 성인의 문門에 가까이
있으면서 그 따위 되지도 않은 학습을 하는 자는 쫓아버릴 것이다.
애석하도다. 그들은 저고리를 지으려고 하다가 바뀌어 치마를 짓고
만 것이다."

或問 人有倚孔子之牆 弦鄭衛之聲 誦韓¹莊²之書 則引諸門乎 曰 在夷
貉³則引之 倚門牆則麾之 惜乎 衣未成而轉爲裳也

〔혹자가 묻기를 사람이 공자의 담장에 의지하여 정鄭나라·위衛나라의
음악을 연주하고, 한비자韓非子·장자莊子의 글을 암송한다면 그를 문으로
당길 것인가. 답하기를 이맥夷貉에 있으면 그를 당기지만, 문의 담장에
의지했다면 그를 쫓아버린다. 애석하구나. 의衣를 이루지 못하고 도리어
상裳을 만들었다.〕

※

1 韓(한) : 한비자韓非子. 전국시대 말기의 법치주의자法治主義者. 한비韓非.

2 莊(장) : 장자莊子. 전국시대의 사상가로서 도가道家. 장주莊周.

3 夷貊(이맥) : 중국 주변의 이민족들인 야만인野蠻人을 통틀어서 이른 말.

20. 의를 으뜸으로 하는 사람

성인聖人은 부정한 말을 듣고는 그대로 받아들이지 않으며, 선도善道에서 벗어나는 것을 결코 말하지 않는다. 현자賢者는 듣고 말할 때 옳고 그른 것과 선악善惡을 가린다. 그러나 보통 사람은 가리는 것이 없다.

어떤 사람이 보통 사람에 대하여 물으니 대답했다.

"부귀富貴를 바라면서 사는 사람들이다."

현인賢人에 대하여 물으니, 대답했다.

"의義를 으뜸으로 하는 사람이다."

성인에 대하여 물으니, 대답했다.

"인지人智로 헤아리기 어려운 활동을 하는 신神과 같은 존재이다."

현인의 행동거지를 보면 보통 사람의 실체를 볼 수 있으며, 성인의 언행言行을 관찰하면 현인을 볼 수 있다. 천지天地의 모양을 관찰하면 성인을 볼 수 있다.

천하에는 세 가지 좋아하는 것이 있다. 보통 사람은 남이 자기에게 추종하는 것을 좋아하고, 현인은 자기의 잘못을 바로잡는 일을 좋아하며, 성인은 자기가 사람들의 스승이 되는 것을 좋아한다.

천하에는 세 가지 단속하는 것이 있다. 보통 사람은 집안을 단속하는 데 사용하고, 현인은 나라의 일을 단속하는 데 사용하며, 성인은 온 천하를 단속하는 데 사용한다.

천하에는 세 가지 문門이 있다. 정욕情欲에 따르는 사람은 들어가는 것을 새의 문으로부터 하고, 예의에 따르는 사람은 들어가는 것을 사람의 문으로부터 하며, 홀로의 지혜에 따르는 사람은 들어가는 것을 성인의 문으로부터 한다.

◉ 공자는 『논어』 위정편爲政篇에서 "나이 60이 되어서는 무엇을 들어도 사실 그대로 들을 수 있었다."라고 했고, 안회는 『논어』 안연편顏淵篇에서, "예禮의 가르침에 어긋나는 것은 듣지 말며, 예의 가르침에 어긋나는 것은 말하지 말라."고 하는 훈계를 받았다고 했다.

聖人耳不順乎非 口不肆[1]乎善 賢者耳擇口擇 衆人無擇焉 或問衆人 曰 富貴生[2] 賢者 曰義 聖人 曰神[3] 觀乎賢人則見衆人 觀乎聖人則見賢人 觀乎天地則見聖人 天下有三好 衆人好己從 賢人好己正 聖人好己師 天下有三檢[4] 衆人用家檢 賢人用國檢 聖人用天下檢 天下有三門 由於情欲 入自禽門 由於禮義 入自人門 由於獨智 入自聖門

〔성인은 듣고 그른 것에 따르지 않으며 말하면 선善에 어긋나지 않는다. 현자賢者는 귀가 선택하고 입이 선택한다. 중인衆人은 선택함이 없다. 혹자가 중인에 대하여 물으니, 답하기를 부귀富貴에서 생生하는 것이다. 현자賢者에 대하여 말하기를 의義이다. 성인에 대하여 말하기를 신神이다. 현인을 보면 중인을 알고, 성인을 보면 현인을 알고, 천지를 보면 성인을 안다. 천하에 세 가지 좋은 것이 있으니 중인은 자기를 따르는 것을 좋아하고, 현인은 자기를 바르게 하기를 좋아하고, 성인은 자기가 스승 되기를 좋아한다. 천하에 세 가지 검속하는 것이 있으니 중인은 집을

검속하는 데 쓰고, 현인은 국가를 검속하는 데 쓰고, 성인은 천하를 검속하는 데 쓴다. 천하에 세 가지 문이 있으니, 정욕情欲에 의하면 금문禽門으로 들어가고, 예의禮義에 의하면 인문人門으로 들어가고, 독지獨智에 의하면 성문聖門으로 들어간다.〕

※

1 肄(이) : 위違의 오자誤字.
2 富貴生(부귀생) : 부귀富貴를 바라면서 사는 사람들.
3 神(신) : 사람의 지혜로 헤아리기 어려운 활동을 하는 신神과 같은 존재.
4 檢(검) : 단속하다.

21. 몸을 편안하게 할 수 있습니까?

어떤 사람이 묻기를

"사士는 어찌하면 그 몸을 행복하게 할 수 있습니까?"

하니, 대답했다.

"마음을 넓고 깊게 가지고 그의 밖을 엄숙하게 단속한다면 몸을 편안히 하는 것이 가한 것이다."

或問 士何如斯可以禔身 曰 其爲中也弘深 其爲外也肅括 則可以禔身矣

〔혹자가 묻기를 사士는 어떻게 하면 이에 가히 써 몸을 편안하게 할 수 있는가. 답하기를 그 안을 다스림이 홍심弘深하게, 그 밖을 다스림이 숙괄肅括하면 가히 써 몸을 편안하게 할 수 있다.〕

22. 공자도 꺼려할 만한 자

군자가 자기의 덕을 손상시키는 일이 없도록 미세한 점까지도 마음을 써서 작은 허물도 없도록 하면 어떠한 큰 잘못이 있겠는가.

상사上士의 귀는 덕에 이끌리고, 하사下士의 귀는 자신에게 드는 말만을 따르는 것이다.

자신의 말에 부끄러운 데가 없고, 자신의 행위에 부끄러운 데가 없는 사람이라면 이런 사람은 공자도 꺼려할 것이다.

君子微愼厥德 悔吝不至 何元懟¹之有
上士之耳訓乎德 下士之耳順乎己
言不慙行不恥者 孔子憚焉

〔군자는 미세微細하게 그 덕德을 삼가고, 회린悔吝에 이르지 않으면 무슨 대악大惡이 있을 것인가.
상사上士의 귀는 덕德에 따르고, 하사下士의 귀는 자기에게 따른다.
말함에 부끄러움이 없고, 행동함에 부끄러움이 없는 자는 공자도 그를 꺼린다.〕

※

1 元懟(원대) : 대악大惡.

제4권 문도問道

1. 도라는 것은 통通이다

어떤 사람이 도에 대하여 물으니, 대답했다.

"도道라는 것은 통通이다. 어디라도 통하지 않는 곳이 없다."

어떤 사람이 또 묻기를

"그렇다면 성인의 도가 아닌 다른 도로 가도 되는 것입니까?"

하니, 대답했다.

"요임금이나 순임금이나 문왕에게로 가는 사람은 정도正道요, 요임금·순임금·문왕이 아닌 데로 가는 사람은 타도他道이다. 군자는 정도로 향하여 가는 것이고 타도로 가서는 안 되는 것이다."

或問道 曰 道也者通也 無不通也 或曰 可以適它與 曰 適堯舜文王者 爲正道 非堯舜文王者 爲它道¹ 君子正而不它

〔혹자가 도道를 물었다. 답하기를 도라는 것은 통通이다. 통하지 않는 것이 없다. 혹자가 말하기를 그것으로써 다른 데에 갈 수 있는가. 답하기를 요堯·순舜·문왕文王에게 가는 것은 정도正道라 하고, 요·순·문왕이 아닌 것은 타도它道라고 한다. 군자는 정正이요, 타它가 아니다.〕

※

1 它道(타도): 타도他道, 곧 제자백가諸子百家의 설설.

2. 밤낮으로 쉴 때가 없다

어떤 사람이 도道에 대하여 물으니, 대답했다.

"도라는 것은 도로道路와 같고, 하천河川과 같은 것이다. 수레나 배가 흐르는 듯이 왕래하여 교통하고, 밤낮으로 쉴 때가 없다."

어떤 사람이 또 묻기를

"어떻게 바른 길을 얻어서 따르는 것입니까?"

하니, 대답했다.

"도로는 비록 굽어 있더라도 중화(中華: 중국)로 통하면 따르는 것이다. 하천의 흐름이 비록 꾸불꾸불하더라도 바다로 통하여 있으면 그 물을 따라서 가는 것이다."

어떤 사람이 말했다.

"일이 굽어져 있더라도 성도聖道로 통하여 있으면 따르는 것이군요."

或問道 曰 道若塗若川 車航混混 不捨晝夜 或曰 焉得直道而由諸 曰 塗雖曲而通諸夏[1] 則由諸 川雖曲而通諸海 則由諸 或曰 事雖曲而 通諸聖 則由諸乎

[혹자가 도를 물으니 답하기를 도는 길과 같고, 강과 같다. 수레와 배가 혼혼混混하게 행하고 밤과 낮을 버리지 않는다. 혹자가 말하기를 어찌하여 곧바른 길을 얻어서 거기에 의하지 않는가. 답하기를 길이 비록 굽더라도

제하諸夏로 통하면 거기에 의하고, 강이 비록 굽더라도 바다로 통하면 거기에 의한다. 혹자가 말하기를 일이 비록 굽더라도 성聖에 통하면 거기에 의하는 것인가.〕

※

1 諸夏(제하) : 중국의 모든 나라. 예의가 있는 나라.

3. 사람의 천성에 바탕을 둔 다섯 가지

도道와 덕德과 인仁과 의義와 예禮는 사람의 몸에 견주어 말할 수 있다.

대체로 도道라는 것은 곧 도導로서 사람을 이끌어가는 것이며, 덕德이라는 것은 곧 득得으로서 사람이 자기의 것으로 하여 몸에 지니는 것이며, 인仁이라는 것은 곧 인人으로서 인간다운 것을 말함이며, 의義라는 것은 곧 의宜로서 사물의 도리이며, 예禮라는 것은 곧 체體로서 몸으로 체득하는 것이며 이것이 곧 하늘이다.

이것들이 합하여 하나가 되면 혼연일체가 되고, 각각 흩어지면 각각 하나하나의 개체인 도道, 득得, 인人, 의宜, 체體가 된다. 한 사람의 몸으로 수족手足인 사체四體를 자유롭게 움직일 수 있는 것은 자신의 몸을 완전하게 거느리는 것이다.

道德仁義禮 譬諸身乎 夫道以導之 德以得之 仁以人之 義以宜之 禮以體之 天也 合則渾 離則散 一人而兼統四體者 其身全乎

〔도道와 덕德과 인仁과 의義와 예禮는 그것을 몸에 비유할 수 있는 것이다. 대저 도道는 그것으로써 신身을 인도하고, 덕德은 그것으로써 신身을 얻고, 인仁은 그것으로써 신身을 사람답게 하고, 의義는 그것으로써 신身

84

을 마땅하게 하고, 예禮는 그것으로써 신신身을 체체體로 삼는 것이며 천天이
다. 합하면 한 덩어리가 되고, 분리하면 흩어진다. 한 사람으로서 아울러서
사체四體를 거느리는 자는 그 몸을 온전하게 하는 것이다.〕

4. 누가 시키는지 모른다

어떤 사람이 덕화德化를 나타내는 방법을 물으니, 대답했다.

"일으키는 것을 앎이 없는 것이다. 윗사람이 아랫사람을 일으키는
것이다."

어떤 사람이 또 청하여 묻기를

"예를 아는 것이 없습니다. 가르쳐 주십시오."

하니, 대답했다.

"저 위정자爲政者들이 예를 행하게 되면 이곳에 있는 백성들이 그것을
얻는 것이다. 어떻게 그러한 것을 알겠는가?"

어떤 사람이 또 묻기를

"만약 예禮는 없으면서 덕德이 있다면 어떻습니까?"

하니, 대답했다.

"예는 사람에게 있어 몸체인 것이다. 사람이 예가 없는데 어떻게
덕을 지녔다고 생각하겠는가?"

或問德表 曰 莫知作 上作下 請問禮莫知 曰 行禮於彼而民得於此
奚其知 或曰 孰若無禮而德 曰 禮體也 人而無禮 焉以爲德
〔혹자가 덕德의 표현을 물으니 답하기를 일으킴을 알지 못하는 것이다.

상上이 하下를 일으키는 것이다. 예를 알지 못하는 것에 대해 청하여 물으니 답하기를 예禮를 저쪽에서 행하면 백성은 이쪽에서 얻는다. 어찌 알겠느냐. 혹자가 말하기를 예禮가 없으면서 덕 있음은 어떠한가. 답하기를 예는 체體다. 사람으로서 예가 없는데 어찌 그것으로써 덕이 되겠는가.〕

5. 하늘은 만물을 조각하지는 않는다

어떤 사람이 하늘에 대하여 물으니, 대답했다.

"나는 하늘과 함께 해 무위無爲로써 하는 것을 보는 것이다."

어떤 사람이 또 묻기를

"모든 형상을 조각하여 만들어내는 것은 하늘이 주는 것이 아닙니까?"

하니, 대답했다.

"하늘이 만물을 조각하지는 않는다. 그러나 만물이 스스로 조형자가 되어 조각하는 것과 같으면 어디서 만물이 힘을 얻어서 넉넉하게 할 것이겠는가(만물이 하늘에서 힘을 얻어서 스스로 조형자가 되어 조각한다는 뜻)."

或問天 曰 吾於天與 見無爲之爲矣 或問 彫刻衆形者 匪天與 曰 以其不彫刻也 如物刻而彫之 焉得力而給諸

〔혹자가 천天을 물으니 답하기를 나는 천天과 함께 해 무위無爲의 위爲를 본다. 혹자가 묻기를 중형衆形을 조각彫刻하는 자는 하늘과 함께 하는 것이 아닌가. 답하기를 그 조각하지 않기 때문이다. 만일 물物마다 각刻하여서 그것을 조彫하면 어디에서 힘을 얻어 그것을 급給하겠는가.〕

6. 노자의 도덕론은 나도 찬성한다

노자老子의 도덕론道德論을 말한 것에는 나도 취하는 바가 있을 뿐이다. 그러나 인의仁義를 내던져 버리고 예학禮學을 절멸시키는 데 이른 것에는, 나는 취할 것이 없다고 여길 뿐이다.

◉ **노자는 '허정겸유虛靜謙柔'의 도를 취한다고 했다.**

老子之言道德 吾有取焉耳 及槌提[1]仁義 絶滅禮學 吾無取焉耳

〔노자老子의 도덕을 말함은 나는 취함이 있을 뿐이다. 인의仁義를 내던지고 예학禮學을 절멸絶滅함에 미쳐서는 나는 취함이 없을 뿐이다.〕

❊

1 槌提(퇴제): 내던져 버리다.

7. 지혜를 계발할 수 있겠는가?

내가 어떻게 사람에게 밝은 것을 열어 줄 수가 있겠는가? 우리들의 몽매함을 열어 줄 수 있는 것은 오직 성인聖人뿐이다. 그 밖의 것은 모두 풀처럼 시드는 것이다. 위대하도다. 성인의 말씀의 지극함이여. 열어 넓고 넓게 넓히면 온 천하도 볼 수 있지만 닫아서 닫아 막히면 담장 안도 보지 못하는 것이다.

吾焉開明哉 惟聖人爲可以開明 他則苓[1] 大哉 聖人言之至也 開之廓然[2] 見四海 閉之閛然[3] 不覩牆之裏

〔내 어떻게 개명開明할 것인가. 오직 성인만이 개명하는 것이 가하다. 타他는 영箬이다. 위대하도다. 성인의 말의 지극함이여. 그것을 열면 확 트여 사해四海를 보고, 그것을 닫으면 닫혀져 담장 안도 보지 못한다.〕

※

1 箬(영): 영箬의 오자誤字. 대나무 마디의 구멍.

2 廓然(확연): 넓고 넓게 넓혀 주는 것.

3 閇然(팽연): 닫고 닫아서 좁게 하는 것.

8. 성인의 말씀은 물과 불 같다

성인의 말씀은 물과 불 같다.

어떤 사람이 물과 불에 대하여 물으니, 대답했다.

"물은 헤아리면 헤아릴수록 더욱 깊고 그 궁극을 다하면 더욱 멀고 멀리하는 것이다. 불은 사용하면 사용할수록 더욱 밝아지고 거듭되고 거듭되게 할수록 더욱 장렬해지는 것이다."

聖人之言似於水火 或問水火 曰 水測之而益深 窮之而益遠 火用之而彌明 宿之而彌壯

〔성인의 말은 물과 불 같다. 혹자가 물과 불을 물으니 답하기를 물은 그것을 헤아리면 더욱 깊고, 궁窮하면 더욱 멀다. 불은 그것을 쓰면 점점 밝고, 그것을 쌓으면 점점 장엄하다.〕

9. 사마귀나 혹과 같은 불필요한 존재

진실로 천하를 다스리면서 예법의 명문明文과 다섯 가지 가르침을
기다리지 않는 사람이라면 나는 황제黃帝나 요임금·순임금과 같은
옛날의 성왕聖王이라 하더라도 혹과 같은 불필요한 존재라고 여긴다.

允治天下 不待禮文與五敎[1] 則吾以黃帝堯舜爲尤贅

〔진실로 천하를 다스리면서 예문禮文과 오교五敎를 기다리지 않는다면
나는 황제黃帝나 요堯·순舜이더라도 사마귀나 혹으로 삼는다.〕

※

1 五敎(오교): 순전舜典에 있는 말로, 부의父義·모자母慈·형우兄友·제공弟恭·
자효子孝의 오품五品의 가르침.

10. 법은 다스리기 위한 도구이다

어떤 사람이 말하기를
  "태상(太上: 太古)의 시대에는 법이 없어도 다스려졌다고 합니다.
법은 세상을 다스리는 방법은 아닌 것입니까?"
하니, 대답했다.
  "태고의 세상은 성인도 싫어했다. 그런 까닭에 법은 복희씨伏犧氏
때에 시작되어 요임금 때에 완성된 것이다. 복희씨도 요임금도 아닌
다른 사람이었다면 예의에는 말이 많아서 성인이 쓰지 않았을 것이다."

●『논어』태백편泰伯篇에 의하면, 요임금 시절에는 예악禮樂의 제도가

번쩍번쩍 빛났다고 한다. 여기서 말하는 법이라는 것은 예의禮義와 같은 것으로 널리 문명사회의 정치 원리를 가리켜 말하고 있다.

或曰 太上無法而治 法非所以爲治也 曰 鴻荒[1]之世 聖人惡之 是以法 始乎伏犧[2]而成乎堯 匪伏匪堯 禮義哨哨[3] 聖人不取也

〔혹자가 말하기를 태상太上에는 법法 없이 다스려졌다. 법은 다스리기 위한 까닭이 아니다. 답하기를 홍황鴻荒의 세상에서는 성인도 그것을 싫어했다. 이것으로써 법은 복희씨伏犧氏에서 시작되어 요임금 때에 이루어졌다. 복희씨가 아니고 요임금이 아니었다면 예의는 분분한 이론이 많아 성인은 그것을 취하지 않았을 것이다.〕

※

1 鴻荒(홍황): 태고太古의 시대.

2 伏犧(복희): 복희씨伏羲氏. 고대 전설상의 제왕으로 삼황三皇의 한 사람. 팔괘八卦를 처음 만들었으며 목축업을 가르쳤다고 한다.

3 哨哨(초초): 말이 많은 모양. 결점이 많아 흠을 잡혀 말이 많다.

11. 무엇으로 중국이라고 합니까?

어떤 사람이 묻기를

  "팔황(八荒: 사방팔방의 나라)의 예禮에서 그들 나라에서 각각 행해지는 예禮라든가 악樂이라든가 하는 것은 어느 것이 옳은 것입니까?" 하니, 대답했다.

  "중국中國을 규준規準으로 하여 평가하면 된다."

  어떤 사람이 또 묻기를

90

"무엇을 가지고 중국이라고 합니까?"

하니, 대답했다.

"명당明堂에 있어서 오시五時의 정정政이 행하여지고, 일곱 가지 조세의 근거에 의해 재정財政이 행하여지고, 천지天地의 중도中道를 얻은 나라를 중국이라고 한다. 이러한 도를 지나쳐 가는 것도 사람인 것이다."

◉ '과차이왕자인야재過此而往者人也哉'라고 한 것은 『주역』의 계사 하전에 "이러한 것을 지나쳐서 가는 것을 알 수 없다."고 한 것의 뜻이다. '이러한 일을 지나쳐 가는 것도 인간이라고 한 것'은 사람으로는 엿볼 수 없는 성인聖人의 세계라고 하는 의미로도 보고 있다. 그러나 왕영보汪榮寶는 이 도道에서 벗어난 자를 중국인이 아니라는 뜻으로 해석하여 넌지시 왕망王莽의 행위가 오랑캐들과 부류가 같다고 비난한 것이라고 했다.

或問八荒¹之禮 禮也樂也孰是 曰 殷之以中國 或曰 孰爲中國 曰 五政之所加 七賦²之所養 中於天地者爲中國 過此而往者人也哉

〔혹자가 팔황八荒의 예禮를 묻기를 예와 악樂과 어느 것이 옳은가. 답하기를 이것을 평가함에 중국中國으로써 한다. 혹자가 말하기를 무엇이 중국이 되는가. 답하기를 오정五政이 가加해지는 바이고, 칠부七賦가 다스려지는 바이며, 천지의 중심이 되는 곳을 중국이라 한다. 이것을 지나서 가는 자도 사람이다.〕

※

1 八荒(팔황): 팔방八方의 지극히 끝 지역. 곧 해외海外의 여러 민족의 나라들.
2 七賦(칠부): 일곱 가지 조세租稅. 곧 다섯 가지 곡식인 오곡五穀과 비단과 베의 일곱 가지.

12. 제왕이 된 사람의 붓과 혀

성인이 천하를 다스리는 데 있어서는 가려 막는 것은 예악禮樂을 기준으로 한다. 예악이 없이 살아가는 인간은 새나 짐승과 같다. 성인의 예악과는 다른 풍속 아래에서 생활하는 자는 중국이 아닌 야만족野蠻族인 것이다. 나는 제자백가가 예악을 하찮게 여기는 것은 보았으나 성인이 예악을 하찮게 여기는 것은 보지 못했다. 그 누가 붓을 사용하지 않고 글씨를 쓰거나 혀를 놀리지 않고 말하는 자가 있겠는가. 나는 성인이 하늘이 정해준 인륜의 길을 보고 제왕帝王이 된 사람의 붓과 혀로 삼은 것이다.

◉ 예禮라는 것은 중국인의 풍속으로 그 문화의 규범적인 측면을 대표하는 것이고, 악樂이라는 것은 조화적인 측면을 대표한다. 예악禮樂이라고 하면, 공자孔子가 부흥시키려고 노력을 기울인 주周 왕조 시대의 정수인 것이다.

聖人之治天下也 礙諸以禮樂 無則禽 異則貉 吾見諸子之小禮樂也 不見聖人之小禮樂也 孰有書不由筆 言不由舌 吾見天常爲帝王之筆舌也

〔성인이 천하를 다스림에 예악禮樂으로써 방패막이를 한다. 없으면 짐승이요, 다르면 야만野蠻이다. 나는 제자諸子가 예악을 작다고 하는 것을 보았고, 성인이 예악을 작다고 하는 것을 보지 못했다. 누가 글씨를 씀에 붓에 의하지 않고, 말을 함에 혀에 의하지 않는 자가 있는가. 나는 천상天常을 보고서 제왕帝王의 필설筆舌로 삼은 것이다.〕

13. 지혜는 아는 것이다

지혜라는 것은 아는 것이다. 무릇 지혜를 사용할 곳에는 사용하지 않고 더할 곳에는 더하지 않는 것은 지혜를 얻어서 망가뜨리는 것이 아니겠는가.

智也者知也 夫智用不用 益不益 則不贅虧矣

〔지智라는 것은 지知이다. 대저 지智를 사용할 곳에 사용하지 않고 더할 곳에 더하지 않는 것은 얻어서 이지러뜨리는 것이 아닌가.〕

14. 예가 무엇에서 유래했는가?

기계나 배나 수레나 가옥 따위가 인간의 생활에 있어서 어떠한 역할을 하고 있는가를 깊이 생각한다면 예禮가 무엇으로부터 유래하는가를 알게 되는 것이다.

◉ 자공子貢이 한음漢陰 땅을 지나면서 한 남자가 포전圃田에서 굴을 파고 우물로 들어가 물동이를 안고 물을 푸는 것을 보고 도르래에 두레박을 걸고 물을 푸는 것이 편리하다고 가르쳐 주니 "기계機械가 있는 자에게는 반드시 기사機事가 있고, 기사가 있는 자에게는 반드시 기심機心이 있다."고 오히려 가르쳐 주었다는 이야기가 『장자莊子』천지편天地篇에 있다. 양웅이 유가儒家의 입장에서 도가道家에 대한 비판을 포함하여 서술한 것일 것이다.

深知器械舟車宮室之爲 則禮由已

〔기계器械·주거舟車·궁실宮室의 역할役割을 안다면 예禮의 유래를 깊이 알 따름이다.〕

15. 몇 백 년이 지나도 천하에 가득한 것

어떤 사람이 천하에서 가장 소리가 큰 것을 물으니 대답했다.

"우렛소리도 아니고, 우레의 여운餘韻도 아니다. 우르릉 우르릉 쾅쾅하지만 오래도록 더욱 성대해지는 것은 여러 성인의 신주神主이다."

或問大聲 曰 非雷非霆 隱隱耺耺 久而愈盈 尸諸聖

〔혹자가 대성大聲을 물으니 답하기를 우레도 아니고 벽력도 아니다. 은은隱隱하고 우렁차며 오래 될수록 점점 차는 것은 여러 성인의 신주〔尸〕다.〕

16. 개혁을 행하는 것은

어떤 사람이 묻기를

"도道에는 인연하는 것이 있는 것입니까? 인연이라는 것은 없는 것입니까?"

하니, 대답했다.

"좋은 것이면 인연하는 것이지만 그렇지 않은 것은 바꾸는 것이다."

◉ '인因'의 사상은 전국시대부터 융성해져 여러 학파에서 행해졌다. 사마천은 『사기』 태사공太史公 자서自序에 "도가道家는 인순因循으로써 용용用

삼는다."라고 기록하고 있다. 양웅揚雄은 이 사상에 관심을 가짐과 동시에 역易의 '혁革'의 사상과 결합하여 유가적인 처지를 힘차게 세우고자 시도했던 것 같다(『태현경』 현영편玄瑩篇을 참조).

或問 道有因 無因乎 曰 可則因 否則革

〔혹자가 묻기를 도道에 인因이 있는가, 인이 없는가. 답하기를 가하면 인하고, 아니면 고친다.〕

17. 천하를 선양禪讓한 사람들

어떤 사람이 무위無爲에 대하여 물으니, 대답했다.

"세상이 어지럽지만 않다면 무엇 때문에 손을 쓰겠느냐. 옛날 우(虞: 舜)·하(夏: 禹)시대에 순임금은 천자天子인 요임금의 작위를 물려받고 성스러운 요임금의 도道를 행했다. 법도法道를 뚜렷하게 하고 예악禮樂을 나타나게 했다. 이리하여 순임금이 느긋하게 의복을 늘어뜨리고 두 손을 마주잡고는 천하의 백성이 기세 있게 활동하는 것을 지켜보고 있었던 것은 무위無爲였다.

그러나 폭군暴君인 걸왕桀王의 뒤를 계승하고 주왕紂王의 남은 세상을 이어받은 시대에는 그 때 법도는 무너지고 예악은 이지러졌다. 그러한 경우에 마음 편안하게 천하의 백성들이 죽어가는 것을 바라보고 있는 것이 무위가 되겠는가."

● 순임금이 천하의 백성들이 기세 있게 활동하는 것을 지켜보기만 한 것이 무위無爲라고 하는 말은, 스스로 손을 써서 지도하지 않아도 천하가

태평하게 다스려진 것을 뜻하는 말이다. 하왕조夏王朝의 폭군暴君인 걸왕桀王의 뒤를 이은 이는 은왕조殷王朝의 탕왕湯王이요, 은왕조의 폭군인 주왕紂王의 뒤를 이은 이는 주왕조周王朝의 무왕武王이었다. 이 군주는 바삐 인정을 베풀었다.

或問無爲 曰 奚爲哉 在昔虞夏¹ 襲堯之爵 行堯之道 法度彰 禮樂著 垂拱而視天下民之阜也 無爲矣 紹桀²之後 纂紂³之餘 法度廢 禮樂虧 安坐而視天下民之死 無爲乎

〔혹자가 무위無爲를 물으니 답하기를 어떻게 다스리는 것인가. 옛날에 우하虞夏가 있어 요임금의 작爵을 이어받아 요임금의 도道를 행하고, 법도法度가 빛나고 예악禮樂이 드러났다. 옷을 늘어뜨리고 팔짱을 끼고 천하 백성의 기세 있는 것을 보고 있는 것은 무위無爲였다. 걸桀의 뒤를 잇고 주紂의 뒤를 이어서는 법도는 폐해지고, 예악은 이지러졌다. 편안히 앉아서 천하의 백성이 죽어가는 것을 보는 것이 무위無爲겠는가.〕

※

1 虞夏(우하): 순임금과 우禹임금을 가리킨다. 순임금이 요임금에게서 천자의 자리를 물려받고 나라의 이름을 우虞라 한 데서 나온 말. 하夏는 우임금이 순임금에게 물려받은 나라이다.
2 桀(걸): 걸왕桀王. 하왕조夏王朝의 마지막 왕인 폭군暴君.
3 紂(주): 주왕紂王. 은왕조殷王朝의 마지막 왕인 폭군.

18. 귀와 눈을 막았던 것은

어떤 사람이 말하기를

"태고太古 시절에는 백성의 귀와 눈을 막았습니다. 오직 그 보고

96

듣는 것에 있어서 보게 되면 가리기가 어렵고 듣게 되면 차단하기가 어렵기 때문이었습니다."

하니, 대답했다.

"사람의 조상이 처음으로 하늘에서 내려올 때 눈은 보기 위해, 귀는 듣기 위해 사용되게 한 것이다. 그런 까닭에 성인聖人은 보는 것을 예로써 하게 하고 듣는 것을 음악으로써 하게 한 것이다. 만약 예가 아닌 것을 보고 음악이 아닌 것을 듣게 했다면 비록 백성이 있어도 어떻게 얻어서 막아 차단하겠는가."

◉ 보고 듣는 것을 물리치고 무지무욕無知無欲한 태고太古의 순박한 세상으로 돌아가자고 설說하는 노가道家와, 욕망을 설제하여 건전한 문화 사회의 건설을 목표로 하는 유가儒家와의 차이점을 명시하고 있다.

或問 太古塗民耳目 惟其見也聞也 見則難蔽 聞則難塞 曰 天之肇降生民 使其目見耳聞 是以視之禮聽之樂 如視不禮聽不樂 雖有民 焉得而塗諸

〔혹자가 묻기를 태고太古에는 백성의 귀와 눈을 막았다. 이것은 그 보고 듣는 것이 보면 가리기가 어렵고, 들으면 막기가 어려워서였다. 답하기를 하늘이 처음으로 생민生民을 내림에 그 눈으로 하여금 보게 하고, 귀로 하여금 듣게 했다. 이는 예禮로써 보게 하고, 악樂으로써 듣게 했다. 만약 봄에 있어 예가 아니고, 들음에 있어 악이 아니라면 비록 백성이 있다고 하더라도 어찌 얻어서 그것을 막겠는가.〕

19. 새로운 것과 헌 것

어떤 사람이 새로운 것과 헌 것에 대해 물으니, 대답했다.

"새로운 것이라면 그대로 답습하는 것이지만, 헐어서 파손된 것은 보전하고 잘라내서 사용하는 것이다."

或問新敝 曰 新則襲之 敝則益損之

〔혹자가 새 것과 묵은 것을 물었다. 답하기를 새 것이면 그대로 쓰고, 묵은 것이면 익손益損한다.〕

20. 그 어미를 그리워하는 것은

어떤 사람이 묻기를

"태고시대에는 덕을 생각하고 예를 생각하지는 않았습니다. 어린아이는 부모를 그리워했고, 망아지나 송아지는 어미를 졸졸 따랐습니다. 어찌 예로써 했겠습니까?"

하니, 대답했다.

"어린아이와 송아지인가! 어린아이나 송아지는 어미를 생각하지만 아비를 생각하지는 않는 것이다. 어미를 생각하는 것은 그리워하는 것이다. 아비를 생각하는 것은 공경하는 것이다. 홀로 어미뿐이고 아비는 아닌 것이니 아버지와 어머니의 아름다운 것만 같지 못한 것이다."

● 도가道家의 설설에서는 애정愛情은 진실이지만 경의敬意는 허위虛僞라고 한다. 『장자』천운편天運篇에 "어버이에게 경의를 표할 뿐인 효도孝道는

쉽고, 어버이를 진실로 사랑하는 효행孝行은 어렵다."라고 하는 것이
그것이다. 사랑하고 공경하는 것이 인간이 동물과 서로 다른 점으로
『논어』 위정편爲政篇에도 "봉양奉養할 뿐인 것은 견마犬馬도 마찬가지이
니, 공경하지 않으면 구별할 수 없지 않은가."라고 했다.

或問 太古德懷 不禮懷 嬰兒慕 駒犢從 焉以禮 曰 嬰犢乎 嬰犢母懷
不父懷 母懷 愛也 父懷 敬也 獨母而不父 未若父母之懿也

〔혹자가 묻기를 태고에는 덕德을 품고 예禮를 품지 않았다. 영아嬰兒는
그리워하고 구독駒犢은 따른다. 어찌하여 예禮로써 하는가. 답하기를
영아와 송아지인가. 영아와 송아지는 어미를 그리워하고, 아비를 그리워
하지 않는다. 어미를 그리워하는 것은 사랑이다. 아비를 그리워하는
것은 공경이다. 홀로 어미뿐으로 아비를 생각하지 않음은 아직 부모의
좋음만 같지 못해서이다.〕

21. 싸우지 않고 상대를 굴복시키는 것

저사가(狙詐家: 策略家)의 설說에 이르기를
  "저사계狙詐計에서 싸우지 않고 상대의 군대를 굴복시키는 것은 요堯·
순舜과 같은 성인聖人이다."
라고 하니, 이에 대해 대답했다.
  "싸우지 않고 상대의 군대를 굴복시키는 것은 요임금·순임금이다.
사람을 죽여 그 피가 흘러서 목을 적시고 옷깃을 새빨갛게 물들이는
것도 요임금이나 순임금이라고 할 것인가. 구슬을 팔겠다고 하면서
실상은 돌을 파는 것이 저사狙詐일 것이다."

어떤 사람이 묻기를

"저사狙詐로써 하는 것과 저사 없이 패하는 것 중에 어느 것이 더 나은 것입니까?"

하니, 대답했다.

"패하는 쪽이 나은 것이다."

어떤 사람이 또 묻기를

"선생께서 만약 육사(六師: 大軍)를 지휘하신다면 어떤 사람을 부장部將으로 삼으실 것입니까?"

하니, 대답했다.

"지휘하는 방법이 마땅함을 얻으면 천하의 책략가策略家들은 모두 지휘를 달게 받아 그들을 부릴 수 있을 것이다. 지휘하는 방법이 그의 도를 잃게 되면 천하의 책략가들은 모두 적으로 일어날 것이다. 그러므로 천하를 둔 자는 그의 통솔하는 것을 살피는 것일 뿐이다."

어떤 사람이 또 묻기를

"제후를 위엄으로 굴복시키려 한다면 정벌하는 것을 써야 합니까? 책략가의 힘이 없이도 가능하겠습니까?"

하니, 대답했다.

"제후를 위엄으로 굴복시키기 위해서는 군략軍略에 의지하는 것도 좋을 것이다. 그러나 군략에 의지하지 않고 제후를 위엄으로 굴복시키는 사람에게는 미치지 못하는 것이다."

어떤 사람이 또 묻기를

"군략이 없이 장차 무엇으로 정벌하는 것입니까?"

하니, 대답했다.

"가령 부득불 정벌하더라도 선왕先王의 군법軍法인 사마법司馬法이 있지 않은가. 어찌 하필이면 책략이겠는가!"

◉ "백전백승百戰百勝은 좋은 것 중의 좋은 것은 아니다. 싸우지 않고서 남의 군대를 굴복시키는 것이 좋은 것 중의 좋은 것이다."라는 것은 『손자孫子』모공편謀攻篇의 유명한 말이다. 그러나 병가兵家의 처지에서는 결국 사람을 죽이는 것을 종宗으로 삼는 것이 아닌가라고 하는 것이 주지主旨다. 군략軍略을 쓰지 않고 싸움에 패하는 것이 군략으로써 싸움에 이기는 것보다 낫다고 한 것은, 홍泓 싸움에서 송宋나라의 양공襄公은 적군의 대오隊伍가 정비되기 전에 공격할 것을 권유해도 "군자는 진열陣列이 정비되지 않은 적에게는 공격의 북을 울리지 않는 것이다."라고 하며 공격을 허락하지 않고 있다가 결국 크게 패전敗戰했다. 이에 대해 "문왕文王이 싸움을 하더라도 이것에 지나지 않는다."라고 『춘추공양전春秋公羊傳』에서는 절찬絶贊했다. 이 말은 그것을 두고 이르는 말이다.

狙詐之家[1]曰 狙詐之計 不戰而屈人兵 堯舜也 曰 不戰而屈人兵 堯舜也 沾項漸襟 堯舜乎 衒玉而賈石者 其狙詐乎 或問 狙詐與亡孰愈 曰 亡愈 或曰 子將六師[2]則誰使 曰 御[3]得其道 則天下狙詐咸作使 御失其道 則天下狙詐咸作敵 故有天下者 審其御而已矣 或問 威震諸侯 須於征與 狙詐之力也 如其亡 曰 威震諸侯 須於狙詐可也 未若威震諸侯 而不須狙詐也 或曰 無狙詐 將何以征乎 曰 縱不得不征 不有司馬法乎 何必狙詐乎

〔저사가狙詐家가 말하기를 군략軍略의 계모計謀에 싸우지 않고 남의 군사를 굴복시키는 것이 요순堯舜이라고 했소. 답하기를 싸우지 않고 남의

군사를 굴복시키는 것이 요순이라면, 목덜미를 적시어 옷깃을 물들이는 것도 요순인가. 옥玉을 판다고 하면서 돌을 파는 것이 군략인가. 혹자가 묻기를 군략과 패망은 어느 것이 나은가. 답하기를 패망하는 것이 낫다. 혹자가 말하기를 그대가 육사六師를 거느린다면 누구를 부장部長으로 삼을 것인가. 답하기를 지휘하는 방법이 그 도道를 얻으면 천하의 군략이 다 부장이 되고, 지휘하는 방법이 그 도를 잃으면 천하의 군략이 다 적이 될 것이다. 그러므로 천하를 지니는 자는 그 지휘하는 방법을 살필 뿐이다. 혹자가 묻기를 위엄이 제후諸侯에게 떨쳐지게 하려면 무력에 의해서 해야 하는가, 군략의 힘은 없는가. 답하기를 위엄이 제후에게 떨쳐지게 하려면 군략에 의해서 가可하다. 위엄이 제후에게 떨쳐져서 군략에 의하지 않는 것만 같지 못하다. 혹자가 말하기를 군략이 없으면 장차 무엇으로써 정벌할 것인가. 답하기를 비록 정벌하지 않을 수 없더라도 사마법司馬法이 있지 않은가. 어찌 하필이면 군략인가.〕

※

1 狙詐之家(저사지가): 군략가軍略家. 전략가戰略家. 기회를 타서 속이는 것. 일설에는 원숭이처럼 속이는 것이라고 했다.

2 六師(육사): 대군大軍.

3 御(어): 수레를 모는 것. 통솔하는 것.

22. 신불해와 한비韓非의 설

신불해申不害와 한비韓非가 주장하는 법은 불인不仁한 것이 지극한 것이다. 어떻게 소나 양이 사람에게 사용되는 것과 같겠는가? 소나 양은 사람에게 필요한 것으로 사람이 필요에 의해 잡아서 쓰지만 여우나 너구리 따위의 짐승과 땅강아지나 지렁이 따위의 벌레는 잡아서 죽이지만 제사에도 쓰이지 못하는 것과 같은 것이다.

　어떤 사람이 말하기를

"칼이 무디어지고 붓이 닳아서 뭉툭해지면 홀로 칼과 붓을 숫돌에 가는 것은 또한 가한 것이 아니겠습니까?"

하니, 대답했다.

"사람을 숫돌로 여긴 것은 진秦나라에서 숭상한 것이다."

　어떤 사람이 말하기를

"법으로 나라를 다스려야 한다는 형명刑名의 술術은 도道에 맞는 것 아닙니까? 어찌 자연스러운 것이겠습니까?"

하니, 대답했다.

"어찌 반드시 형명刑名이겠는가? 바둑을 두고 칼을 쓰는 기술, 서로 눈을 흘기고 형상을 현혹시키는 것들은 또한 모두 자연스러운 것들이다. 그 거대한 것을 따르면 정도正道를 일으키는 것이고 그 작은 것을 따르면 간도姦道를 일으키는 것일 뿐이다."

　어떤 사람이 말하기를

"신불해申不害와 한비韓非가 주창主唱한 법은 법이 아닌 것입니까?"

하니, 대답했다.

"법이란 것은 요임금이나 순임금, 문왕文王·무왕武王이 세운 도덕정치道德政治의 원리를 이르는 것이다. 어찌 신불해나 한비와 같겠는가? 어찌 신불해나 한비와 같겠는가?"

申韓[1]之術 不仁之至矣 若何牛羊之用人也 若牛羊用人 則狐狸螻蟈不膢臘也與 或曰 刀不利筆不銛 而獨加諸砥 不亦可乎 曰 人砥則秦尙矣

或曰 刑名非道邪 何自然也 曰 何必刑名 圍棊擊劒反目眩形 亦皆自然
也 由其大者作正道 由其小者作姦道

或曰 申韓之法 非法與 曰 法者謂唐虞²成周³之法也 如申韓 如申韓

〔신불해申不害와 한비韓非의 술術術은 불인不仁의 지극함이다. 어찌 우牛와
양이 사람에게 쓰이는 것과 같을 것인가. 우양牛羊은 사람에게 쓰이지만
여우나 너구리, 땅강아지나 지렁이는 제사에 쓰이지 않는 것과 같은져.
혹자가 말하기를 칼이 날카롭지 않고 붓이 섬銛하지 않은데 홀로 숫돌에
가는 것이 또한 가하지 않겠는가. 답하기를 사람의 숫돌은 곧 진秦나라가
숭상하는 것이다.

혹자가 말하기를 형명刑名은 도道가 아닌가. 어찌 자연스러운가. 답하기
를 어찌 반드시 형명刑名뿐이겠느냐. 위기圍棊·격검擊劒·반목反目·현형
眩形도 또한 다 자연스러운 것이다. 그 큰 것에 의한 것은 정도正道를
만들고, 그 작은 것에 의한 것은 간도姦道를 만든다.

혹자가 말하기를 신불해와 한비의 법法은 법이 아닌가. 답하기를 법이라는
것은 당唐·우虞·성주成周의 법을 이름이다. 어찌 신申·한韓과 같겠는가.
어찌 신·한과 같겠는가.〕

※

1 申韓(신한): 신불해申不害와 한비韓非. 신申은 신불해로 전국시대 학자며
정치가로 하남河南 사람이다. 형명학刑名學으로 한韓나라 소후昭侯의 재상이
되었고 부국강병을 꾀해 나라를 잘 다스렸다. 저서로 『신자申子』가 있다.
한韓은 한비로 전국시대 말기의 법치주의자法治主義者이며 한韓나라의 공자
公子로서 형명법술刑名法術을 즐겨 순자荀子의 성악설性惡說과 노자老子의
무위자연설無爲自然說로 법가法家의 학설을 집대성한 사람이다. 저서에 『한
비자韓非子』가 있다. 신불해와 한비는 법으로써 나라를 다스릴 것을 설한
법가法家의 중심인물이다.

2 唐虞(당우): 도당씨陶唐氏와 우순씨虞舜氏. 곧 요임금과 순임금.

3 成周(성주): 주왕조周王朝 문왕文王과 무왕武王을 가리킨다.

23. 이단의 본성을 드러내지 않았다면…

장주莊周나 신불해·한비韓非 등이 성인을 조금도 어그러뜨리지 않고, 저들의 사상을 저술로만 서술했다면 안연顔淵이나 민자건閔子騫과 같은 공자 문하의 뛰어난 제자들이 기뻐했겠는가.

莊周[1]申韓 不乖寡聖人而漸諸篇 則顔氏之子[2] 閔氏之孫[3] 其如台
〔장주莊周·신申·한韓이 성인을 조금도 험담하지 않고 그것으로 여러 편을 만들었다면 안씨顔氏의 아들이나 민씨閔氏의 손자가 기뻐했겠는가.〕

※

1 莊周(장주): 장자莊子의 성명이다.
2 顔氏之子(안씨지자): 공자의 수제자首弟子인 안연顔淵을 가리킨다.
3 閔氏之孫(민씨지손): 민자건閔子騫. 학문과 덕행이 뛰어났다.

24. 욕망을 적게 하라는 점은 좋다

어떤 사람이 묻기를
　"장주莊周의 설說에 취할 점이 있습니까?"
하니, 대답했다.
　"욕망을 적게 하라는 점이다."
　어떤 사람이 또 묻기를
　"추연鄒衍의 설說에는 취할 점이 있습니까?"

하니, 대답했다.

"스스로를 지탱하는 것이다. 그러나 장주는 임금과 신하의 도의道義를 무시하였고, 추연은 하늘과 땅 사이의 실상을 알지 못했으니 비록 이웃에 살지라도 만나보지 않았을 것이다."

或曰 莊周有取乎 曰 少欲 鄒衍有取乎 曰 自持 至周罔君臣之義 衍無知於天地之間 雖隣不覿也

〔혹자가 말하기를 장주莊周에게서 취할 것이 있는가. 답하기를 욕심을 적게 하는 것이다. 추연鄒衍에게서 취할 것이 있는가. 답하기를 스스로를 지탱하는 것이다. 장주가 군신君臣의 의義를 없애고, 추연이 천지天地의 사이에 아는 것이 없는 데에 이르러서는 비록 이웃이라 하더라도 보지 않았을 것이다.〕

※

1 鄒衍(추연): 전국시대 제齊나라의 사상가. 음양오행설陰陽五行說을 말했다.

제5권 문신問神

1. 마음이라고 하는 것은

어떤 사람이 신神에 대해 물으니, 대답했다.

"마음이다."

어떤 사람이 또 묻기를

"마음은 무엇입니까?"

하니, 대답했다.

"하늘에 잠기면 하늘이 되고 땅에 잠기면 땅이 된다. 하늘과 땅의 신명神明은 헤아리지 못하는 것이다. 마음을 가라앉혀 깊이 사색하면 오히려 장차 헤아릴 수 있는 것이다. 하물며 사람이겠는가. 하물며 일의 차례이겠는가."

감히 청하여 묻습니다.

"성인聖人은 마음을 가라앉혀 깊이 사색하는 것입니까?"

하니, 대답했다.

"옛날에 중니仲尼는 주왕조周王朝의 문왕文王에 대하여 골똘히 생각하여 통달했다. 안연顏淵은 또 스승인 중니仲尼에 대하여 골똘히 생각하여 한 틈새만을 도달하지 못했을 뿐이다. 신神은 깊이 잠겨 사색하는

데 있을 뿐이다."

或問神 曰 心 請問之¹ 曰 潛天而天 潛地而地 天地神明而不測者也
心之潛也 猶將測之 況於人乎 況於事倫乎 敢問潛心于聖 曰 昔乎
仲尼潛心於文王矣 達之 顏淵亦潛心於仲尼矣 未達一閒耳 神在所潛
而已矣

〔혹자가 신神을 물었다. 답하기를 마음이다. 청하여 마음을 물으니 답하기
를 하늘에 잠기면 하늘이요, 땅에 잠기면 땅이다. 천지天地는 신명神明하
여 헤아릴 수 없는 것이다. 마음이 잠기면 오히려 그것을 헤아리고자
한다. 하물며 사람이겠느냐. 하물며 사륜事倫이겠느냐. 감히 마음을 성인
에게 잠기는 데 대하여 묻겠습니다. 답하기를 옛날에 중니仲尼가 마음을
문왕文王에게 잠기어 도달했다. 안연顏淵 또한 마음을 중니에게 잠기어
아직 도달하지 못함이 일보一步 전일 뿐이었다. 신神은 잠기는 곳에 있을
뿐이다.〕

※

1 請問之(청문지): 지之는 심心의 오자誤字.

2. 하늘의 신비한 광명은

천신天神과 천명天明은 사방을 비추어 안다. 천정天精과 천수天粹는
만물의 종류를 일으킨다.

　사람의 마음이란 신비한 것인가? 가지면 존재하고 놓으면 없어진다.
능히 항상 가져서 보존시키는 자는 그 오직 성인聖人뿐이다.

◉ "단단히 잡고 있으면 존재하지만 버려두면 없어진다."는 말은『맹자』

고자상편告子上篇에 있는 공자의 말이다.

天神天明[1] 照知四方 天精天粹[2] 萬物作類
人心其神矣乎 操則存 舍則亡 能常操而存者 其惟聖人乎
〔천신天神과 천명天明은 사방을 비추어 알고, 천정天精과 천수天粹는 만물의 유류類를 만든다.
사람의 마음은 그 신비한 것인가. 잡으면 존재하고 버리면 없어진다. 능히 항상 가지고 존재케 하는 것은 그 오직 성인뿐인져.〕

※

1 天神天明(천신천명): 하늘의 신비로운 광명光明.
2 天精天粹(천정천수): 하늘의 순수한 정기精氣.

3. 하늘과 인간이 화동和同하도록 한다

성인은 신神을 보존하고 지극한 것을 탐색하여 천하가 크게 순종하는 것을 성취시키고 천하의 거대한 이로운 것을 이르게 하고 하늘과 사람의 사이를 화동和同시켜 간극이 없게 만드는 것이다.

聖人存神索至 成天下之大順 致天下之大利 和同天人之際 使之無間也
〔성인은 신神을 존存하고, 지지至至를 찾아서 천하의 대순大順을 이루고, 천하의 대리大利를 이르게 하고 하늘과 사람 사이를 화동和同시켜 그것으로 하여금 사이가 없게 한다.〕

4. 용은 하늘로 날고자 합니까?

용龍이 아직 하늘로 오르지 않고 연못의 진흙 속에 몸을 서리고 있을 때에는 도마뱀이 제 세상인 듯 날뛴다. 도마뱀이여, 도마뱀이여. 어찌 용의 뜻을 볼 수 있을 것인가.

어떤 사람이 묻기를

"용은 반드시 하늘로 날고자 하는 것입니까?"

하니, 대답했다.

"날 시기를 얻으면 하늘로 올라가고 잠겨 있을 시기에는 몸을 물속에 잠그고 있는 것이다. 이미 제때에 하늘로 날기도 하고 제때에 물에 잠기기도 하며 먹는 것도 망령되이 하지 않는 것으로 형체를 얻어서 제재하지 못하는 것이다."

어떤 사람이 또 묻기를

"성인은 제재하지 못한다고 했는데 왜 문왕文王은 유리羑里에 갇혀 있었습니까?"

하니, 대답했다.

"용은 제어하지 못하는 것으로써 용이라고 하는 것이고, 성인은 손수 하지 못하는 것이므로 성인이 되는 것이다."

◉ 먹는 일도 함부로 하지 않는다는 말은, 용龍이 도리道理에 벗어나는 것으로 먹을 것을 취하지 않는다는 뜻이다.

龍蟠于泥 蚖其肆矣 蚖哉蚖哉 惡覩龍之志也與 或曰 龍必欲飛天乎
曰 時飛則飛 時潛則潛 旣飛且潛 食其不妄 形其不可得而制也與 曰

聖人不制 則何爲乎羑里[1] 曰 龍以不制爲龍 聖人以不手爲聖人

〔용龍이 진흙 구덩이에 서리고 있을 때는 도마뱀이 제멋대로 논다. 도마뱀
이여. 도마뱀이여. 어찌 용의 뜻을 볼 수 있을 것인가. 혹자가 말하기를
용은 반드시 하늘로 날고자 하는가. 답하기를 시기가 날 때면 날고,
시기가 잠길 때면 잠긴다. 이미 날고 또 잠기고, 먹는 것도 그 망령되지
않아 형形을 가히 얻어서 제어하지 못한다. 말하기를 성인은 제제받지
않는다는데 어찌 유리羑里에 갇혔는가. 답하기를 용은 제하지 못함으로써
용이 되고, 성인은 손수 하지 못함으로써 성인이 된다.〕

✳

1 羑里(유리): 주나라 문왕文王이 은왕조殷王朝 최후의 왕인 폭군 주왕紂王에
  의해 유폐되었던 곳.

5. 틀린 것은 분명하다

어떤 사람이 묻기를

"경전經典은 줄이거나 늘이거나 할 수 있는 것입니까?"

하니, 대답했다.

"역易은 처음에 복희씨伏犧氏가 8괘八卦를 만들었는데, 주周의 문왕文
王이 이것을 64괘로 늘려서 오늘날의 『역경易經』이 되었다. 그러므로
그것에 더한 것을 분명히 알 수 있다. 시詩·서書·예禮·춘추春秋는
혹은 전래되어 오던 것에서 말미암고 혹은 만들어서 공자孔子의 손에
의해 완성되었다. 그러므로 더해진 것을 가히 알 수 있다. 그러므로
도道는 자연 그대로가 아니고 시대의 변천에 맞게 만들어진 것들을
줄이거나 보탰다는 것을 가히 알 수 있는 것이다."

● 경전經典 중『시경詩經』,『서경書經』,『예기禮記』에 대하여는 전승에
바탕을 두고 공자가 산정刪定하였고,『춘추春秋』에 대하여는 공자가 노나
라의 『사기』를 필삭筆削한 것이다.

或曰 經可損益與 曰 易始八卦¹ 而文王六十四² 其益可知也 詩書禮春
秋 或因或作而成於仲尼 其益可知也 故夫道非天然 應時而造者 損益
可知也

〔혹자가 말하기를 경經은 덜고 더할 수가 있는 것인가. 답하기를 역易은
처음에 팔괘八卦였는데 문왕文王이 육십사괘六十四卦로 만들었으니, 그
더힘을 알 수 있다. 시詩·서書·예禮·춘추春秋는 혹은 말미암고 혹은 만들
어서 중니仲尼에서 완성되었으니, 그 더함을 알 수 있다. 그러므로 저
도道가 천연天然이 아니고 때에 응應하여 만들어지는 것을 덜고 더함을
알 수 있다.〕

※

1 八卦(팔괘): 건乾☰, 태兌☱, 리離☲, 진震☳, 손巽☴, 감坎☵, 간艮☶, 곤坤☷
　이다.
2 六十四(육십사):『주역』의 64괘六十四卦이다. 8괘가 각각 8번을 변화하면
　64괘가 된다.

6. 계산해 보면 알 수 있는 역易

어떤 사람이 말하기를

"역易의 64괘 중에서 만약 한 괘卦라도 줄어 있다면, 아무리 어리석은
자라도 불완전하다는 것을 알 것입니다. 그런데『서경』에 이르러서는

반 이상이나 부족한데도 배우는 사람들은 모르고 있습니다. 애석합니다. 『서경』의 서序가 역易에 미치지 못하는 것입니까?"

하니, 대답했다.

"역易이 전부 64괘가 되지 않으면 안 되는 것은 계산을 해보면 곧 알 수 있을 것이다. 그러나 『서경』의 서序가 반 이상 부족함은 비록 공자라 하더라도 어찌할 수 없는 것이다."

◉ 역易의 64괘 중 한 괘卦라도 줄면 그 어떤 어리석은 자라도 그것이 불완전하다는 것을 알 수 있다는 말은, 역易이 삼효일조三爻一組의 8괘八卦를 기본으로, 그것을 거듭하여 6효1조六爻一組의 괘가 만들어지는 것이므로, 계산해 보면 알 수 있다는 말이다. 그러나 『서경』은 서序만 100편篇이 배열되어 있고, 실제로 그것을 증명할 본문은 서序의 반에도 미치지 못하는 29편뿐이다. 지금의 『서경』과는 다르다.

或曰 易損其一也 雖蓁知闕焉 至書之不備 過半矣 而習者不知 惜乎 書序[1]之不如易也 曰 彼數也 可數焉故也 如書序 雖孔子亦未如之何矣

〔혹자가 말하기를 역易은 그 하나를 던다고 하면 비록 어리석은 자라도 빠진 것을 안다. 서書가 갖추어지지 않음에 이르러서는 반半을 넘는데도 배우는 자는 알지 못한다. 애석하다. 서書의 서序가 역易만 같지 못한 것인가. 답하기를 그것은 수數다. 숫자는 헤아릴 수 있기 때문이다. 서書의 서序와 같은 것은 비록 공자라 하더라도 또한 그것을 어떻게 할 수가 없다.〕

※

1 書序(서서): 『서경』 각 편各篇의 간단한 해제解題.

7. 옛날의 『서경』을 설파한 학자

옛날에 『서경』을 설명한 학자는 제1편에서 제100편까지 차례대로
했으며 주고편酒誥篇의 탈자脫者가 있는 곳은 한때 공백으로 두었다.
지금의 책에는 없을 뿐이다.

昔之說書者序以百 而酒誥之篇俄空焉 今[1]亡夫

〔옛날에 서書를 설설說說하는 자, 서序하는 데 백百으로써 한다. 그래서 주고酒
誥의 편篇에 잠깐 비워두었다. 지금은 없어진져.〕

※

1 今(금): 『상서尙書』가 재차 세상에 나온 시기는 한漢나라 효경제孝景帝 때다.

8. 『서경』을 논평하다

우(虞: 舜)와 하(夏: 禹)의 서書는 꾸밈이 없고 간단명료했다. 『상서』는
끝이 없이 아득했다. 『주서周書』는 엄숙하고 엄숙했다. 하주(下周: 五伯)
의 서書는 책망하는 것이었다.

虞夏之書[1]渾渾[2]爾 商書[3]灝灝[4]爾 周書[5]噩噩[6]爾 下周者[7]其書譙乎

〔우하虞夏의 서書는 혼혼渾渾하고, 상서商書는 호호灝灝하고, 주서周書는
악악噩噩하다. 주周에서 내려오는 그 서書는 초譙하다.〕

※

1 虞夏之書(우하지서): 요임금·순임금·우임금의 3대 성왕聖王의 말을 기록한
  것이다.

2 渾渾(혼혼): 꾸밈이 없고 간단명료한 모양.

3 商書(상서): 탕왕湯王이 연 은왕조殷王朝의 말을 기록한 것. 은殷의 처음 이름은 상商이었다.

4 灝灝(호호): 끝이 없이 아득한 모양.

5 周書(주서): 문왕文王·무왕武王이 세운 주왕조周王朝의 기록.

6 噩噩(악악): 엄숙한 모양.

7 下周者(하주자): 주왕조가 힘을 잃고 오패五伯가 일어난 시기를 뜻한다. 곧 춘추시대.

9. 그렇게 할 수 없다

어떤 사람이 묻기를

"성인聖人이 만든 경전經典은 난해한 부분이 많은데, 누구나 알기 쉽게 할 수는 없는 것입니까?"

하니, 대답했다.

"그렇게 할 수는 없다. 하늘을 간단하게 헤아릴 수 있는 정도라면 만물을 덮고 있는 것도 얇은 것이다. 땅을 쉽게 헤아릴 수 있는 정도라면 만물을 떠받치고 있는 것도 얇은 것이다. 위대하다. 하늘과 땅은 만물의 성곽이 되는 것이여! 오경五經이 모든 말의 외곽이 되는 것이여!"

或問 聖人之經 不可使易知與 曰 不可 天俄而可度 則其覆物也淺矣 地俄而可測 則其載物也薄矣 大哉 天地之爲萬物郭[1] 五經[2]之爲衆說郛[3]

〔혹자가 묻기를 성인의 경經은 알기 쉽게 할 수 없는 것인가. 답하기를 불가不可하다. 하늘을 갑자기 헤아릴 수 있다면 그 만물을 덮기에 얇고,

땅을 갑자기 헤아릴 수 있다면 그 만물을 싣기에 얇은 것이다. 크도다.
천지가 만물의 곽郭이 되고 오경五經이 여러 설說의 부郛가 됨이여!〕

※

1 郭(곽): 성곽을 뜻한다.
2 五經(오경):『역경』,『서경』,『시경』,『예기』,『춘추』의 다섯 가지 경전.
3 郛(부): 성의 외곽을 뜻한다.

10. 후세에 논쟁이 그치지 않는 것…

어떤 사람이 묻기를

"성인의 사업을 일으키는 것은 해나 달과 같이 누구의 눈으로도
확실하게 분간할 수 있을 정도로는 밝게 하지는 못하는 것입니까?
어찌하여 후세에 논쟁이 있는 것입니까?"

하니, 대답했다.

"소경이었던 사광師曠은 침묵 속에서 가장 아름다운 음악을 연주한
사람이지만, 그조차도 세상 사람들의 귀를 그 최고의 음악으로 통일시
킬 수는 없었던 것이다. 적아狄牙는 가장 맛있는 요리를 만든 사람이지
만, 그조차도 세상 사람들의 입을 그 최고의 맛으로 통일시킬 수는
없었던 것이다."

或問 聖人之作事 不能昭若日月乎 何後世之嘗嘗[1]也 曰 瞽曠[2]能默
瞽曠不能齊不齊之耳 狄牙[3]能喊 狄牙不能齊不齊之口

〔혹자가 묻기를 성인이 일을 만듦에 밝기가 일월日月과 같이 할 수 없는가.
어찌하여 후세에 논쟁이 되는가. 답하기를 고광瞽曠이 능히 침묵하여도

고광도 고르지 않은 귀를 고르게 할 수는 없었다. 적아狄牙가 능히 외쳐도 적아도 고르지 않은 입을 고르게 할 수는 없었다.〕

※

1 블블(은은): 논쟁하는 모양.
2 瞽曠(고광): 춘추시대 진晉나라 평공平公 때의 악성樂聖인 사광師曠이다.
3 狄牙(적아): 춘추시대 제환공齊桓公의 요리사. 역아易牙라고도 한다.

11. 군자의 말은 진실성이 증명된다

군자의 말이라는 것은 심오한 것을 말해도 반드시 밝게 증명할 수가 있고, 원대한 이상을 말해도 반드시 가까운 일상생활에 증명할 수 있다. 거대한 이야기를 해도 반드시 작은 일에 증명할 수 있고, 미묘한 일에도 반드시 현저한 사항에 각각 증명할 수 있는 것이다. 증명할 수 없는 말을 일러 망령된 것이라고 한다. 군자는 망령되겠는가! 망령되지 않는 것이다.

君子之言 幽必有驗乎明 遠必有驗乎近 大必有驗乎小 微必有驗乎著 無驗而言之謂妄 君子妄乎 不妄

〔군자의 말은 깊어도 반드시 밝게 증험함이 있고, 멀어도 반드시 가까운 데에 증험함이 있고, 커도 반드시 작은 데에 증험함이 있고, 미묘해도 반드시 현저한 데에 증험함이 있다. 증험 없이 그것을 말하는 것을 망령된 것이라 이른다. 군자는 망령되겠는가. 망령되지 않는다.〕

12. 저술보다 앞서는 것이 없다

말은 그의 마음을 충분히 나타낼 수가 없고, 저술著述은 그의 말을 충분히 표현할 수가 없다. 어렵구나. 오직 성인聖人만이 말의 참뜻을 이해하고, 저술의 완전한 형식을 얻는다. 성인의 말이나 저술은 밝은 해가 비춰주고 양자강이나 황하가 모든 더러운 것을 씻어버리는 것과 같다. 그 왕성한 것을 가로막을 것은 아무것도 없다.

상대와 대면하여 가고 말로 상대하면서 자기 속마음의 의도하는 것을 나타낸다거나 사람들 사이에서 분노한 것들을 통하게 하는 데는 말보다 좋은 것은 없다.

세상의 되어 가는 일을 망라하고, 지나간 옛날의 아득한 것을 기록하고, 천리 밖의 어지러운 것을 소개하는 데 있어 아주 오랜 옛날의 그 누구도 본 일이 없는 이야기를 밝히고, 해외의 잘 모르는 사물을 전하는 일은 저술보다 앞서는 것이 없다.

그런 까닭에 말이라고 하는 것은 마음이 소리로 바뀐 것이요, 저술이라고 하는 것은 마음이 문자文字로 보이는 것이다. 소리나 문자로 표현되어서 군자君子·소인小人의 분별이 분명해진다. 소리나 문자는 군자와 소인들의 마음의 감정을 움직이게 하는 것이다.

성인의 말은 혼혼渾渾히 흐르는 대하大河와 같은 것이다. 그 흐름에 따르면 편안해지고 거스르면 차단되는 것이니 그 오직 대하大河의 일이다.

言不能達其心 書不能達其言 難矣哉 惟聖人得言之解 得書之體 白日

以照之 江河以滌之 灝灝乎其莫之禦也 面相之 辭相適 捔[1]中心之所
欲 通諸人之嗔嗔[2]者 莫如言 彌綸天下之事 記久明遠 著古昔之嚄嚄[3]
傳千里之忞忞[4]者 莫如書 故言心聲也 書心畫也 聲畫形 君子小人見
矣 聲畫者 君子小人之所以動情乎

聖人之辭 渾渾若川 順則便 逆則否[5]者 其惟川乎

〔말은 그 마음을 달達할 수 없고, 서적은 그 말을 달할 수 없다. 어렵구나.
오직 성인만이 언言의 해解를 얻고, 서書의 체體를 얻는다. 백일白日로써
그것을 비추고, 강하江河로써 그것을 씻어낸다. 호호灝灝하여 그것을
막을 것이 없다. 면면이 서로 가고, 사辭가 서로 가서 중심中心의 하고자
하는 바를 도捔하고, 제인諸人의 진진嗔嗔을 통하는 것은 말과 같은 것이
없다. 천하의 일을 미륜彌綸하고, 오래인 것을 기록하고 먼 것을 밝힘에
고석古昔의 혼혼嚄嚄을 현저하게 하고, 천리千里의 민민忞忞을 전하는
것은 서적만 같은 것이 없다. 그러므로 말은 마음의 소리요, 서書는 마음의
그림이다. 소리와 그림이 나타나서 군자와 소인小人이 보인다. 소리와
그림은 군자와 소인의 정情을 움직이게 하는 소이所以인가.
성인의 말은 혼혼渾渾하여 강과 같다. 순종하면 편하고 거스르면 막히는
것이 그 오직 강뿐인가.〕

※

1 捔(도): 끌어내다.
2 嗔嗔(진진): 분노하다.
3 嚄嚄(혼혼): 아득하다.
4 忞忞(민민): 어지러운 것.
5 否(비): 막히다.

13. 성인의 이름을 무엇이라 할 것인가?

어떤 사람이 말하기를

"중니仲尼는 성인聖人이라고 할 수 있습니까? 어찌해 처세하는 방법
이 그렇게 서툽니까? 범저范雎나 채택蔡澤에게조차 미치지 못합니다."
하니, 대답했다.

"성인이라는 사람이 범저나 채택과 같은 사람을 말하는 것인가?
만약 범저나 채택과 같은 사람들이라면, 성인의 이름은 무엇이라 할
것인가?"

或曰 仲尼聖者與 何不能居世也 曾范蔡[1]之不若 曰 聖人者范蔡乎 若
范蔡其如聖何

〔혹자가 말하기를 중니仲尼는 성자聖者인가. 어찌하여 세상에 거居할
수 없었는가. 일찍이 범저范雎나 채택蔡澤만 같지 못하다. 답하기를 성인
이 범저나 채택인가. 만약 범저나 채택이라면 그 성聖을 무엇이라 할
것인가.〕

※

1 范蔡(범채): 범저范雎와 채택蔡澤. 범저는 위魏나라 사람으로 진秦나라에
  망명한 뒤, 소왕昭王을 설득해 재상이 되어 맹위猛威를 떨치기에 이르렀다.
  채택은 본래 연燕나라의 이름 없는 선비였으나 범저를 설득해 그를 대신하여
  진秦나라의 재상이 되었으며, 가장 교활한 처세의 명인名人으로 꼽힌다.

14. 반드시 일관된 도가 있다

어떤 사람이 말하기를

"회남왕淮南王이나 태사공太史公은 아주 풍부한 지식을 가진 사람들이었습니다. 어찌해 그들을 잡되다고 합니까?"

하니, 대답했다.

"잡되고 잡된 것이다. 사람이 병으로 여기는 것은 많이 아는 것으로써 잡된 것이라고 이르는 것이다. 오직 성인만이 결코 잡박한 지식을 가지지 않고 일관된 도道가 있는 것이다."

或曰 淮南¹太史公²者其多知與 曷其雜也 曰 雜乎雜 人病以多知爲雜
惟聖人爲不雜

〔혹자가 말하기를 회남淮南과 태사공太史公은 다지多知인가. 어찌 그 잡雜됨인가. 답하기를 잡되고도 잡되다. 사람이 다지多知로써 잡됨을 하는 것을 근심한다. 오직 성인만이 잡되지 않음을 위한다.〕

※

1 淮南(회남): 회남왕淮南王인 유안劉安을 가리킨다. 전한前漢 시대의 학자. 한고조漢高祖의 손자로 회남왕에 책봉되었다. 저서로 『회남자淮南子』가 있다. 『한서』 「예문지」에 의하면 「내서內書」 21편과 「외서外書」 33편, 그리고 『회남잡자성淮南雜子星』 19권을 편찬했다 한다.

2 太史公(태사공): 『사기』의 저자인 사마천. 『사기』는 형식이나 내용에 있어 획기적인 사서史書이다.

15. 많을수록 불필요한 것이다

저술著述이 성인이 남긴 가르침에 합치하지 않으면 참다운 저술이라고
할 수 없다. 말이 성인의 가르침에 합치하지 않으면 참다운 말이 아니다.
말이나 저술이 성인의 가르침에 합치하지 않을 때, 그것은 많으면
많을수록 불필요한 혹이 되는 것이다.

書不經非書也 言不經非言也 言書不經 多多贅矣

〔책이 경經이 아니면 책이 아니고, 말이 경이 아니면 말이 아니다. 말이나
책이 경이 아니면 많고 많은 것이 군더더기이다.〕

16. 어찌하여 『태현경』을 저술하였습니까?

어떤 사람이 말하기를
　"공자도 옛 성현의 가르침을 전하여 기록하되 새로운 것을 만들어내
지는 않았다고 합니다. 그런데 선생께서는 어찌하여 『태현경』을 지으
셨습니까?"
하니, 대답했다.
　"그것이 사실이면 기록하는 것이요, 그 새로운 책을 기록하는 것을
창작이라고 한다〔곧 새로운 책을 저술했다는 점에서는 창작이지만 그것은
성인의 도를 전한 것이다〕."

●『논어』 술이편述易篇에서 공자는 "옛 것을 전하여 기록하되 새로운
것을 만들어내지는 않는다."라고 했다. 그러나 『한서』 본전本傳에 의하면,

양웅揚雄은 도道는 유일불변唯一不變의 것이지만 시대의 변천에 따라 그 표현 방법은 변화하는 것이라고 했다.

或曰 述而不作[1] 玄[2]何以作 曰 其事則述 其書則作

〔혹자가 말하기를 술述하고 작作하지 않는다고 했는데 현玄은 어찌하여써 만들었는가. 답하기를 그 일을 술述한 것이요, 그 서書를 만든 것이다.〕

※

1 述而不作(술이부작): 술述은 서술하다. 곧 전술傳述하고 만들어내지는 않는다는 뜻이다.
2 玄(현): 『태현경太玄經』.

17. 길러도 싹이 나지 않는 것

소중하게 길러도 싹이 나지 않는 것이란, 나의 아들인 오烏의 일일 것이다. 저 아이는 아홉 살에 나의 『태현경』에 흥미興味를 보인 것이다.

◉ 『논어』 자한편子罕篇에 "싹이 나와도 이삭이 나오지 않는 것이 있구나. 이삭은 나와도 여물지 않는 것이 있구나."라고 한 대목이 있다. 안연顏淵이 요절한 것을 애석하게 여겨 한 말이다.

育而不苗者 吾家之童烏[1]乎 九齡而與我玄文

〔길러서 싹이 되지 않는 것은 우리 집의 아이인 오烏인가. 아홉 살에 나의 태현경과 함께 하다.〕

124

※

1 烏(오): 양웅揚雄의 2남二男인 양신揚信의 아명兒名. 신동神童이라 불렸으나
아홉 살에 죽었다고 한다.

18. 인의仁義의 도道를 논하기 위해서 『태현경』을 짓다

어떤 사람이 묻기를

"『태현경』은 무엇 때문에 지으셨습니까?"

하니, 대답했다.

"인의仁義의 도道를 논하기 위해서이다."

어떤 사람이 또 묻기를

"누구인들 인仁을 위하지 않고, 누구인들 의義를 위하지 않겠습니까?"

하니, 대답했다.

"나는 잡박雜駁하지 않았을 뿐이다."

◉ 세상에서는 도道를 논하되 순수하지 못한 것이 많음을 비판하고 순수하
게 도를 논한 것이 『태현경』이라는 뜻이다.

或曰 玄何爲 曰 爲仁義 曰 孰不爲仁 孰不爲義 曰 勿雜也而已矣
〔혹자가 말하기를 태현경은 무엇을 위함인가. 답하기를 인의仁義를 위해
서다. 말하기를 누가 인仁을 위하지 않고 누가 의義를 위하지 않는가.
답하기를 잡되지 않았을 뿐이다.〕

19. 존재하는 것과 없어지는 것

어떤 사람이 경서經書 중에서 어떤 것이 이해하기 어렵고, 어떤 것이
이해하기 쉬운가에 대하여 물으니, 대답했다.

"존재하느냐 없어졌느냐에 있을 뿐이다."

어떤 사람이 이해하지 못하자 다시 말했다.

"그 사람이 존재한다면 이해하기가 쉬운 것이지만 그 사람이 없어졌
을 경우에는 이해하기가 어려운 것이다.

연릉延陵의 계자季子가 악樂에 대해 말한 것은 진실로 완벽에 가까운
것이었다. 그러나 만약 당시의 음악이 파손되었더라면 비록 계찰季札과
같은 사람이라도 어쩔 수가 없었을 것이다.

주周나라의 예악禮樂과 같은 것은 모든 일이 잘 정비되어 있어서
어렵지 않다고 여겼다. 진秦나라의 예악과 같은 것은 모든 일이 완비되
지 않아서 매양 어렵게 여긴 것이다."

● 연릉延陵 계자季子의 말은 『좌전左傳』의 양공襄公 29년에 보인다. 그는
노나라에 초빙招聘되어 갔을 때 거기에 전해지는 고대古代의 악樂을 감상
하고 그것을 당시의 정치와 결부시켜 비평했다. 그것은 노나라에 이른바
4대代의 악이 보존되어 있었기에 가능했던 것이다.

或問經之艱易 曰 存亡 或人不諭 曰 其人[1]存則易 亡則艱 延陵季子[2]之
於樂也 其庶矣乎 如樂弛 雖札末如之何矣 如周之禮樂 庶事之備也
每可以爲不難矣 如秦之禮樂 庶事之不備也 每可以爲難矣
〔혹자가 경經의 어렵고 쉬움을 물었다. 답하기를 존存과 망亡이다. 혹자가

깨닫지 못하자 말하기를 그 인人이 존存하면 쉽고 없어지면 어렵다. 연릉延
陵 계자季子의 악에 있어서는 그 가깝구나. 만약 악이 파손되었더라면
찰札이라 하더라도 그것을 어찌할 수 없다. 주周의 예악禮樂이나 서사庶事
같은 것은 갖추어져 매양 가히 써 어렵지 않다고 여겼다. 진秦의 예악이나
서사庶事 같은 것은 완비되지 않아서 매양 가히 써 어렵다고 여겼다.〕

※

1 人(인) : 그 사람이다. 일설에는 문文자로도 본다고 했다.

2 季子(계자) : 오吳나라의 공자公子로 이름은 찰札. 당시의 현인賢人이었다.

20. 도리에 따르는 것이 가장 좋다

상의上衣만 있고 하의下衣가 없다면 그것이 가하다는 것을 알지 못하겠
다. 하의만 있고 상의가 없어도 그것이 가하다는 것을 알지 못하겠다.
상의와 하의가 갖추어져야 도리에 따르는 것이다.

◉ 상·하의上下衣는 군주와 신하에 비유되는 것이다.

衣而不裳 未知其可也 裳而不衣 未知其可也 衣裳其順矣乎

〔의衣가 있고 상裳이 없는 것은 그 가可함을 알지 못한다. 상裳이 있고
의衣가 있지 않은 것도 그 가함을 알지 못한다. 의와 상은 그의 순서인져.〕

21. 순종하는 것이다

어떤 사람이 문文에 대하여 물으니, 대답했다.

"가르치는 것이다."

무武에 대하여 물으니, 대답했다.

"극복克服하는 것이다."

그 사람이 그 말을 잘 이해하지 못하니 다시 말했다.

"일에서 그 순서를 얻게 하는 것을 가르치는 것이라고 이른다. 자신의 사사로운 것을 이기는 것을 극복하는 것이라고 이른다."

◉ 문文이라는 것은 무武의 상대적인 말로 평화적·문화적인 것을 말한다. 이에 대하여 무武는 강제적인 힘을 사용해 목적을 이루고자 하는 것이다.

或問文 曰 訓 問武 曰 克 未達 曰 事得其序之謂訓 勝己之私之謂克 〔혹자가 문文을 물으니 답하기를 훈訓이다. 무武를 물으니 답하기를 극克이다. 아직 달達하지 못하니 말하기를 일에서 그 차례를 얻는 것을 훈訓이라 이르고, 자기의 사私를 이기는 것을 극克이라 이른다.〕

22. 그 영광은 작은 것이다

생각해서 행동하고 활동해서 광채가 있게 되는 것은 그 덕인 것이다.

어떤 사람이 묻기를

"덕德을 아는 사람은 드물다고 합니다. 어떻게 하면 광채가 나게 하겠습니까?"

하니, 대답했다.

"내가 아는 것을 위하고 내가 알지 못하는 것도 위한다면 그 광채가 광대할 것이다. 반드시 내가 아는 것만을 위한다면 광채는 또한 작을 것이다."

爲之而行 動之而光者 其德乎 或曰 知德者鮮[1] 何其光 曰 我知爲之
不我知亦爲之 厥光大矣 必我知而爲之 光亦小矣

〔위하면 행행行行하여지고, 움직이면 빛나는 것은 그것이 덕德인져! 혹자가
말하기를 덕을 아는 자는 적다. 어찌 그것을 빛내겠는가. 답하기를 내가
아는 것을 위하고 내가 알지 못하는 것을 위하면 그 빛이 크고, 반드시
내가 아는 것만을 위하면 빛 또한 작다.〕

※

1 知德者鮮(지덕자선): 덕을 알아주는 자 드물다. 『논어』위령공편衛靈公篇에
 나오는 공자의 말이다.

23. 권력자의 명예를 바라지 않는 군자

어떤 사람이 말하기를

　"군자는 죽은 뒤에 이름이 알려지지 않을 것을 괴로워한다고 하는데,
어째서 권세로써 하지 않는 것입니까? 명성은 구경九卿의 지위에 가까
이하는 것입니까?"

하니, 대답했다.

　"군자는 덕을 갖췄다는 명예를 바라는 것이다. 양梁나라·제齊나라·
조趙나라·초楚나라의 군주들은 부유하고 또 귀하지 않은 것은 아니지
만 어떻게 명성을 이루겠는가? 곡구谷口의 정자진鄭子眞 같은 사람은
자신의 뜻을 권력 앞에 굽히는 일 없이 변방의 험한 땅에서 농사짓고
살았으나 그가 덕을 갖췄다는 명성은 멀리 도읍都邑에까지 진동했다.
어찌 구경九卿이겠는가! 어찌 구경이겠는가!"

●『논어』위령공편에서 공자가 "군자는 죽은 뒤에 이름이 일컬어지지 않는 것을 근심한다."고 했다.

或曰 君子病沒世而無名 盍勢諸 名 卿可幾也 曰 君子德名爲幾 梁齊趙 楚之君 非不富且貴也 惡乎成名 谷口鄭子眞[1] 不屈其志 而耕乎巖石 之下 名震于京師 豈其卿 豈其卿

〔혹자가 말하기를 군자가 세상을 떠나서 이름 없을 것을 근심하면서 어찌하여 세勢를 빌리지 아니하는가. 명名은 경卿에 가까이하는 것인가. 말하기를 군자는 덕德의 명예를 바란다. 양梁·제齊·조趙·초楚의 군주들 은 부富하고 또 귀貴하지 아니한 것이 아니었으나 어찌 명성을 이루었는가. 곡구谷口의 정자진鄭子眞은 그 뜻을 굽히지 않고 암석巖石 밑에서 밭을 갈아 명성이 경사京師에 떨쳤다. 어찌 그 경卿인가. 어찌 그 경인가.〕

※

1 鄭子眞(정자진) : 중국 전한前漢 성제成帝 때 곡구谷口에서 은둔 생활을 한 은사隱士.

24. 무엇이 그렇게 어렵습니까?

어떤 사람이 인재를 알아보는 것에 대해 물으니, 대답했다.

"알기가 어려운 것이다."

어떤 사람이 또 묻기를

"어찌하여 어려운 것입니까?"

하니, 대답했다.

"천하의 명산인 태산泰山과 개미집을 비교하거나, 또는 천하의 큰물인 장강長江과 황하黃河를 길에 패인 웅덩이에 괸 물과 비교하면 그 서로 다른 것을 한눈에 볼 수 있어 알아보기 어려울 것이 없는 것이다. 그러나 큰 성인과 크게 간사한 인물과는 언뜻 보아 분별이 잘 안 되는 것이다. 이것이 어렵다는 말이다. 아아, 너무도 닮은 것을 분별할 수 있는 사람이야말로 참으로 분별을 하는 것에 어려움이 없는 사람일 것이다."

◉ 크게 간사한 인물이란 양웅揚雄이 왕망王莽을 비교하여 한 말이라고 보고 있다.

或問人 曰 艱知也 曰 焉難 曰 太山之與蟻垤 江河之與行潦 非難也 大聖之與大佞難也 烏呼 能別似者爲無難

〔혹자가 사람을 물으니 답하기를 알기가 어렵다. 말하기를 어찌하여 어려운가. 답하기를 태산太山과 의질蟻垤이나 강하江河와 행료行潦는 어려운 것이 아니다. 대성大聖과 대녕大佞이 어렵다. 오호라, 능히 비슷한 것을 분별할 수 있는 자는 어려운 것이 없다.〕

25. 무엇을 가리켜 지나치다고 합니까?

어떤 사람이 묻기를

"추연鄒衍이나 장주莊周의 설설에서도 취할 만한 점이 있습니까?"
하니, 대답했다.

"덕德에 맞는 것은 취하지만 잘못된 것은 취할 수 없다."
  어떤 사람이 또 묻기를

"무엇을 가리켜 덕에 맞는다 하고, 무엇을 가리켜 잘못된 것이라고 합니까?"

하니, 대답했다.

"하늘과 땅과 사람에게 있는 떳떳한 도리를 말하는 것은 덕德이요, 이 큰 도를 벗어나는 것은 잘못된 것이다. 이러한 떳떳한 도리를 벗어난 잘못된 말을 군자는 입 밖에 내지 않는다."

或問 鄒莊有取乎 曰 德則取 愆則否 何謂德愆 曰 言天地人經德也 否愆也 愆語 君子不出諸口

〔혹자가 묻기를 추연鄒衍과 장주莊周에게서 취할 것이 있는가. 답하기를 덕德은 곧 취하고, 허물은 곧 버린다. 무엇을 덕이라 이르고 무엇을 허물이라 이르는가. 답하기를 천지인天地人의 경經을 말하는 것은 덕이요, 그렇지 않으면 허물이다. 허물된 말은 군자의 입에서 나오지 않는다.〕

제6권 문명問明

1. 미묘한 것이 어째서 명明입니까?

어떤 사람이 명明에 대하여 물으니, 대답했다.

"미묘한 것이다."

어떤 사람이 다시 묻기를

"미묘한 것이 어째서 명明입니까?"

하니, 대답했다.

"미묘한 것이 보이게 되면, 그 미혹된 것이 밝아지는 것이다."

或問明 曰 微 或曰 微何如其明也 曰 微而見之 明其誖[1]乎

〔혹자가 명明을 물으니 답하기를 미묘한 것이다. 혹자가 말하기를 미묘하다는 것이 어째서 그 밝은 것인가. 답하기를 미묘한 것이 보이게 되면 그 미혹된 것이 밝아지는 것이다.〕

※

1 誖(패): 미혹되다. 의혹되다.

2. 귀가 없는 것이나 같은 것이다

귀가 잘 들리고 눈이 밝은 총聰과 명明은 지극한 것이다. 귀가 잘
들리지 않는 것은 실제로는 귀가 없는 것이다. 눈이 밝지 않다는 것은
실제로는 눈이 없다는 것이다.

"감히 대총大聰과 대명大明에 대해 묻겠습니다."
하니, 대답했다.

"오직 빛나고 빛나는 하늘만이 총이며, 오직 하늘만이 명이다. 대개
그 눈을 높이 하고 그 귀를 낮은 곳까지 하는 것은 하늘이 아니겠는가."

◉ 오직 하늘만이 소리 없는 소리를 듣고 형체 없는 형체를 볼 수 있다.

聰明其至矣乎 不聰實無耳也 不明實無目也 敢問大聰明 曰 眩眩¹乎
惟天爲聰 惟天爲明 夫能高其目而下其耳者 匪天也夫

〔총명은 그 지극함이다. 총聰하지 않으면 이것은 귀가 없는 것이요, 명明하
지 않으면 이것은 눈이 없는 것이다. 감히 대총명大聰明을 묻는다. 답하기
를 현현眩眩하여 오직 하늘만이 총聰하고, 오직 하늘만이 명明하다. 대저
능히 그 눈을 높게 하고 그 귀를 낮게 할 수 있는 것은 하늘이 아닌가.〕

※

1 眩眩(현현): 광채가 빛나는 모양. 현眩은 현炫과 통한다.

3. 세밀한 일에 정통한 사람

어떤 사람이 묻기를

"소소한 것을 매번 아는 사람을 스승이라 이를 만합니까?"
하니, 대답했다.

"이러한 사람을 어떻게 스승이라고 할 것인가? 어떻게 스승이라고
할 것인가? 천하에 소소한 일은 적지 않은 것이다. 그것을 일일이
아는 사람이라고 스승이라고 이르겠는가. 스승의 귀함이란 대지大知를
아는 것이다. 작은 것을 아는 스승은 천박한 사람이다."

或問 小每知之 可謂師乎 曰 是何師與 是何師與 天下小事爲不少矣
每知之 是謂師乎 師之貴也 知大知也 小知之師亦賤矣

〔혹자가 묻기를 작은 것을 알면 스승이라 이를 것인가. 답하기를 그것이
무슨 스승인가. 그것이 무슨 스승인가. 천하의 작은 일은 적지 않다고
한다. 어느 것이나 그것을 안다고 하여 스승이라고 이르겠는가. 스승이
귀貴한 것은 대지大知를 알아서이다. 소지小知의 스승은 또한 천賤한
것이다.〕

4. 미워하는 사람이 있습니까?

맹자孟子는 자기 집 문 앞을 지나면서 자기의 방까지 들어오지 않는
사람을 미워했다.

어떤 사람이 묻기를

"선생님께서도 미워하는 사람이 있습니까?"
하니, 대답했다.

"나의 꽃〔賦〕만을 주워가고 나의 열매(저서의 사상)를 먹지 않는

사람들이다."

◉ '꽃'이란 부부賦를 말하는 것이다. 부부賦는 운문韻文의 형식인 문학의
한 형태로 양웅揚雄은 처음에 부를 많이 지었다. '열매'는 양웅이 저술한
『법언』이나 『태현경』을 말하는 것으로 그는 뒤에 부부賦를 버리고, 성인聖人
의 도道를 바르게 전하기 위한 저술에 전념했던 것이다.

孟子疾過我門而不入我室¹ 或曰 亦有疾乎 曰 撫我華²而不食我實³
〔맹자孟子는 자신의 문門을 지나면서 자신의 방에 들어오지 않는 것을
미워했다. 혹자가 말하기를 또 미워하는 것이 있는가. 답하기를 나의
꽃은 주우면서 나의 열매를 먹지 않는 것이다.〕

※

1 孟子…我室(맹자…아실): 『맹자』 진심하편盡心下篇에 공자가 내 집을 지나며
  내 집에 들지 않아도 유감으로 생각지 않는 자는 향원이라고 했다 한다.
2 華(화): 꽃. 여기서는 '부부賦'를 가리킨다.
3 實(실): 열매. 여기서는 양웅의 저서인 『법언』이나 『태현경』 등을 가리킨다.

5. 성인은 성인의 사업을 즐긴다

어떤 사람이 말하기를

"중니仲尼는 한평생 쉴 새 없이 활동을 계속했습니다. 대개 하늘이
그를 수고롭게 한 것입니까? 괴롭힌 것입니까?"
하니, 대답했다.

"하늘은 중니 한 사람만을 수고롭게 한 것이 아니며 또한 하늘 스스로
도 수고한 것이다. 하늘이 괴롭혔겠는가. 하늘은 하늘로서의 일을

즐기고, 성인은 성인으로서의 사업을 즐긴다."

◉ "하늘이 공자孔子를 수고롭게 하였다."는 말은, 공자가 천벌을 받아 한평생을 분주하게 살았다고 하는 말로 도가학파道家學派에서 지어낸 말이다.

或謂 仲尼事彌其年 蓋天勞諸 病矣夫 曰 天非獨勞仲尼 亦自勞也
天病乎哉 天樂天 聖樂聖

〔혹자가 이르기를 중니仲尼는 일을 그 생애에 더욱 했다. 대개 하늘이 그를 수고롭게 한 것인가. 괴롭힌 것인가. 답하기를 하늘이 홀로 중니를 수고롭게 한 것이 아니라, 또한 스스로 수고했다. 하늘이 괴롭혔겠는가. 하늘은 하늘을 즐기고, 성인은 성聖을 즐긴 것이다.〕

6. 사람이 다 성인이 될 수 있습니까?

어떤 사람이 묻기를

"새 종류 가운데 가장 존귀한 것으로는 봉황鳳凰이 있고, 짐승의 무리 가운데 가장 존귀한 것으로는 기린麒麟이 있습니다. 새는 모두 봉황이 되고 짐승은 모두 기린이 될 수 있다는 말입니까?"
하니, 대답했다.

"모든 새 속에는 봉황이 있고 모든 짐승 속에는 기린이 있는데 이것들은 형체와 성질일 뿐이다. 어찌 모든 사람 속의 성인이겠는가?"

或問 鳥有鳳[1] 獸有麟[2] 鳥獸皆可鳳麟乎 曰 群鳥之於鳳也 群獸之於麟

也 形性³ 豈群人之於聖乎

〔혹자가 묻기를 새에는 봉황鳳凰이 있고, 짐승에는 기린麒麟이 있다. 새나 짐승은 다 봉황이나 기린일 수가 있는가. 답하기를 군조群鳥의 봉황이나 군수群獸의 기린에는 형성形性이다. 어찌 뭇 사람 속의 성인이겠는가.〕

※

1 鳳(봉): 봉황鳳凰. 상상의 상서로운 새. 성천자聖天子가 나면 나타난다고 하는데, 그러면 모든 짐승이 따라 모인다고 한다. 수컷을 봉鳳이라 하고, 암컷을 황凰이라 한다.

2 麟(린): 기린麒麟. 상상의 상서로운 짐승. 성인聖人이 이 세상에 나기 전에 나타난다고 한다. 수컷은 기麒라 하고 암컷은 인麟이라고 한다.

3 形性(형성): 형체와 성질이다.

7. 경전을 불살라 버린 장본인

어떤 사람이 말하기를

"심하다. 성인聖人의 도가 일상적인 것에는 보탬이 없는 것입니다. 성인의 경전을 읽어도 행동은 보통 사람과 같은데 어찌해서 버리지 않는 것입니까?"

하니, 대답했다.

"심하다. 그대는 통달하지 못한 것이다. 성인의 경전을 읽고 행동은 보통 사람과 같아진 것은 오히려 들은 것이 있는 것이다. 무너뜨리는 것을 제거한 것이다. 진秦나라를 무너뜨린 자는 이사李斯가 아니겠는가! 경전을 불 속에 내던진 것이다."

或曰 甚矣 聖道無益於庸也 聖讀而庸行 盍去諸 曰 甚矣 子之不達也
聖讀而庸行 猶有聞焉 去之抗也 抗秦者非斯¹乎 投諸火

〔혹자가 말하기를 심하구나. 성도聖道가 용庸에 유익함이 없는 것이다.
성聖을 읽어서 용庸이 행하여지기 때문이다. 어찌 그것을 버리지 아니하는
가. 답하기를 심하구나. 그대의 도달하지 못한 것이여. 성聖을 읽어서
용庸이 행하여진다는 것은 오히려 들은 것이 있다. 잘못된 것을 버린
것이다. 진秦나라를 완抗하게 한 자는 이사李斯가 아닌가. 이것을 불에
던진 것이다.〕

※

1 斯(사): 이사李斯. 진秦나라 승상丞相으로 시황제始皇帝를 도와 천하를 통일했
다. 군현제郡縣制를 실시하여 중앙집권을 확립하고 경전經典 등의 서적을
불살라 사상의 통일을 강행했다.

8. 인간은 무엇을 숭상합니까?

어떤 사람이 묻기를
"사람은 무엇을 숭상하는 것입니까?"
하니, 대답했다.
"지혜智慧를 숭상하는 것이다."
또 묻기를
"지혜를 사용하여 자신을 죽인 사람이 많았는데 왜 그것을 숭상하는
것입니까?"
하니, 대답했다.
"옛날에 고요皐陶는 그의 지혜로써 천자의 가르침을 만들어 자신을

희생시키는 것을 멀리했다. 기자箕子는 그의 지혜를 써서 주나라 무왕을 위해 큰 법法인 홍범洪範을 진술하고 자신을 희생시키는 것을 멀리했다.”

● 고요皐陶가 지었다고 하는 고요모皐陶謨와 기자箕子가 지었다고 하는 홍범洪範의 두 편篇은 『서경』속에 있다. 『사기』와 『한서』에 의하면, 은왕조殷王朝가 멸망하니 주왕紂王의 친척인 기자箕子가 조선朝鮮으로 망명하여 기자조선箕子朝鮮을 세우고, 홍범팔조洪範八條를 만들어 백성을 교화教化하였다고 했다. 그러나 최근에 와서는 기자 동래설東來說을 부정하는 논의가 지배적이다.

或問 人何尙 曰 尙智 曰 多以智殺身者 何其尙 曰 昔乎 皐陶[1]以其智爲帝謨 殺身者遠矣 箕子以其智爲武王陳洪範 殺身者遠矣

〔혹자가 묻기를 사람은 무엇을 숭상하는가. 답하기를 지혜를 숭상한다. 말하기를 지혜로써 몸을 죽이는 자가 많다. 어찌하여 그것을 숭상하는가. 답하기를 옛날에 고요皐陶는 그 지혜로써 제모帝謨를 만들어 몸을 죽이는 것이 멀어졌다. 기자箕子는 그 지혜로써 무왕武王을 위해 홍범洪範을 진술하여 몸을 죽이는 것을 멀리했다.〕

※

1 皐陶(고요): 순임금의 정치를 도운 현신賢臣. 정견庭堅이고 사구司寇, 곧 옥관獄官의 우두머리를 맡았다.

9. 자공보다 못하다고 한 공자孔子

중니仲尼는 성인이다. 그런데 어떤 사람들은 중니를 그의 제자인 자공子貢보다 못하다고 생각했다. 자공은 말로써 정밀하게 밝힌 연후에 모두

의 의심을 완전히 가시게 했다. 아아, 책을 읽는 사람으로서 자공에 어그러지게 한다면 아무리 많은 것을 읽었다 한들 무슨 소용이 있겠는 가.

◉ "중니仲尼를 제자인 자공子貢보다 못하다고 생각했다."는 말은 『논어』 자장편子張篇에서 숙손무숙叔孫武叔이 "자공이 중니보다 더 현명하다."고 한 말에서 나온 것이다.

仲尼聖人也 或者劣諸子貢 子貢辭而精之 然後廓如也 於戲 觀書者違 子貢 雖多亦何以爲

〔중니仲尼는 성인이다. 혹자는 그를 자공子貢보다 못하다고 했다. 자공이 말해 설명한 뒤에 확실히 풀렸다. 아아, 책을 읽는 자, 자공과 다르다면 비록 많다고 하더라도 무엇으로써 할 것인가.〕

10. 미덕美德이란 무엇입니까?

성대盛大하다. 성탕成湯이 크게 하늘의 뜻을 계승한 것이여. 그리고 문왕文王이 깊고 아름다운 덕을 지닌 것이여.

어떤 사람이 크게 하늘의 뜻을 계승했다고 하는 것에 대하여 물으니, 대답했다.

"겨우 사방 70리의 작은 나라에서 일어나 천자가 된 것은 크다고 말할 수 있지 않겠는가? 새롭게 천명天命을 받아 하왕조夏王朝를 개혁하여 바로잡은 것은 하늘의 뜻을 계승한 것이라고 말할 수 있지 않겠는가?"

어떤 사람이 또 묻기를

142

"깊고 아름다운 덕이란 무엇을 말하는 것입니까?"
하니, 대답했다.

"8괘를 거듭하여 64괘로 한 것은 깊다고 말할 수 있지 않은가? 백리百
里의 작은 나라에서 점차로 신망을 얻어 서백(西伯: 서쪽 여러 나라의
우두머리)이 되기에 이른 것은 아름다운 덕이라고 말할 수 있지 않은가?"

盛哉 成湯丕承也 文王淵懿也 或問丕承 曰 由小致大[1] 不亦丕乎 革夏
以天 不亦承乎 淵懿 曰 重易六爻 不亦淵乎 浸以光大 不亦懿乎

〔성대하구나! 성탕成湯은 비승丕承하고 문왕文王은 연의淵懿하다. 혹자가
비승丕承을 물으니 답하기를 소小로 말미암아 대大를 이루는 것은 또한
비丕가 아닌가. 하夏를 개혁함에 천天으로써 하는 것은 또한 승承이 아닌
가. 연의淵懿를 물으니 말하기를 역易의 육효六爻를 거듭하는 것은 또한
연淵이 아닌가. 점차 그것으로써 광光이 커지는 것은 또한 의懿가 아닌가.〕

※

1 由小致大(유소치대): 작은 나라로 말미암아 큰 나라를 이루다. 『맹자』
양혜왕 하편梁惠王下篇과 공손추 상편公孫丑上篇에 "성탕成湯이 겨우 70리
사방四方의 작은 나라에서 일어났다."라고 한 말이 있다.

11. 명命은 하늘의 명령이다

어떤 사람이 명命에 대하여 물으니, 대답했다.
"명命이라고 하는 것은 하늘의 명령命令이다. 사람의 행위가 아닌
것이다. 사람의 행위는 명命이라고 하지 않는다."
청하여 묻기를

"사람의 행위에 대하여 가르쳐 주십시오."

하니, 대답했다.

"존재하고 멸망하는 것도 가한 것이고, 죽고 사는 것도 가한 것이지만 명命은 아닌 것이다. 명은 피하는 것이 불가한 것이다."

어떤 사람이 묻기를

"안연顔淵의 죽음을 '불행하게도 단명하여 죽었다.'라고 탄식하고, 염백우冉伯牛가 병이 드니 '이 사람이 이런 병에 걸리다니.' 하고 탄식한 것은 무슨 뜻입니까?"

하니, 대답했다.

"그것은 피할 수 없는 명命이었기 때문이다. 무너질 염려가 있는 암벽嚴壁이나 담장 밑에 서 있는 따위의 행위는 스스로 나아가 병을 부르고, 자기의 행위로 죽음을 부르는 것이다. 이것이 명이겠는가! 이것이 명이겠는가!"

◉ 염백우冉伯牛가 병이 드니 공자가 찾아가 "이 사람이 이런 병에 걸리다니." 하고 탄식하였다는 말이 『논어』 옹야편雍也篇에 있다. "무너질 염려가 있는 암벽嚴壁이나 담장 아래에 서 있다."는 구절은 『맹자』 진심상편盡心上篇의 말이다.

或問命 曰 命者天之命也 非人爲也 人爲不爲命 請問人爲 曰 可以存亡 可以死生 非命也 命不可避也 或曰 顔氏之子[1] 冉氏之孫[2] 曰 以其無避也 若立嚴牆之下 動而徵病 行而招死 命乎命乎

〔혹자가 명命을 물으니 답하기를 명命이라는 것은 하늘의 명이다. 인위人爲가 아니다. 인위는 명이라 하지 않는다. 청하여 인위人爲를 물으니

답하기를 그것으로써 존망存亡할 수 있고, 그것으로써 사생死生할 수 있는 것은 명命이 아니다. 명은 피할 수가 없다. 혹자가 말하기를 안씨顏氏의 아들과 염씨冉氏의 손자입니까. 말하기를 그것을 피할 수가 없었다. 바위나 담장 아래에 서는 것 같음은 움직여서 병病을 부르고, 행해서 죽음을 부르는 것이다. 명命인가. 명인가.]

※

1 顏氏之子(안씨지자) : 안연顏淵을 가리킨다.
2 冉氏之孫(염씨지손) : 공자의 제자 염백우冉伯牛를 가리킨다.

12. 행운을 부르는 사람

행운을 부르는 사람은 길한 조짐을 보고도 도리어 조심하고, 불행을 부르는 사람은 흉한 조짐을 보고도 도리어 좋은 것으로 해석한다.
시절의 시절이여! 어찌 오는 것은 그리 더디고 가는 것은 신속한 것인가? 군자는 시절을 다투는 것이다.

吉人凶其吉 凶人吉其凶
辰乎辰 曷來之遲 去之速也 君子競諸

[길인吉人은 그 길吉을 흉凶이라 하고 흉인凶人은 그 흉을 길이라고 한다. 일진日辰이로구나. 일진. 어찌 오는 것이 늦고, 가는 것이 빠른가. 군자는 그것을 다투는 것인져.]

13. 덕을 무너뜨리는 것

아첨하는 말은 풍속을 파괴하고, 아첨을 좋아하는 것은 법칙을 무너뜨린다. 구차하게 우선 당장 편안한 것만을 취하는 것은 덕을 무너뜨린다. 군자는 말을 삼가고 좋아하는 것을 신중하게 하며 시기에 신속하게 하는 것이다.

譚[1]言敗俗 譚好敗則 姑息敗德 君子謹於言 愼於好 亟於時

〔영언譚言은 풍속을 깨뜨리고 영호譚好는 규칙을 깨뜨리고 고식姑息은 덕德을 깨뜨린다. 군자는 말에 조심하고, 좋아하는 것에 삼가며, 때에 빠르게 한다.〕

※

1 譚(녕): 아첨하다.

14. 귀머거리를 트게 하지 못한다

나는 천둥소리나 사나운 바람이 귀머거리의 귀를 트게 한 사실을 보지 못했다.

◉ 성인의 가르침에 미혹되어도 어리석은 사람들을 교화시킬 수 없다는 것을 말한 것이다.

吾不見震風之能動聾瞶也

〔나는 우레와 바람이 능히 귀머거리를 움직일 수 있게 하는 것을 보지

못하다.〕

15. 봉황과 같아라

어떤 사람이 군자가 잘 다스려지는 세상에 살면서 취해야 할 태도에 대하여 물으니, 대답했다.

"봉황과 같은 것이다."

어떤 사람이 또 묻기를 난세亂世에 있어서는 어떠한 태도를 취해야 할 것이냐고 물으니, 대답했다.

"봉황과 같은 것이다."

그 사람이 그 말을 이해하지 못하니 말하기를

"잘 생각하지 않기 때문이다."

하고는 다시 말했다.

"세상이 잘 다스려질 때에는 세상에 나와 봉사하고, 세상이 어지러울 때에는 관직을 버리고 은거한다는 뜻이다.

큰 기러기가 거의 모습이 보이지 않을 만큼 높이 날아가면 활 쏘는 사람이 어떻게 겨냥할 수 있을 것인가. 초명鷦明이라고 하는 신기한 새는 내려앉는 나무도 신중히 가리고, 먹는 것도 청정淸淨한 것이 아니면 먹지 않는다. 봉황이 아름답게 춤추면서 내려앉은 곳은 저 천자인 요임금의 정원庭園뿐이었다."

或問君子在治 曰 若鳳 在亂 曰 若鳳 或人不諭 曰 未之思矣 曰 治則見 亂則隱 鴻飛冥冥 弋人[1]何慕焉 鷦明遴集 食其絜者矣 鳳鳥蹌蹌 匪[2]堯

之庭

〔혹자가 군자가 치세治世에 있는 것을 물었다. 답하기를 봉황鳳凰과 같아라. 난세亂世에서는 어떻게 하는가. 답하기를 봉황과 같아라. 혹자가 깨닫지 못하거늘 말하기를 생각하지 아니한 것이로다. 또 말하기를 치세에는 곧 나타나고 난세에는 숨는다. 기러기가 날아서 명명冥冥하면 익인弋人이 어떻게 그것을 생각하겠나. 초명鷦明은 앉을 자리를 고르고 그 깨끗한 것을 먹는다. 봉황이 창창蹌蹌한 것은 저 요임금의 뜰이었다.〕

※

1 弋人(익인): 주살로 새를 쏘는 사수射手. 익弋은 주살을 말하는데, 주살은 화살에 실을 매어 새를 잡는 기구이다.

2 匪(비): 피彼와 통한다.

16. 용이 승천할 때 이로운 것은?

형통한 용龍이 잠기거나 승천昇天하는 것은 바르고 이롭기 때문이다.

어떤 사람이 묻기를

"용이 어떻게 하면 바르게 하는 것이 이롭고 통달이 가능한 것입니까?" 하니, 대답했다.

"시기가 가하지 않다고 하여 잠복하는 것은 또한 바른 것이 아니겠는가. 일단 시기가 마땅한데 승천하는 것은 이롭다고 할 수 있지 않은가. 혹은 잠복하고 혹은 승천하는 그 판단은 자신에게 있고 사용하는 것을 제때에 하는 것은 또한 형통한 것이 아니겠는가."

◉ '용龍이 잠복할 때에도, 승천할 때에도 바르게 하는 것은 이利를 가지고 있기 때문일 것이다.'라고 한 이유는 『역경易經』의 건괘乾卦는 크게 희망이

통하는 정正을 가지는 인물에 이利가 있다고 서술하고 있는데, 용은 이 괘卦를 상징하기 때문이다.

亨龍潛升 其貞利乎 或曰 龍何如可以貞利而亨 曰 時未可而潛 不亦貞乎 時可而升 不亦利乎 潛升在己 用之以時 不亦亨乎

〔형룡亨龍이 잠기고 오르는 것은 그 정리貞利인져. 혹자가 말하기를 용龍은 어떻게 하면 그것으로써 정리貞利하고 형亨할 수 있는가. 답하기를 때가 아직 가可하지 않아서 잠기니 또한 정貞하지 않은가. 때가 가可하여 오르니 또한 이利하지 않은가. 잠기고 오르는 것이 자기에게 있고, 그것을 씀에 때로써 하니 또한 형亨하지 않을 것인가.〕

17. 군자가 소중히 여기지 않는 것이다

어떤 사람이 몸을 활발하게 하는 도道를 물으니, 대답했다.
"사리에 밝게 하는 것이다."
어떤 사람이 말하기를
"아무것도 모르는 어린아이와 같이 무지한 편이 몸을 온전하게 살릴 수 있는 방법인데 어찌 사리에 밝게 해야 합니까?"
하니, 대답했다.
"군자가 소중하게 여기는 것은 밝게 보호하는 것을 사용하고 그의 몸을 신중하게 하는 것이다. 일상적으로 행동하는 길이 가려지고 근심하며 활동하는 것을 군자는 귀하게 여기지 않는 것이다."

◉ '명철明哲'이라는 말은 『시경』 대아大雅 증민烝民의 시詩에 나오는 단어

이다. "아무것도 모르는 어린아이와 같이 무지한 편이 몸을 온전히 하지 않겠느냐."는 말은 『역경』 몽괘蒙卦 육오六五에 '동몽童蒙은 길吉'이라고 한 것을 인용한 것이다.

或問活身 曰 明哲[1] 或曰 童蒙則活 何乃明哲乎 曰 君子所貴 亦越用明 保愼其身也 如庸行翳路 衝衝而活 君子不貴也

〔혹자가 활신活身을 물으니 답하기를 명철明哲하라. 혹자가 말하기를 동몽童蒙이면 활活하는 것인데 어찌 명철인가. 답하기를 군자가 귀하게 여길 바는 또한 여기에 명보明保를 쓰고 그 몸을 삼가는 것이다. 용행庸行 예로翳路가 충충衝衝해 활活함과 같은 것은 군자는 귀하게 여기지 않는다.〕

※

1 明哲(명철): 『시경』 대아大雅 증민烝民의 시에는 '旣明且哲기명차철 以保其身 이보기신'이라고 했다.

18. 이 사람을 등용했더라면…

초楚나라의 양 공兩龔인, 곧 공승龔勝과 공사龔舍의 두 사람은 권세에 따르는 것을 눈곱만큼도 생각지 않은 사람들로서 그 청렴결백함은 진실로 맑을 뿐이다.

촉蜀나라의 장(莊: 嚴君平)은 숨어 살며 드러내지 않았다. 촉나라의 장은 재주가 보배로웠고, 구차하게 만나보고 일어나지 않았으며 구차하게 얻어 다스리지 않았다. 오래도록 곤궁한 생활을 했으나 지조를 고치지 않았다. 비록 수화隋和라고 하더라도 무엇을 더하겠는가. 이 사람을 들어서 깃발로 사용했다면 또한 보배로운 것이 아니겠는가.

내가 장(莊: 嚴君平)을 보배롭게 여기는 것은 거처하는 것이 어렵다고 여기기 때문이다. 그는 허유許由를 사모하거나 백이伯夷를 가까이하지도 않았다. 어찌 탐욕스러운 것이 있었겠는가?

楚龔兩¹之絜 其淸矣乎 蜀莊沈冥 蜀莊²之才之珍也 不作苟見 不治苟得 久幽³而不改其操 雖隋和⁴何以加諸 擧玆以旆 不亦寶乎 吾珍莊也 居難爲也 不慕由⁵卽夷⁶矣 何龜欲之有

〔초나라의 양 공兩龔의 결絜은 그 맑은 것인가. 촉蜀나라의 장莊은 침명沈冥했다. 촉蜀의 장莊의 재주는 진중했다. 구차하게 드러내려 하지 않았고 구차하게 이득利得을 구하지 않았다. 오래도록 불우했지만 그 지조를 고치지 않은 것은 비록 수隋·화和라 하더라도 무엇으로써 거기에 더할 것인가. 이것을 들어 깃발로 삼으니 또한 보옥寶玉이 아닌가. 우리가 장莊을 진중하게 여기는 것은 이루기 어려움에 있기 때문이다. 허유許由를 사모하거나 백이伯夷를 가까이하지 않았다. 무슨 참욕龜欲이 있겠는가.〕

※

1 龔兩(공량): 양 공兩龔, 곧 공승龔勝과 공사龔舍의 두 사람. 초나라 사람으로, 청렴결백한 인물로 알려졌다.
2 莊(장): 엄군평嚴君平. 촉蜀나라의 현자賢者. 그는 깊은 지혜를 간직하고도 평생을 촉나라 도읍인 성도成都에서 매복(賣卜: 돈을 받고 다른 사람의 길흉을 점쳐 주는 것)을 하면서 자기의 지혜를 드러내지 않았다고 한다.
3 久幽(구유): 오랜 곤궁한 생활.
4 隋和(수화): 수후隋侯의 구슬과 화씨和氏의 벽璧, 곧 아름다운 인재를 뜻한다.
5 由(유): 허유許由. 고대 전설상의 인물로 세속을 초월한 사상을 가진 높은 선비. 요임금이 천하를 물려주겠다는 것을 사양했다.

6 夷(이): 백이伯夷. 은殷나라의 처사處士. 고죽국孤竹國의 공자公子로 아우인
  숙제叔齊와 더불어, 무왕武王이 은왕조殷王朝를 정벌하려는 것을 말리다가
  뜻을 이루지 못하고 수양산首陽山에 들어가 굶어서 죽었다.

19. 천하를 물려주려고 한 요임금

어떤 사람이 묻기를

"요임금이 장차 천하를 허유에게 물려주려고 했는데, 허유는 이런
말을 들은 것을 부끄럽게 여겼다고 합니다. 이런 일이 있었습니까?"
하니, 대답했다.

"그것은 과장된 이야기를 좋아하는 사람들이 만든 것이다. 되돌아보
면, 허유는 세상에 구하는 것이 없었을 뿐이다. 진실로 요임금이 순임금
에게 천하를 선양禪讓한 것이 신중하게 한 것이라면 요임금이 허유에게
경솔하게 하지 않았다는 것이 분명한 것이다. 과장된 이야기를 좋아하
여 남의 위에 서고자 점점 이야기를 크게 만들어 간다면, 이번에는
소보巢父가 허유에게서 위와 같은 이야기를 듣고 귀가 더럽혀졌다고
하여 귀를 씻었다는 등의 이야기가 나오는 것도 또한 마땅하지 않겠는
가. 귀신을 받드는 곳의 위엄은 밤이 마땅한 것이다."

◉ 전해오는 말에 의하면, 허유는 요임금으로부터 선양해 준다는 말을
듣고 더러운 소리를 들었다면서 영천潁川에 가서 흐르는 물에다 자꾸
귀를 씻고 있었다. 그 때 소보巢父가 소에게 물을 먹이려고 영천으로
오다가 귀를 씻고 있는 허유를 보았다. 허유에게서 귀를 씻는 까닭을
듣고는 더러운 소리를 들은 귀를 씻은 더러운 물을 나의 소에게 먹일

수 없다고 하면서 소를 몰고 상류로 거슬러 올라갔다고 한다.

或問 堯將讓天下於許由 由恥 有諸 曰 好大者爲之也 顧由無求於世而已矣 允喆堯儃舜之重 則不輕於由矣 好大累克 巢父[1]洗耳 不亦宜乎 靈場[2]之威 宜夜矣乎

〔혹자가 묻기를 요堯임금이 장차 천하를 허유許由에게 선양禪讓하려고 하는데, 허유가 부끄러워했다니, 그런 일이 있는가. 답하기를 큰 것을 좋아하는 자가 만든 것이다. 생각건대 허유는 세상에서 구하는 것이 없을 뿐이었다. 진실로 요임금이 순舜에게 선양한 것을 중요하게 했다면 허유에게 가볍게 하지 않은 것이 분명한 것이다. 큰 것을 좋아하여 거듭 크게 하려면 소보巢父가 귀를 씻는 것도 또한 마땅하지 않은가. 영장靈場의 위威는 밤이 마땅한 것인저.〕

❊

1 巢父(소보): 요임금 시대의 은사隱士. 요임금이 천하를 물려주려 하니, 이를 거절했다고 전한다.

2 靈場(영장): 귀신鬼神의 사당祠堂.

20. 제비는 어느 점이 좋습니까?

주조朱鳥가 훨훨 날아 돌아간 것은 그 멋대로 인가.

어떤 사람이 묻기를

"어찌 주조朱鳥를 취한 것입니까?"

하니, 대답했다.

"때가 되면 찾아오고, 때가 가면 돌아간다. 때가 되면 찾아오고,

때가 가면 돌아가는 것은 주조朱鳥를 이르는 것이다."

◉ 나아가고 물러나며 드러내고 은둔하는 것이 때에 적절한 인물에 비교하여 한 말이다.

朱鳥[1]翾翾翯歸 其肆矣 或曰 奚取於朱鳥哉 曰 時來則來 時往則往 能來能往者 朱鳥之謂與

〔주조朱鳥가 훨훨 날아서 돌아간 것은 그 뜻대로 인가. 혹자가 말하기를 어찌 주조에서 취하는 것인가. 답하기를 때가 오면 오고 때가 가면 간다. 능히 오고 능히 가는 것은 주조를 이르는 것인져!〕

⁂

1 朱鳥(주조): 남방의 새, 곧 주작朱雀이다.

21. 유세하다가 죽음을 면치 못한 한비韓非

어떤 사람이 묻기를

"한비韓非는 세난說難이라고 하는 편을 저술했는데 마침내 세난說難으로 죽었습니다. 감히 묻겠습니다. 어찌하여 자신의 설說에 배반되는 일이 된 것입니까?"

하니, 대답했다.

"세난說難이 아마도 그를 죽게 한 까닭일 것이다."

어떤 사람이 묻기를

"왜 그렇습니까?"

하니, 대답했다.

"군자는 예禮로써 활동하고 의義로써 중지하는 것이다. 예에 합당하면 나아가고 합당하지 않으면 물러나는 것이다. 예에 합당하고 의에 맞는 것이 확정된다면 합당하지 않는 것이 있더라도 근심하지 않는 것이다. 대개 사람을 설득하는 것은 그것이 합당하지 않는 것을 근심하게 되면 또한 이르지 못할 곳이 없게 되는 것이다."

어떤 사람이 또 묻기를

"유세에 있어서 나의 의견을 받아들이지 않는 것을 근심하지 않는 것입니까?"

하니, 대답했다.

"유세 내용이 도道에 따르느냐 아니냐 하는 것을 근심할 것이다. 도에 따르면 상대에게 받아들여지지 않더라도 조금도 근심하지 않는 것이다."

或問 韓非作說難之書[1] 而卒死乎說難 敢問何反也 曰 說難蓋其所以死乎 曰 何也 曰 君子以禮動 以義止 合則進 否則退 確乎不憂其不合也 夫說人而憂其不合 則亦無所不至矣 或曰 說之不合 非憂耶 曰 說不由道 憂也 由道而不合 非憂也

〔혹자가 묻기를 한비韓非는 세난說難의 서書를 만들어서 마침내 세난으로 죽었다. 감히 묻겠는데 어찌 반反하였는가. 답하기를 세난은 아마도 그가 죽은 까닭인져. 말하기를 무엇 때문인가. 답하기를 군자는 예禮로써 움직이고 의義로써 멈춘다. 맞으면 나아가고 그렇지 않으면 물러난다. 확호確乎하게 그 맞지 않는 것을 근심하지 않는다. 대저 사람에게 설說해서 그 맞지 않는 것을 근심하면 또한 이르지 못할 바가 없다. 혹자가 말하기를

그것을 설하여 맞지 않는 것은 근심이 아닌가. 답하기를 설해서 도道에 의하지 않는 것이 근심이요, 도에 의하면서 맞지 않는 것은 근심이 아니다.〕

✻

1 說難之書(세난지설) : 한비韓非가 지은 저서의 편 이름.

22. 덕을 기르는 것이다

어떤 사람이 밝은 지혜에 대해 물으니, 대답했다.

"그 생각하는 것을 널리 밝히는 것이다."

또 행함에 대하여 물으니, 대답했다.

"그 덕을 널리 통하게 하는 것이다."

或問哲 曰 旁明¹厥思 問行 曰 旁通²厥德

〔혹자가 철哲을 물으니 답하기를 그 생각을 널리 밝히는 것이다. 행行을 물으니 답하기를 그 덕德을 널리 통通하게 하는 것이다.〕

✻

1 旁明(방명) : 널리 밝히다.

2 旁通(방통) : 널리 통하게 하다.

제7권 과견寡見

1. 도를 배우는 사람은 마을마다 가득하지만…

나는 사람의 아름다운 것들을 좋아하는 자를 본 일이 적었다. 통속적인 글만을 살펴보고 통속적인 말만을 귀 기울여 듣고 있다. 아름다운 것들은 외면하고 있다.

　어떤 사람이 말하기를

　"어찌 이와 같은 심한 말씀을 하십니까? 선왕의 도는 마을의 문에 가득합니다."

하니, 대답했다.

　"부득이한 것뿐이다. 중지할 기회를 얻으면 중지할 뿐이다. 중지할 기회를 얻어도 중지하지 않는 자는 적을 것이다."

◉ 당시 관직에서 물러나 향리鄕里로 돌아온 사람들을 스승으로 모시고 젊은 사람들이 모여 공부를 했다. 그들이 배운 것은 유학儒學의 경전經典이었다. 당시 유학을 배우는 것이 관직에 나아가는 길이었던 시대 상황이었으므로 싫어도 마지못해 공부를 해야 했다. 그러나 관직에 나아가거나 관직에 나아갈 다른 방법이 생겼을 때는 학문을 폐한다는 뜻이다.

吾寡見人之好假¹者也 邇文之視 邇言之聽 假則価焉 或曰 曷若玆之
甚也 先王之道滿門 曰 不得已也 得已則已矣 得已而不已者寡哉
〔나는 사람의 아름다운 것을 좋아하는 자를 본 일이 적다. 가까운 글은
보고 가까운 말은 들어도 아름다운 것에는 고개를 돌린다. 혹자가 말하기
를 어찌 이와 같이 심한가. 선왕先王의 도道는 문門에 가득 찼다. 말하기를
부득이해서이다. 말 것을 얻으면 만다. 말 것을 얻고도 말지 않는 자는
적은 것이다.〕

※

1 假(가): 아름답다.

2. 군자라고 할 수 있는 인물

그의 마음으로 성인聖人의 도를 다 좋아하는 사람은 군자이다. 사람마다
또한 그의 마음으로 다 좋아하는 것이 있지만 반드시 성인의 도는
아닌 것이다.

好盡其心於聖人之道者 君子也 人亦有好盡其心矣 未必聖人之道也
〔좋아하여 마음을 성인의 도道에 다하는 자는 군자다. 사람들도 또한
좋아하여 그 마음을 다하는 것이 있으나 반드시 성인의 도는 아니다.〕

3. 미혹된 지식을 가진 사람

많이 듣고 많이 보아 견문을 쌓은 것으로 바른 도道를 아는 사람은
진실한 지식을 가진 사람이다. 많이 듣고 많이 보아 견문을 쌓은 것으로

바르지 않은 사특하고 왜곡된 도를 아는 사람은 미혹迷惑된 지식을
가진 사람이다.

多聞見而識乎正道者 至識也 多聞見而識乎邪道者 迷識也
〔많이 듣고 보아서 정도正道를 아는 자는 지식至識이며, 많이 듣고 보아서
사도邪道를 아는 자는 미식迷識이다.〕

4. 현명한 사람을 계획하는 것

현인賢人과 같이 되기를 계획하는 것은 아름다운 것이다. 남을 굽혀서
도道를 따르게 하는 것이다. 소인小人과 같이 되기를 계획하는 것은
아름답지 못한 것이다. 도를 굽혀서 사람을 따르는 것이다.

如賢人謀之 美也 詘人而從道 如小人謀之 不美也 詘道而從人
〔현인賢人과 같기를 도모圖謀하는 것은 아름다운 것으로 사람을 굽혀서
도道에 따르는 것이요, 소인小人과 같기를 도모하는 것은 아름답지 않은
것으로 도를 굽혀서 사람을 따르는 것이다.〕

5. 다섯 가지 경전은 변론하는 것입니까?

어떤 사람이 묻기를
  "다섯 가지 경전經典에 변론辯論이 있습니까?"
하니, 대답했다.

"오직 오경五經만이 변론이 되는 것이다. 천도天道를 설說함에는
『역경』보다 더한 변론은 없다. 사업을 설함에는 『서경』보다 더한 변론
은 없다. 행동거지를 설함에는 『예기』보다 더한 변론은 없다. 가슴
속의 생각을 설함에는 『시경』보다 더한 변론은 없다. 도리道理를 설함에
는 『춘추』보다 더한 변론은 없다. 이 오경을 버리면 변론 또한 작은
것이다."

或問 五經[1]有辯乎 曰 惟五經爲辯 說天者莫辯乎易 說事者莫辯乎書
說體者莫辯乎禮 說志者莫辯乎詩 說理者莫辯乎春秋 捨斯辯亦小矣
〔혹자가 묻기를 오경五經에 변辯이 있는가. 답하기를 오직 오경만이 변이
된다. 천天을 설說하는 자는 『역경易經』만한 변辯이 없고, 사事를 설하는
자는 『서경書經』만한 변이 없고, 체體를 설하는 자는 『예기禮記』만한
변이 없고, 지志를 설하는 자는 『시경詩經』만한 변이 없고, 이理를 설하는
자는 『춘추春秋』만한 변이 없다. 이것을 버리고는 변辯 또한 작다.〕

※

1 五經(오경): 다섯 가지 경전經典. 유가儒家에서 존중하는 『역경易經』, 『서경書
經』, 『예기禮記』, 『시경詩經』, 『춘추春秋』를 가리킨다.

6. 어디에 공자가 계시다는 말입니까?

봄에 나무의 싹이 틈이여
나의 손을 이끄는 것이 순수하네.
그대 가신 지 오백 년
그분이 현존하여 계신 듯하네.

어떤 사람이 말하기를

"큰소리를 치며 모두가 떠드는 것(경전 해석을 왈가왈부 하는 일)을 천하에서 모두 설명하고 있습니다. 어디에 그분이 존재하는 것입니까?" 하니, 대답했다.

"이것을 가벼이 여기지 말라. 천하에서는 성인이 세상을 떠난 지 오래되었다. 젖을 달라고 우는 어린아이도 각각이 그의 어버이를 알고 있다. 큰소리로 이러쿵저러쿵 떠드는 학자들도 각각의 그의 스승에게 익혔다. 정밀하게 하고 정밀하게 한다면 옳다는 것이 그 안에 있는 것이다."

春木之芚¹兮 援我手之鶉²兮 去之五百歲 其人若存兮 或曰 譊譊³者天下皆說也 奚其存 曰 曼是爲也 天下之亡聖也久矣 呱呱⁴之子 各識其親 譊譊之學 各習其師 精而精之 是在其中矣

〔춘목春木의 둔芚함이여, 나를 끄는 손의 순박함이여, 이곳을 떠나기 오백세五百歲 그 사람 있는 것 같구나. 혹자가 말하기를 요요譊譊한 것을 천하에서 다 설說하는데 어찌 그 존재하는가. 답하기를 이것을 가볍게 여기지 말라. 천하의 성인이 없는 지는 오래다. 고고呱呱한 아기도 각각 그 어버이를 알고, 요요한 학문도 각각 그 스승에게서 익혔다. 정밀하고, 또 그것을 정밀하게 하면 그것은 가운데에 있다.〕

※

1 芚(둔): 새싹이 나오는 것이다.
2 鶉(순): 순醇과 같다.
3 譊譊(요요): 큰소리를 내어 떠드는 모양.
4 呱呱(고고): 어린아이가 우는 모양.

7. 구슬에는 조각을 하지 않는다는데…

어떤 사람이 이르기를

"훌륭한 구슬에는 별다른 조각彫刻을 하지 않고, 훌륭한 말에는 따로 수식修飾을 더하지 않는다고 하는 말은 무엇을 뜻하는 것입니까?" 하니, 대답했다.

"구슬에 조각을 하지 않았다면 여번璵璠이라고 하는 노魯나라의 미옥美玉은 기물로 만들어지지 못했을 것이다. 말에 수식을 더하지 않는다고 한다면 요임금·순임금의 태평성대의 정치를 기록한 전모典謨가 경전經典이 되지 못했을 것이다."

或曰 良玉不彫 美言不文 何謂也 曰 玉不彫 璵璠¹不作器 言不文 典謨² 不作經

〔혹자가 말하기를 좋은 옥玉은 다듬지 않고, 아름다운 말은 수식하지 않는다고 하는 것은 무엇을 이름인가. 답하기를 옥은 다듬지 않으면 여반璵璠이라도 기器가 되지 못했고, 말은 수식하지 않으면 전모典謨가 경經으로 작作지 못했다.〕

※

1 璵璠(여번): 옥의 일종. 춘추시대에 노나라에서 보유하던 보옥이다.
2 典謨(전모): 책 속의 계책, 곧 성군의 가르침.

8. 많은 논설을 요약할 수 있습니까?

어떤 사람이 말하기를

"사마자장(司馬子張: 司馬遷)은 그의 저서인 『사기』의 자서自序에서 말하기를 '오경五經은 도가道家의 책인 『노자老子』의 간략한 것만 같지 못하고 한 해에 그 변화를 지극하게 하지 못하며 한평생을 해도 학업을 완전히 이룰 수 없다.'고 하고 있습니다."

하니, 대답했다.

"만약 그 말대로라면 주공周公이나 공자孔子는 스스로 미혹迷惑되고, 남을 해롭게 한 것이 된다. 옛날의 학문은 농사일을 하여 한 집안의 생계를 꾸려 나가면서, 3년에 걸쳐 경經 하나를 통하는 정도였다. 지금의 학문이라는 것은 유독 의복에 화려한 꾸밈새만을 위하는 것이 아니다. 또 따라서 띠와 수건에까지 수를 놓는 것이다. 어찌 『노자』나 『노자』가 아닌 것에 있겠는가?"

어떤 사람이 묻기를

"오늘날 학자들의 많은 논설論說은 요약할 수 있습니까?"

하니, 대답했다.

"요약하는 것이 가하다. 각각 과목별로 이해하는 것이다."

或問 司馬子長[1]有言 曰 五經不如老子之約也 當年不能極其變 終身不能究其業 曰 若是則周公惑孔子賊 古者之學 耕且養 三年通一 今之學也 非獨爲之華藻[2]也 又從而繡其其[3]鞶帨[4] 惡在老不老也 或曰 學者之說可約邪 曰 可約 解科

〔혹자가 묻기를 사마자장司馬子長의 말이 있는데 이르기를 오경五經은 노자老子의 약約만 같지 못하다. 당년當年에 그 변화變化를 다할 수 없고 종신終身토록 그 일을 연구할 수 없다고 하였다. 답하기를 이와 같다면 주공周公은 미혹迷惑되고, 공자는 도적이다. 옛날의 학문은 농사지으면서 봉양하고 3년三年 걸려서 하나에 통했다. 지금의 학문은 홀로 그것이 화조華藻를 할 뿐 아니라 또 따라서 그 반세鞶帨에 수수繡한다. 어찌 노자老子와 노자 아닌 데에 있겠는가. 혹자가 말하기를 학자의 설說은 요약할 수 있는가. 답하기를 요약할 수 있다. 과科를 이해하는 것이다.〕

※

1 司馬子長(사마자장) : 『사기』의 저자인 사마천을 가리킨다. 자장子長은 그의 자字.
2 華藻(화조) : 화려하게 꾸미는 것을 뜻한다.
3 其其(기기) : 기其. 하나는 불필요한 글자.
4 鞶帨(반세) : 혁대와 수건.

9. 군자도 노래를 듣습니까?

어떤 사람이 묻기를

"군자君子도 노래를 듣습니까?"

하니, 대답했다.

"군자는 바른 노래를 듣는 것이다. 음란한 선율에 의해 난잡해지거나 바른 가락에 맞지 않거나 쾌락에 빠지는 노래를 군자는 듣지 않는 것이다."

或曰 君子聽聲乎 曰 君子惟正之聽 荒乎淫 拂乎正 沈而樂者 君子不聽也

〔혹자가 말하기를 군자도 소리를 듣는가. 답하기를 군자는 오직 정正, 그것을 듣는다. 음淫에 사나워지고, 바른 것을 거스르고 즐거움에 침沈한 음악을 군자는 듣지 않는다.〕

10. 쌍륙으로 군자와 상대하는 것은

어떤 사람이 묻기를
"군자를 모시는데 쌍륙雙六으로써도 할 수 있는 것입니까?"
하니, 대답했다.
"그 곁에서 모시고 있을 때에는 그 말씀을 듣고, 주연酒宴이 베풀어졌을 때에는 예의 바른 행동을 살핀다. 어찌 쌍륙 따위의 오락으로 섬기겠는가?"
어떤 사람이 묻기를
"공자께서도 할 일이 없으면 쌍륙이라든가 바둑이라도 하는 것이 낫지 않느냐고 말하는 것이 있지 않습니까?"
하니, 대답했다.
"하라는 것은 아무것도 하지 않는 것보다는 낫다는 뜻으로 한 말일 뿐이다. 군자의 곁에서 섬기는 일은 소중한 일로 아무것도 하지 않는 것보다는 낫다고 하는 정도가 아니다. 군자의 곁에서 섬길 기회는 좀처럼 없는 것이다. 군자의 곁에서 섬기면 어둠도 광채를 얻고, 막힌 것도 통하고, 가지지 못한 것도 가지게 되고, 치욕도 영광으로 바뀌고,

166

실패도 성공이 된다. 어찌 아무것도 하지 않는 것보다 나을 뿐이겠는가."

或問 侍君子以博¹乎 曰 侍坐則聽言 有酒則觀禮 焉事博乎 或曰 不有
博弈者乎 曰 爲之猶賢於已耳 侍君子者賢於已乎 君子不可得而侍也
侍君子 晦斯光 窒斯通 亡斯有 辱斯榮 敗斯成 如之何賢於已也

〔혹자가 묻기를 군자를 모시는데 박博으로써 할 것인가. 답하기를 시좌侍
坐하면 말을 듣고, 술이 있으면 예禮를 본다. 어찌 박博을 일삼을 것인가.
혹자가 말하기를 박혁博弈이라는 것이 있지 않은가. 답하기를 그것을
하는 것이 오히려 안 하는 것보다 낫다는 것일 뿐이다. 군자를 모시는
것은 안 하는 것보다 나은 것인가. 군자는 얻어서 모실 수가 없다. 군자를
모시면 어두워도 이에 광명이 있고, 막혀도 이에 통하고, 없어도 이에
있고, 치욕을 당해도 이에 영화롭고, 패하여도 이에 이루어진다. 이것이
어떻게 안 하는 것보다 나을 뿐이겠는가.〕

※

1 博(박): 주사위 두 개로 하는 놀이. 쌍륙에 해당함. 도박의 일종.

11. 하늘을 높이 날 수 있는 새

초명鷦明이라는 새가 하늘 높이 날아오르는 것은 여섯 겹의 강력한
날개줄기가 있어서 아니겠는가. 그러나 그렇다고 해서 그것을 뽑아다
가 비둘기와 같은 작은 새에 붙여 준다면 그것은 오히려 우환이 될
뿐이다.

◉ 소인小人이 자기 능력 이상의 높은 지위에 있게 되면 오히려 어려움을
겪게 된다는 비유이다.

鶅明[1]沖天 不在六翮乎 拔而傅尸鳩 其累矣夫

〔초명鶅明이 충천沖天하는 것은 육핵六翮에 있지 않은가. 뽑아서 시구尸鳩에 붙이면 그것은 누累일 것인져.〕

※

1 鶅明(초명): 남쪽에서 산다는 신조神鳥이다. 봉황과 비슷하다고 했다.

12. 하늘의 일이라는 것

천둥은 하늘에서 울리고, 바람은 산에서 불어오고, 구름은 사방의 방향을 따라 달리고, 비는 연못으로 흘러든다. 이것은 모두가 하늘의 일인 것이다.

雷震乎天 風薄乎山 雲徂乎方 雨流乎淵 其事矣乎

〔우레는 하늘에서 울리고, 바람은 산에서 이르고, 구름은 사방으로 가고, 비는 못으로 흐른다. 그의 일인져.〕

13. 덕은 나라를 지키는 것이다

위魏나라의 무후武侯가 오기吳起와 함께 서하西河에서 뱃놀이를 하며 하수河水와 산山의 견고함을 보배로 여겼다. 오기가 대답했다.

"덕이 나라를 지키는 것이지 험준한 지형이 나라를 지키는 것은 아닙니다."

그러자 무후가 말했다.

"좋은 말씀이오. 오기의 견고한 군사로 하여금 매양 이와 같이 하게 한다면 태공太公이라도 무엇으로 더하겠소."

魏武侯與吳起[1]浮於西河 寶河山之固 起曰 在德不在固 曰 美哉言乎 使起之固兵每如斯 則太公[2]何以加諸

〔위魏나라의 무후武侯가 오기吳起와 더불어 서하西河에 배를 띄우고 하산河山의 견고함을 보배로 삼았다. 오기가 말하기를 덕德에 있고 견고함에 있지 않다. 말하기를 아름답도다 그 말이여. 오기의 견고한 군사로 하여금 매양 이와 같게 한다면 태공太公도 무엇으로써 거기에 더할 것인가.〕

※

1 吳起(오기): 전국시대戰國時代의 병법가兵法家. 그의 병법서인 『오자吳子』가 전하는데, 『손자孫子』와 더불어 유명하다. 위魏나라 무후武侯는 오기吳起가 삼묘씨三苗氏와 걸왕桀王·주왕紂王의 예를 들어 간언하는 것을 듣고 즉석에서 오기를 서하西河의 수守로 삼았다고 한다. 이 이야기가 『전국책戰國策』에 보인다.

2 太公(태공): 태공망太公望 여상呂尙. 성姓은 강姜. 주왕조周王朝 초기에 문왕을 도와 문왕文王의 스승이 되었다. 무왕武王을 도와 은왕조殷王朝를 정벌하여 천하를 평정하는 데에 큰 공을 세웠다. 병서兵書인 『육도六韜』를 지었다고 한다.

14. 구정九鼎을 보배로 삼고 있습니다

어떤 사람이 묻기를

"주왕조周王朝에서는 구정九鼎을 보배로 삼고 있습니다만 과연 그것이 참다운 보배입니까?"

하니, 대답했다.

"기물器物로서의 보배이다. 기물로서의 보배는 그 자체에 보물의
가치가 있는 것이 아니다. 그것을 소유하는 사람에 따라서 보배가
되는 것이다."

◉ 『한서』「원후전元后傳」에 있는 왕망王莽이 한漢의 효원황태후孝元皇太
后를 핍박하여 전국새傳國璽를 넘겨받은 것에 대하여 쓴 것이라고 왕영보
汪榮寶는 말하고 있다.

或問 周寶九鼎[1] 寶乎 曰 器寶也 器寶待人而後寶

〔혹자가 묻기를 주周는 구정九鼎을 보배로 삼았다. 보배인가. 답하기를
기보器寶다. 기보는 사람을 기다린 뒤에 보배가 된다.〕

※

1 九鼎(구정): 하夏의 우임금이 구주九州의 쇠를 모아 주조했다고 하는 아홉
  개의 솥. 중국의 구주九州를 상징한다. 역대 왕의 상징이었다.

15. 진秦나라만큼 강한 나라는 없었다

제齊나라의 환공桓公이나 진晉나라의 문공文公, 내려와서 진秦나라가
천하를 통일하는 데 이르기까지의 동안에는 볼 만한 것이 없을 뿐이다.
  어떤 사람이 말하기를
"진秦나라에 볼 만한 것이 없다고 하는데 어떻게 천하를 통일할
수 있었겠습니까?"
하니, 대답했다.

"내가 볼 만한 것이 없다고 한 것은 천하에 왕자王者의 덕德을 말하는
것이다. 만약 무력을 본다면, 천지가 시작된 이래 진秦나라만큼 강대한
나라는 없었던 것이다."

齊桓[1]晉文[2]以下至於秦兼 其無觀已 或曰 秦無觀 奚其兼 曰 所謂觀
觀德也 如觀兵 開闢以來未有秦也

〔제齊나라의 환공桓公과 진晉나라의 문공文公 이래로 진秦나라가 합병하
기까지 그 볼 것이 없을 뿐이다. 혹자가 말하기를 진秦나라가 볼 것이
없으면 어떻게 그 합병하였는가. 답하기를 이른바 볼 것이란 덕德을
보는 것이다. 만약 군사를 본다면 개벽開闢 이래로 아직 진나라와 같은
것이 있지 않다.〕

※

1 齊桓(제환): 제齊나라 환공桓公. 춘추시대 오패五霸의 한 사람.
2 晉文(진문): 진晉나라 문공文公. 춘추시대 오패의 한 사람.

16. 다른 나라의 침략을 받은 이유

어떤 사람이 묻기를
　"노나라에서 유학자儒學者를 임용했는데 다른 나라의 침략을 받아
국토가 삭감된 것은 무슨 까닭입니까?"
하니, 대답했다.
　"노나라에서는 유학자를 임용하지 않았다. 옛날에 희공(姬公: 周公)
이 주나라에 임용되자 온 천하에서 허둥지둥 수도首都에 침소를 정해
머물렀다. 공자孔子께서 노나라에 등용되자 이웃 나라인 제나라 사람들

이 의지할 곳을 잃은 듯이 하고 침략했던 문양汶陽 땅을 되돌려 주었다. 노나라가 국토를 삭감당한 것은 진실한 유학자를 등용하지 않았기 때문이다. 만약 주공이나 공자와 같은 참다운 유학자를 임용했더라면 천하에 대항할 자가 없었을 것이다. 어떻게 국토가 삭감당하는 것을 얻었겠는가?"

或問 魯用儒而削 何也 曰 魯不用儒也 昔在姬公用於周 而四海皇皇[1] 奠[2]枕[3]于京 孔子用於魯 齊人章章[4] 歸其侵疆 魯不用眞儒故也 如用眞 儒 無敵於天下 安得削

〔혹자가 묻기를 노나라가 유자儒者를 임용任用하고도 깎인 것은 무엇인가. 답하기를 노나라는 유자를 임용하지 않았다. 옛날에 희공姬公이 주周에 임용되어 사해四海가 황황皇皇하게 침소를 서울에 정하여 머물렀고, 공자 가 노나라에 임용되자 제齊나라 사람이 방황하고 그 침략한 지역에서 돌아갔다. 노나라는 참다운 유자를 임용하지 않았기 때문이다. 만약에 참다운 유자를 임용했다면 천하에 적敵이 없었을 것이다. 어찌 깎일 수 있었겠느냐.〕

※

1 皇皇(황황) : 쫓아도 미치지 못하는 모양. 구해도 얻을 수 없는 모양.
2 奠(전) : 정정停과 통한다.
3 枕(침) : 베개이며 침소의 뜻이다.
4 章章(장장) : 방황하는 모양.

17. 노가 없으면 배를 어떻게 부릴까?

끝없이 넓고 넓은 바다는 누선樓船의 힘으로 건널 수가 있는 것이다. 그러나 운항하는 사람의 노가 없다면 어떻게 건널 것이겠는가?

◉ 송宋나라 사마광司馬光은 바다는 어려운 난관에, 배는 나라에, 사공은 유학자에, 노는 세력과 지위에 비유되는 것이라고 했다.

灝灝[1]之海 濟樓航之力也 航人[2]無楫如航何

〔호호灝灝한 바다를 건너는 것은 누항樓航의 힘이다. 사공의 노가 없으면 운항을 어떻게 할 것인가.〕

※

1 灝灝(호호): 끝없이 넓은 모양.
2 航人(항인): 배를 조종하는 사람. 사공.

18. 지혜라는 것은 쓸모가 없지 않습니까?

어떤 사람이 묻기를

　"진지로 돌진하는 수레나 침몰되어 떠내려가는 배는 구하는 것이 가능합니까?"

하니, 대답했다.

　"할 수 없는 것이다."

　어떤 사람이 또 말하기를

　"어떻게 지혜를 사용하는 것입니까?"

하니, 대답했다.

"지혜는 진지로 돌진하기 전이나 침몰되어 떠내려가지 않았을 때 사용하는 것이다. 큰 추위가 몰아친 뒤에 허둥거리면서 덧입을 가죽옷을 찾는 것은 또한 시기가 늦은 것이 아니겠는가!"

或曰 奔壘¹之車 沈流²之航 可乎 曰否 或曰 焉用智 曰 用智於未奔沈 大寒而後索衣裘 不亦晚乎

〔혹자가 말하기를 분루奔壘한 수레나 침류沈流하는 배는 구할 수 있는가. 답하기를 없다. 혹자가 말하기를 어찌하여 지혜를 쓰지 않는가. 답하기를 지혜는 아직 분침奔沈하지 않은 데에 쓴다. 크게 추운 뒤에 의구衣裘를 구하는 것은 또한 늦지 않은가.〕

※

1 奔壘(분루) : 명을 받고 적진으로 돌진하여 전복된 전차.
2 沈流(침류) : 침몰되어 물에 떠내려간 배.

19. 배가 안전하면 배에 탄 사람도 안전하다

나라를 계획하는 사람은 배를 타고 조종하는 것과 같다. 배를 잘 조종하면 배에 탄 사람들도 편안한 것이다.

乘¹國者其如乘航乎 航安則人斯安矣

〔나라를 계획하는 자는 그 배를 타고 운항하는 것과 같은 것인가. 배가 편안하면 사람이 이에 편안하다.〕

174

※

1 乘(승) : 계획하다의 뜻이다.

20. 백성들은 한 목숨을 바친다

자애로움으로 아랫사람들에게 후하게 혜택을 주면 백성들은 한 목숨을
바쳐 일할 것이다. 충성을 다해 윗사람을 섬기면 군주는 잊지 않고
상을 내릴 것이다.

"스스로 뒤에 하는 자는 남이 먼저 하도록 하는 것이고, 스스로
아래에 하는 자는 남을 높이는 것이다."라고 했는데 진실하구나! 이
말이여!

◉ "스스로 뒤에 하는 자는 남이 먼저 하도록 하는 것이고, 스스로 아래에
하는 자는 남을 높이는 것이다."라고 한 말은, 『노자』 7장에 "성인聖人은
그의 몸을 뒤로 하여 자신이 먼저가 되고, 그의 몸을 밖으로 하여 자신을
보존한다."라는 말과 비슷한 내용이다.

惠以厚下 民忘其死 忠以衛上 君念其賞 自後者人先之 自下者人高之
誠哉是言也

〔혜택으로써 아래에 두터이 하면 백성이 그 죽음을 잊고, 충성으로써
위를 지키면 군주가 그 상賞을 생각한다. 스스로 뒤지는 자는 남을 앞세우
고, 스스로 아래에 하는 자는 남을 높여 준다고 한다. 진실하구나. 이
말이여.〕

21. 하늘이 비를 내려줄 것이다

어떤 사람이 말하기를

"한대漢代의 상홍양桑弘羊은 전매제專買制에 의해 이익의 독점을 꾀하여 국고國庫를 풍족하게 하였습니다. 어찌하여 전매제를 실시하지 않는 것입니까?"

하니, 대답했다.

"어버이와 자식에 비유해 보자. 어버이인 군주를 위해 자식인 백성의 이익을 독점하여 이익을 올렸다고 한다면 자식은 어떻게 하라는 것인가. 큰 가뭄을 당했을 때 복식卜式이 '상홍양桑弘羊을 희생犧牲으로 바쳐 제사를 지내면 하늘이 비를 내려 줄 것이다.'라고 한 말도 지당한 말이 아니겠는가."

◉ 복식卜式이 "상홍양桑弘羊을 희생(犧牲: 제물)으로 바친다면 하늘이 비를 내려 줄 것이다."라고 한 말은 『사기』 평준서平準書에 나와 있다.

或曰 弘羊[1]権利而國用足 盍権諸 曰 譬諸父子 爲其父而権其子 縱利 如子何 卜式之云 不亦匡乎

〔혹자가 말하기를 홍양弘羊이 이利를 독점하여 나라의 비용이 족했다고 했는데 어찌 독점하지 아니하는가. 답하기를 이것을 부자父子에 비유한다. 그 아비를 위해서 그 자식의 것을 독점하여 가령 이利가 있다 한들 그 자식을 어떻게 할 것인가. 복식卜式이 이른 말도 또한 바로잡지 못한 것인가.〕

※

1 弘羊(홍양): 상홍양桑弘羊.

22. 태평성세를 실현시키는 일

어떤 사람이 말하기를

"진秦나라는 가혹한 법령法令으로 부국강병富國强兵에 성공했다고
하는데, 진나라 법령에 바탕을 두고 청렴淸廉한 정치를 행한다고 하면
태평성세太平盛世를 실현시키는 일이 가능하겠습니까?"

하니, 대답했다.

"거문고와 비파를 연주하는 음악에 비유해 보자. 정鄭나라와 위衛나
라의 음악은 음란한 것으로 알려져 있다. 지금 그것을 성천자聖天子인
순임금 시대에 음악을 관장하던 기夔로 하여금 연주하게 해도 성취시키
기에는 불가한 것이다."

或曰 因秦之法 淸而行之 亦可以致平乎 曰 譬諸琴瑟 鄭衛調 俾夔[1]因
之 亦不可以致簫韶[2]矣

〔혹자가 말하기를 진秦나라의 법法에 의해 청렴淸廉하게 행한다면 또한
그것으로써 태평太平을 이룰 수 있겠는가. 답하기를 그것을 금슬琴瑟에
비유한다. 정鄭나라와 위衛나라의 가락을 기夔로 하여금 연주하게 하여도
또한 그것으로써 소소簫韶를 이루는 것은 불가한 것이다.〕

※

1 夔(기): 순임금 시대에 음악을 관장하던 사람.

2 簫韶(소소): 순임금 시대의 음악.

23. 세상에 추위가 몰아칠 때

어떤 사람이 묻기를

"진秦나라가 가혹한 법령으로 다스리던 시절에 예악禮樂의 정치를
주장한 주왕조周王朝의 서적인 유학의 경전을 지키고 있다고 해서,
그것이 쓸모가 있었겠습니까?"

하니, 대답했다.

"온 세상에 추위가 몰아칠 때 담비나 여우의 갖옷을 입으면 따뜻하지
않겠는가?"

어떤 사람이 말하기를

"불로 태우고 끓는 물을 부어도 따뜻한 것은 또한 따뜻한 것일 뿐입니다."

하니, 대답했다.

"따뜻하고 따뜻한 것이겠는가. 시절이 또한 추운 것이 있는 것이다."

◉ "불로 태우고 끓는 물을 부어도 따뜻한 것은 또한 따뜻한 것일 뿐이다."
라고 한 말은, 도와 덕을 지키는 것이 다스리는 것이라면 형벌로 백성을
단속하는 것도 다스리는 것이 아니냐는 뜻이다.

或問 處秦之世抱周之書 益乎 曰 擧世寒 貂狐不亦燠乎 或曰 炎之以火
沃之以湯 燠亦燠矣 曰 燠哉燠哉 時亦有寒者矣

〔혹자가 묻기를 진秦의 세상에 살면서 주周의 서적을 품는 것은 유익한가.
답하기를 온 세상이 추우면 초호貂狐도 또한 따뜻하지 않을 것인가. 혹자가

말하기를 그것을 태움에 불로써 하고, 그것을 적심에 끓는 물로써 하면 따뜻하고 또한 따뜻하다. 말하기를 따뜻한 것인가. 따뜻한 것인가. 때가 또한 추운 것이 있다.]

24. 방법이 틀렸는데 실행하는 것

시기가 이르지 않았는데 바라고 그 도가 아닌데 행한다면 또한 이르지 못할 것이다.

　진秦나라의 관리는 진나라의 법도를 어겼고, 진나라의 법도는 성인의 법도를 어겼다. 진나라는 하늘과 땅의 도를 크게 어겼고, 하늘과 땅이 진나라를 저버린 것이 또한 광대한 것이었다.

非其時而望之　非其道而行之　亦不可以至矣

秦之有司負秦之法度　秦之法度負聖人之法度　秦弘違天地之道　而天地違秦亦弘矣

〔그 때가 아닌데 그것을 바라고, 그 도道가 아닌데 그것을 행하는 것도 또한 그것으로써 이르지 못한다.

진秦의 유사有司는 진의 법도法度를 저버리고, 진의 법도는 성인의 법도를 저버렸다. 진은 천지의 도를 크게 어기고, 그리고 천지가 진을 어긴 것도 또한 크다.]

제8권 오백五百

1. 5백년마다 성인이 나오는 근거가 있습니까?

어떤 사람이 묻기를

"5백년마다 성인聖人이 출현한다고 했는데 사실입니까?"

하니, 대답했다.

"요임금·순임금·우임금은 서로 임금과 신하의 관계로 같은 세상에 출현했다. 문왕과 무왕 그리고 주공은 부자父子 관계로 같은 나라에서 나왔다. 탕왕湯王과 공자孔子의 사이는 수백 년의 차이가 있다. 탕왕은 위로 우임금에게 뒤지고 아래로 문왕을 앞서기 수백 년이며, 공자는 주공보다 수백 년 후에 태어났다. 이러한 과거의 예로 미루어 미래를 헤아리건대 천년에 한 사람이 나올지 가히 알 도리가 없다."

◉ "5백년마다 성인聖人이 출현한다."고 하는 말은 『맹자』 공손추 하편公孫丑下篇·진심 하편盡心下篇과 『사기』 태사공자서太史公自序에 보인다.

或問 五百歲而聖人出 有諸 曰 堯舜禹君臣也而竝 文武周公父子也而處 湯[1]孔子數百歲而生 因往以推來 雖千一不可知也

〔혹자가 묻기를 오백년에 성인이 난다고 하는데 그것이 있는가. 답하기를
요堯와 순舜과 우禹는 임금과 신하로써 나란히 하였고, 문文과 무武와
주공周公은 아버지와 아들로서 처處하였으며, 탕湯과 공자孔子는 수백
년을 하여 태어났다. 가는 것에 의하여 그것으로써 오는 것을 추측하면
천년에 한 번인지 알기가 불가하다.〕

※

1 湯(탕): 탕왕湯王. 성탕成湯.

2. 성인聖人이란 무엇인가?

성인은 하늘과 땅을 헤아려서 자신과 삼參이 되는 것인가!

◉『역경易經』계사하전繫辭下傳·설괘전說卦傳의 이른바 천天·지地·인人
의 삼재三才를 말한다.

聖人有以擬天地而參諸身乎

〔성인은 그것으로써 천지에 의擬하여 몸을 삼參함이 있는 것인가.〕

3. 성인도 남에게 굽힙니까?

어떤 사람이 묻기를

　"성인도 남에게 굽히는 일이 있습니까?"

하니, 대답했다.

　"있다."

또 묻기를

"왜 굽혔습니까?"

하니, 대답했다.

"중니仲尼는 위衛나라 영공靈公의 부인인 남자南子와 같은 여자는 만나지 않으려 했고, 노나라 계환자季桓子의 신하인 양호陽虎와 같은 인물에게는 경의를 표하려는 생각이 없었다. 그럼에도 불구하고 만나고 싶지 않은 남자南子를 만나고, 경의를 표하고 싶지 않은 양호陽虎에게 경의를 표했다. 이것이 굽힌 것이 아니고 무엇이겠는가?"

또 묻기를

"위나라의 영공이 군대의 진을 치는 방법을 물었을 때 곧 무엇 때문에 굽히지 않았습니까?"

하니, 대답했다.

"굽히는 것은 자신이 장차 도를 펴려고 한 것이다. 만약 도를 굽혀 자신을 펴는 것이라면 비록 천하라도 하지 않는 것이다."

◉ 이 이야기는 『논어』 및 공자세가孔子世家에 보인다. 이궤李軌에 의하면, 이 장은 양웅揚雄이 왕망王莽을 섬겼던 일에 대한 변명과 같다고 했다.

或問 聖人有詘乎 曰 有 曰 焉詘乎 曰 仲尼於南子[1] 所不欲見也 陽虎[2]所不欲敬也 見所不見 敬所不敬 不詘如何 曰 衛靈公問陳[3] 則何以不詘 曰 詘身將以信道也 如詘道而信身 雖天下不爲也

〔혹자가 묻기를 성인도 굽히는 일이 있는가. 답하기를 있다. 말하기를 왜 굽히는가. 답하기를 중니仲尼에게 있어서 남자南子는 만나고자 하지 않는 바였다. 양호陽虎는 공경하고자 하지 않는 바였다. 만나지 않으려고

한 자를 만나고, 공경하지 않는 자에게 경의를 표했으니 굽힌 것이 아니고 무엇인가. 말하기를 위衛나라의 영공靈公이 진법陣法을 물었을 때 어찌하여 굽히지 않았는가. 답하기를 몸을 굽히는 것은 장차 그것으로써 도道를 믿게 하는 것이다. 도를 굽혀서 몸을 믿게 하는 것은 비록 천하라 하더라도 하지 않는다.]

※

1 南子(남자): 위衛나라 영공靈公의 부인夫人.
2 陽虎(양호): 노魯나라 계환자季桓子의 신하.
3 陳(진): 진陣과 같다. 군진軍陣.

4. 아아, 도는 행해질 것인가?

성인은 그 도를 소중히 여기고 봉록俸祿 따위는 가벼이 여긴다. 보통 사람은 자기의 봉록을 중하게 여기고 그의 도는 가볍게 여긴다.
　　성인은 말하기를 "아아, 도道는 행해질 것인가!"라고 하고, 보통 사람은 말하기를 "아아, 봉록은 오를 것인가!"라고 한다.

聖人重其道而輕其祿 衆人重其祿而輕其道 聖人曰 於 道行與 衆人曰 於 祿殖與

[성인은 그 도道를 중히 여기고 그 녹祿을 가벼이 여긴다. 중인衆人은 그 녹을 중히 여기고 그 도를 가벼이 여긴다. 성인이 말하기를 아아, 도는 행하여지는가. 중인이 말하기를 아아, 녹은 늘어나는가.]

5. 그의 이름이 전하지 않다

옛날 제로齊魯의 땅에 대신大臣의 그릇이 되는 인물이 있었으나,『사기』에는 그 이름을 빠뜨렸다.

어떤 사람이 묻기를

"어찌하여 대신의 그릇이라고 합니까?"

하니, 대답했다.

"숙손통叔孫通이 한漢의 고조高祖를 위해, 조정에서 임금과 신하의 예의를 제정하고자 하여 제로齊魯지방의 학자를 불러올 때 부름에 응하지 않은 이가 두 사람 있었다."

또 묻기를

"말씀대로라면, 중니仲尼가 두루 제후들을 찾아다닌 것은 잘못된 것입니까?"

하니 대답했다.

"중니가 두루 제후들을 찾아다닌 것은 장차 스스로의 이상향을 사용하려고 한 것이다. 만약 자신을 맡겨서 남을 따르는 것이었다면 비록 규구規矩와 준승準繩이 있다고 하더라도 어떻게 얻어서 사용할 수가 있었겠는가?"

◉ '대신大臣의 그릇'이라고 하는 것은,『논어』선진편先進篇에 "도道로써 군주를 섬겨, 그것이 받아들여지지 않을 때는 물러나는 것이 대신大臣이라고 하는 것이다."라고 한 것에 바탕을 둔 것이다. "제로齊魯지방의 학자를 불렀는데 부름에 응하지 않은 사람이 두 사람 있었다."는 말은『사기』「숙손통전叔孫通傳」에 의하면, 그들의 하는 방법이 예악禮樂의 정신에

184

맞지 않는다고 생각되었기 때문이었다. 오비吳祕에 의하면 이 장章에서 양웅揚雄이 노로의 두 학자를 칭찬한 것은, 숙손통의 유자儒者로서의 불순한 태도에 반발하고 또한 자신이 왕망王莽의 신정新政에 참여하지 않는 뜻을 밝히기 위해서라고 했다.

昔者齊魯¹有大臣 史失其名 曰 何如其大也 曰 叔孫通欲制君臣之儀 徵先生於齊魯 所不能致者二人 曰 若是則仲尼之開跡諸侯也 非邪 曰 仲尼開迹 將以自用也 如委己而從人 雖有規矩準繩 焉得而用之

〔옛날에 제로齊魯에 대신大臣이 있었는데 사기史記에 그 이름이 빠졌다. 이르기를 얼마나 그 큰 것인가. 말하기를 숙손통叔孫通이 군신君臣의 의儀를 제정하고자 하여 선생을 제로에서 부르는데 이르지 않은 바의 사람이 두 사람이었다. 말하기를 이와 같으면 중니仲尼가 제후諸侯에게 행적을 공개한 것은 잘못인가. 말하기를 중니가 행적을 공개한 것은 장차 그것으로써 스스로 임용되고자 함이다. 만일 자기를 버리고 남에게 따른다면 규구준승規矩準繩이 있다고 하더라도 어찌 얻어서 그것을 쓸 것인가.〕

※

1 齊魯(제로): 제나라와 노나라가 위치했던 지방. 지금의 산동성山東省에 해당하는데, 공자와 맹자의 출신지로 유학儒學의 본거지로 삼는 곳이다.

6. 어찌하여 공자를 임용하지 않았습니까?

어떤 사람이 묻기를

"공자가 생존했을 당시에, 제후諸侯들은 공자가 성인이라는 것을 알고 있었습니까?"

하니, 대답했다.

　"알고 있었다."

　또 묻기를

　"알고 있었다면 어찌하여 공자를 등용하지 않았습니까?"

하니, 대답했다.

　"무능無能한 것이었다."

　또 묻기를

　"성인인 것을 알면서 등용할 수 없었다는 것은 무슨 까닭입니까? 그 이유를 듣고 싶습니다."

하니, 대답했다.

　"그를 등용하게 되면 그의 의견에 따라야 한다. 그의 의견에 따르려면 저들(제후들)은 평소의 습관을 고치고, 자기가 좋아하여 따르던 것을 거스르고, 미치지 못하는 것에 채찍을 가하여 이루도록 힘쓰고, 능한 솜씨를 버리고 휘두를 수 없게 되어 당황스럽고 불안할 뿐인 것이다. 천하의 명군明君이 아니라면 누가 성인을 임용할 수 있겠는가."

或問 孔子之時 諸侯有知其聖者與 曰 知之 知之則曷爲不用 曰不能
曰 知聖而不能用也 可得聞乎 曰 用之則宜從之 從之則棄其所習 逆其
所順 强其所劣 捐其所能 衝衝[1]如也 非天下之至 孰能用之

〔혹자가 묻기를 공자시대에 제후들은 그가 성인임을 알고 있었는가. 답하기를 알고 있었다. 그것을 알았으면 어찌하여 등용하지 않았는가. 답하기를 능히 하지 못했다. 말하기를 성인임을 알고서 등용할 수 없었던

186

것을 들을 수 있는가. 답하기를 그를 등용하면 마땅히 그를 따라야 하고, 그를 따르면 그 배운 바를 버리고, 그 순종하는 바를 거스르고, 그 열등劣等한 바에 힘쓰며, 그 능한 바를 버리고, 충충여衝衝如해야 한다. 천하의 지至가 아니고는 누가 능히 그를 임용할 것인가.]

※

1 衝衝(충충): 근심하는 모양.

7. 후세의 군자에게 가려고…

어떤 사람이 묻기를

"공자는 자기의 도가 세상에서 받아들여지지 않는 것을 알았을 때, 그 도를 싣고 어디로 가려고 했습니까?"

하니, 대답했다.

"후세後世의 군자君子에게로 가려고 한 것이다."

또 묻기를

"만약 상인商人이 그런 것을 생각했다면 전적으로 무딘 이야기가 아니겠습니까?"

하니, 대답했다.

"세상 사람들은 날카롭게 잘 드는 것을 다투지만 마침내는 효과가 무디어지는 것이다. 성인이 아무리 무딘 활동을 하는 것 같아도 뒷날에는 날카롭게 잘 드는 것이 된다. 온갖 성인聖人이 관계해도 부끄러워하지 않는 것이다. 하늘과 땅이 가려도 부끄러워하지 않는 것이다. 말을 잘하는 무리도 능히 그러할 수가 없는 것이다. 귀한 것에는 대적할 것이 없다. 부유한 것에는 순서가 없다. 이로운 것이 무엇이 이것보다 크겠는가?"

◉ '상인商人'이라는 말이 나오는 것은, 『논어』 자하편子罕篇에 공자가 자신을 미옥美玉에 견주어서 "팔 것인가?" 하고 말한 데에 연유했다.

或問 孔子知其道之不用也 則載而惡乎之 曰 之後世君子 曰 賈如是不 亦鈍乎 曰 衆人愈利而後鈍 聖人愈鈍而後利 關百聖而不慙 蔽天地 而不恥 能言之類 莫能加也 貴無敵 富無倫 利孰大焉

〔혹자가 묻기를 공자는 그 도道가 받아들여지지 않음을 알고는 신고 어디로 갔는가. 답하기를 후세의 군자에게로 갔다. 말하기를 장사꾼도 이와 같이 하면 또한 무디다고 하지 않겠는가. 답하기를 중인衆人은 더욱 날카롭고 뒤에 무뎌진다. 성인은 더욱 무디고 뒤에 날카롭다. 온갖 성인이 관련해도 부끄럽지 않고, 천지가 가려도 부끄럽지 않다. 말을 잘하는 무리라도 능히 더할 수가 없다. 귀하기 적敵이 없고, 부富하기 순서가 없다. 이로움이 무엇이 이보다 클 것인가.〕

8. 부모의 나라를 떠난 공자

어떤 사람이 말하기를
  "공자孔子의 도는 시대의 형편에 맞도록 적당히 작게 할 수는 없는 것입니까?"
하니, 대답했다.
  "작게 하면 성스러운 것이 무너지는 것이니 어찌하겠는가?"
  또 말하기를

"이와 같다면 어찌하여 공자는 부모의 나라를 떠나 버렸습니까?"
하니, 대답했다.

"세월이 가는 것을 아까워한 것이다."

또 말하기를

"세월이 가는 것을 아까워하면서 떠난 것은 무엇 때문입니까?"
하니, 대답했다.

"모든 계책〔노나라의 군주가 신하들과 더불어 제齊나라에서 보낸 여자
악사들을 보고 정사政事를 게을리 하며〕과 정무政務를 집행하려 하지
않고, 간언諫言도 받아들이지 않았기 때문이다. 그래서 그는 말하기를
'아아, 나는 여자 악사 구경하는 일이 싫어져서가 아니다. 다만 배불리
먹고 편안히 앉아서 마냥 구경만 하고 있을 수가 없어서다.'라고 했다.
이러한 것에 따라서 살펴보더라도 공자는 때를 헛되이 낭비하는 것을
아까워했던 것이다."

어떤 사람이 또 묻기를

"군자는 때를 아끼는 것입니까?"
하니, 대답했다.

"군자는 벼슬하면 임금과 신하로서의 의리義理를 행하고, 집에 있을
때에는 도덕道德을 밝히고자 하는 것이다. 군주를 섬김에 있어 어려움을
말하지 않고, 남을 가르침에 있어 권태를 느끼지 않는 것이다. 어떻게
시간을 얻겠는가?"

或曰 孔子之道不可小與 曰 小則敗聖如何 曰 若是則何爲去乎 曰 愛日
曰 愛日而去 何也 曰 由群謀[1]之故也 不聽正 諫而不用 噫者 吾於觀庸

邪 無爲飽食安坐而厭觀也 由此觀之 夫子之日亦愛矣 或曰 君子愛日
乎 曰 君子仕則欲行其義 居則欲彰其道 事不厭 敎不倦 焉得日

〔혹자가 말하기를 공자의 도는 작게 할 수 없는가. 답하기를 작게 하면
성聖을 깨뜨리니 어찌하나. 말하기를 이와 같으면 어찌하여 갔는가. 답하
기를 해를 아껴서이다. 말하기를 해를 아까워하면서 가는 것은 어째서인
가. 답하기를 군모群謀 때문에 말미암은 것이다. 정正을 듣지 않고, 간諫하
여도 받아들여지지 않았다. 아아, 나는 관觀에 있어 용庸인가. 포식飽食
안좌安坐하여 관觀에 싫증남이 없다고 했다. 이로 말미암아 보면 부자夫子
는 이 해도 또한 아꼈다. 혹자가 말하기를 군자도 해를 아끼는가. 답하기를
군자는 벼슬하면 그 의義를 행하고자 하고, 집에 있으면 그 도道를 밝히고
자 하고, 섬김에 싫어하지 않고, 가르침에 게으르지 않다. 어찌 해를
얻을 것인가.〕

※

1 群謀(군모): 당시 제나라에서 예악을 보냈고, 제사의 제육이 이르지 않고
  하는 등등의 계획을 뜻한다.

9. 하늘의 마음을 전한 성인聖人

어떤 사람이 묻기를

　"이 주周나라를 이어받을 나라가 있다면 비록 백세百世 이후의 일이라
도 예측할 수 있을 것이라고 했습니다. 진秦나라는 이미 주나라를
계승했습니다. 하夏나라의 예禮를 기다리지도 않고 다스려졌으니 증험
되지 못한 것 아닙니까?"

하니, 대답했다.

"성인의 말은 하늘이다. 하늘이 함부로 하는 일이 있겠는가. 주나라를 계승한 자가 태평太平하고자 아니한 것이다. 만약 진실로 태평한 세상을 바랐더라면 이 하나라의 예를 버리고 다른 도를 쓰면 또한 말미암아 이름이 없었을 것이다."

● 『논어』 위정편爲政篇에 "은殷나라는 하夏나라의 예禮를 이어받았으니 그 잘하고 못함을 가히 알 수 있으며, 주周나라는 은나라의 예를 이어받았으니 그 잘하고 못함을 가히 알 수 있다. 주나라를 이어받을 그 어떤 왕조가 있다면 10세는 물론 백세百世 이후의 일이라도 가히 알 수 있다."고 했다.

或問 其有繼周者 雖百世可知也 秦已繼周矣 不待夏禮而治者 其不驗乎 曰 聖人之言天也 天妄乎 繼周者未欲太平也 如欲太平也 捨之而用他道 亦無由至矣

〔혹자가 묻기를 그 주周를 계승하는 자가 있으면 비록 백세百世라도 알 수 있다고 했다. 진秦이 이미 주周를 계승했다. 하례夏禮를 기다리지 않고 다스리는 것은 그 험驗이 아닌가. 말하기를 성인의 말은 천天이다. 천이 망령되느냐. 주를 계승한 자가 아직 태평太平하고자 아니한 것이다. 만약 태평하고자 한다면 이것을 버리고 다른 도道를 써서 또한 말미암아 이르지 않았을 것이다.〕

10. 혁혁한 태양의 광채

혁혁赫赫하구나. 태양의 광채여. 모든 눈에 태양의 광채가 쓰이는구나. 끝없이 광대하구나. 성인聖人의 도道여. 모든 마음에 쓰이는 것이구나.

赫赫乎日之光 群目之用也 渾渾乎聖人之道 群心之用也

〔혁혁赫赫하구나. 해의 광채여. 군목群目의 용용用也이다. 혼혼渾渾하구나.
성인의 도道여. 군심群心의 용용用也이다.〕

11. 오경五經은 번거롭게 나누어져 있습니까?

어떤 사람이 묻기를

  "천지天地의 활동은 불필요한 것이 없이 간단하고 평이하여 성인은
이것을 법도로 삼았습니다. 그런데 어찌하여 오경五經은 번거롭게
나누어져 있는 것입니까?"

하니, 대답했다.

  "이리저리 갈라져 있는 것은 아마도 그것을 배우는 데 있어 근본의
간단하고 평이함을 깨달을 수 있게 한 것이다. 이미 간단하고 이미
평이한 도道를 얻는다면 어찌하여 갈라지고 어찌하여 나누어졌다고
생각할 것인가?"

⦿ 천지의 활동이 간단하고 평이하다고 한 것은 『역경』 계사상전繫辭上傳
에 건곤乾坤의 활동이 간단하고 평이하다는 내용을 인용하여 한 말이다.

或問 天地簡易 而聖人法之 何五經之支離 曰 支離蓋其所以爲簡易也
已簡已易 焉支焉離

〔혹자가 묻기를 천지天地는 간이簡易하고 성인聖人은 그것을 본뜬다고
했다. 어찌하여 오경五經이 지리支離한가. 답하기를 지리함은 대개 그
간이하게 하는 까닭이다. 이미 간簡하고 이미 이易하면 어찌 지支하고

어찌 이離한가.〕

12. 성인은 보통 사람에게 쓸모가 없습니까?

어떤 사람이 말하기를

"성인聖人은 보통 사람에게 있어서 도움이 되지 않는 쓸모없는 존재입니까?"

하니, 대답했다.

"세상 사람들이 유용하다고 하는 것은 곡식 창고일 것이다. 그런 것은 취하면 다 없어지는 것이다. 중니仲尼는 신명神明인 것이다. 작은 것은 작은 대로, 큰 것은 큰 대로 완성시킨다. 비록 산천山川·구릉丘陵·초목草木·조수鳥獸라도 여유 있게 성취시킨다. 만일 등용되지 않는다면 아무리 신명神明과 같은 사람이라도 어찌할 도리가 없지 않은가."

或曰 聖人無益於庸也 曰 世人之益者倉廩也 取之如單 仲尼神明也 小以成小 大以成大 雖山川丘陵草木鳥獸 裕如也 如不用也 神明亦末 如之何矣

〔혹자가 말하기를 성인은 용庸에 유익함이 없는가. 답하기를 세인世人의 유익한 것은 창름倉廩이다. 그것은 취하면 다한다. 중니仲尼는 신명神明이다. 작은 것은 그것으로써 작은 것을 이루고 큰 것은 그것으로써 큰 것을 이룬다. 비록 산천山川·구릉丘陵·초목草木·조수鳥獸라 하더라도 유여裕如하다. 만약 쓰이지 않으면 신명도 또한 그것을 어떻게 할 수가 없다.〕

13. 성인도 하늘의 점을 칩니까?

어떤 사람이 묻기를

"성인이 하늘을 점치는 일이 있습니까?"

하니, 대답했다.

"하늘을 점치는 것이다."

묻기를

"그렇다면 사관史官과는 무엇이 다른 것입니까?"

하니, 대답했다.

"사관은 천문天文을 보고 사람 일의 길흉을 점치는 것이다. 성인은 사람의 하는 바를 보고 천명天命의 돌아가는 것을 점치는 것이다."

◉ 왕영보汪榮寶에 의하면 이 글은 왕망王莽을 풍자한 것이라고 했다.

或問 聖人占天乎 曰 占天地[1] 若此則史也 何異 曰 史以天占人 聖人以
人占天

〔혹자가 묻기를 성인은 하늘을 점치는가. 답하기를 하늘을 점친다. 그와
같다면 사史와 무엇이 다른가. 답하기를 사史는 하늘로써 사람을 점치고
성인은 사람으로써 하늘을 점친다.〕

※

1 占天地(점천지): 지地는 야也의 오자誤字.

14. 옛날의 천문가인 감공과 석신

어떤 사람이 묻기를

"옛날에 별을 보고 점치던 천문가天文家에 감공甘公과 석신石申이
있었는데 그들은 어떠했습니까?"

하니, 대답했다.

"중요한 것은 군주의 덕이지 별에 나타난 길흉의 조짐에 있지 않는
것이다. 군주가 덕에 마음을 쓸 경우에는 별이 보여주는 것은 해시계의
그림자처럼 덕에 응하여 나타날 것이다. 반대로 별이 보여주는 길흉에
만 구애되는 군주라면 무리하게 천상天象에만 매달리는 바보스러운
정치가 행해지는 것이다."

或問 星有甘石¹ 何如 曰 在德不在星 德隆則曇星² 星隆則曇德也
[혹자가 묻기를 별에 감甘과 석石이 있는데 어떠한가. 답하기를 덕德에
있고 별에 있지 않다. 덕이 융성하면 별을 그늘지게 하고 별이 융성하면
덕을 그늘지게 한다.]

※

1 甘石(감석): 상고시대 천문가天文家인 감공甘公과 석신石申.
2 曇星(구성): 해시계의 그림자. 옛날에는 이것을 측정하여 1년의 사시四時를
  알았다. 여기서는 별이 보여주는 것이 군주의 덕의 그림자가 되어 길조吉兆를
  나타낸다고 했다.

15. 작은 일에 구애되지 않는 사람

어떤 사람이 대인大人에 대하여 물으니, 대답했다.

"작은 일에 구애되지 않는 사람을 대인이라 하는 것이다."

어떤 사람이 다시 작은 일에 대하여 물으니, 대답했다.

"예의에 어긋나는 일을 가리켜 작은 일이라고 하는 것이다."

성인聖人의 말은 멀고 먼 것이 하늘과 같고, 현인賢人의 말은 가깝고 가까운 것이 땅과 같다.

영롱하게 울리는 구슬과 같이 맑고 맑은 말을 하는 사람은 그 인격이 또한 구슬처럼 아름다울 것이다.

或問大人 曰 無事於小爲大人 請問小 曰 事非禮義爲小

聖人之言遠如天 賢人之言近如地

瓏璁¹其聲者 其質玉乎

〔혹자가 대인大人을 물으니 답하기를 작은 것을 섬기지 않는 것을 대인이라 한다. 청하여 작은 것을 물으니 답하기를 사물이 예의가 아닌 것을 작은 것이라 한다.

성인聖人의 말은 멀기 하늘과 같고 현인賢人의 말은 가깝기 땅과 같다.

그 소리를 농령瓏璁하게 하는 자는 그 질옥質玉인가.〕

※

1 瓏璁(농령) : 영롱玲瓏. 구슬이 울리는 소리.

16. 붓을 잡으면 저술이 되는 성인

성인聖人이 입을 바르게 하여 말하면 말이 그대로 법도가 되고, 붓을 늘어놓으면 그 글이 그대로 가르침의 저술이 된다. 그 말은 얻어 들을 수는 있지만 모두 잘 이해할 수는 없고, 그 글은 보아 읽을 수는 있지만 그 깊고 오묘한 뜻을 다 깨달을 수는 없다.

◉ 오비吳祕는 그런 까닭에 "고원高遠하기 하늘과 같다."라고 말하는 것이라고 했다.

聖人矢口而成言 肆筆而成書 言可聞而不可殫 書可觀而不可盡
〔성인은 입을 열어 말을 이루고 붓을 뜻대로 놀려 글을 이룬다. 말은 들을 수 있지만 다할 수 없고, 글은 볼 수 있지만 다할 수가 없다.〕

17. 병은 없어야 한다

주나라 사람들은 훌륭한 행동이 많았고, 진秦나라 사람들은 병病이 많았다. 훌륭한 행동은 있어야 하는 것이고, 병은 없어야 하는 것이다. 주나라의 선비는 존경을 받았고, 진나라의 선비는 천대를 받았다. 주나라의 선비는 태평스러웠고, 진나라의 선비는 자유가 없이 구속받았다.

周之人多行 秦之人多病 行有之也 病曼之也 周之士也貴 秦之士也賤
周之士也肆 秦之士也拘

〔주인周人은 행行이 많고, 진인秦人은 병이 많다. 행行은 있어야 하고 병은 없어야 한다. 주周의 사士는 귀하고 진秦의 사는 천하다. 주의 사는 뜻대로 하고 진의 사는 구애를 받았다.〕

18. 서쪽에서 광채가 시작되는 달

달이 만월滿月이 되기 이전에는 광채가 서쪽으로부터 시작되어 동쪽으로 채워져 간다. 이미 만월이 된 이후에는 광채가 서쪽으로부터 이지러지면서 동쪽으로 없어져 간다. 이것은 태양을 맞아 그 광채에 의해 빛나기 때문일 것이다.

◉ 왕영보汪榮寶는 말하기를, 이 장章은 왕망王莽이 자기의 고모姑母인 원후(元后: 元帝의 皇后)로 하여금 한실漢室과의 인연을 끊게 하려던 것에 느낀 바 있어 저술한 것이리라고 한다.

月未望則載魄于西 旣望則終魄于東 其遡於日乎
〔달이 망望이 아니면 서쪽에서부터 빛이 있고, 이미 망望이면 동쪽에서 빛이 끝난다. 그 해를 반사함인가.〕

19. 큰 뜻이 있는 것은 아니다

붉은활이나 검은 화살 따위는 큰 공功이 있는 신하에게 군주가 하사하는 것이지만, 큰 뜻이 있는 것은 아니다.

◉ 이 장章의 뜻을 풀이하여, 이궤李軌는 "군주는 있되 신하가 없음을

비유한다."라고 했고, 왕영보는 불위유의不爲有矣를『논어』자장편子張篇
의 말에 의거하는 것이라고 하여 '있거나 없거나 크게 다를 것이 없다'는
뜻으로 풀어, 한나라를 찬탈한 왕망의 일과 관계를 지었다고 했다.

彤弓[1]盧矢不爲有矣

〔동궁彤弓 노시盧矢는 두었다고 하지 않는다.〕

※

1 彤弓(동궁): 붉은 칠을 한 활. 옛날 천자가 큰 공을 세운 제후에게 하사했다고
  한다.

20. 맑은 눈으로 아래 백성의 반응을 보면…

밝은 귀로써 전대前代 왕조王朝의 이야기를 듣고, 맑은 눈으로써 아래
백성의 반응을 보면 이보다 손쉬운 반성의 거울은 없을 것이다.

聆聽前世 淸視在下 鑑莫近於斯矣

〔전세前世를 영청聆聽하고 재하在下를 청시淸視하면, 거울이 이보다 가까
운 것은 없다.〕

21. 남에게 업신여김을 당하는 행동

어떤 사람이 묻기를

  "어떻게 행동하면 다른 사람이 두려워하게 할 수 있습니까?"
하니, 대답했다.

"다른 사람을 두려워하는 일이다."

또 묻기를

"어떻게 행동하면 다른 사람이 업신여기게 되는 것입니까?"

하니, 대답했다.

"다른 사람을 업신여기는 일이다. 무릇 다른 사람으로 하여금 두려워 하게 하거나 다른 사람에게 업신여김을 당하는 것은 모두 자기 자신에게 말미암지 않은 것이 없는 것이다."

◉『맹자』이루하편離婁下篇에도 "남을 공경하는 사람은 남도 언제나 그를 공경한다."라고 했다.

或問 何如動而見畏 曰 畏人 何如動而見侮 曰 侮人 夫見畏之與見侮 無不由己

〔혹자가 묻기를 어떻게 동하면 두려움을 보이는가. 답하기를 남을 두려워 함이다. 어떻게 동하면 업신여김을 당하는가. 답하기를 남을 업신여김이 다. 대저 두려움을 보이는 일과 업신여김을 당하는 것은 자기에게 말미암 지 않은 것이 없다.〕

22. 성인과 같아지는 것

어떤 사람이 묻기를

"예禮는 실행하는 것이 어려워 세상에서 강제로 하게 하는 것입니까?"

하니, 대답했다.

"어려운 것이다. 그러므로 세상에서 강제로 시키는 것이다. 한쪽

무릎을 세우고 앉거나 털썩 주저앉거나 철없는 아이들이 과일을 어적 어적 깨물어 먹는다거나 하는 것을 어떻게 강요하겠는가? 어떤 이는 천성적으로 예를 잘 행하고 어떤 이는 강제로 해서 예를 행하는데 그의 명성을 이루는 데 이르러서는 한결같은 것이다."

或問 禮難以强世 曰 難 故强世 如夷俟倨肆 羈角[1]之哺果而唅之 奚其 强 或性或强 及其名[2]一也

〔혹자가 묻기를 예禮는 어려워서 세상에서 강제로 하게 하는 것인가. 답하기를 어렵기 때문에 세상에서 강제로 하게 한다. 이사夷俟하고 거사倨 肆하고, 기각羈角이 과실果實을 입에 넣고 그것을 씹는 것과 같은 것은 어찌 그것을 강요하겠는가. 혹은 성품으로 하고 혹은 강제로 하는 것도 그 이룸에 미쳐서는 한 가지다.〕

※

1 羈角(기각): 남자아이의 머리를 좌우 양쪽에 뿔처럼 묶는 것을 각角이라 하고, 여자아이의 머리를 정수리에 종횡縱橫으로 묶는 것을 기羈라고 한다. 어린아이의 머리모양에서 뜻이 유래하여 어린아이들이라는 뜻으로 쓰인다.
2 名(명): 되다. 성成과 같다.

23. 도지개를 당기는 일이다

팽팽히 당긴 활의 시위여! 느즈러져도 활의 좋은 것을 잃지 않았네.
   어떤 사람이 묻기를
   "무엇을 이르는 것입니까?"
하니, 대답했다.

"도지개로 바로잡는 일이다."

⦿ "도지개로 바로잡는 일이다."라고 한 대답은, 사람도 또한 마음이 해이해졌을 때는 예禮로써 긴장시킨다는 비유이다.

見弓之張兮 弛而不失其良兮 或曰 何謂也 曰 檠[1]之而已矣

〔활의 당김을 보는 것이여 느슨하게 되어도 그 양良을 잃지 않았네. 혹자가 말하기를 무슨 말인가. 답하기를 그것을 바로잡을 뿐이다.〕

❊

1 檠(경): 도지개. 느즈러진 활을 당겨 팽팽하게 하는 기구. 경檠.

24. 인간의 일탈을 막는 예절교육

개천에는 둑이 있어 물이 넘치는 것을 막고, 그릇에는 정해진 형태가 있어 모양의 가지런한 법도가 있다. 이것은 예절의 교육이 지극하다는 것을 보여주는 것이다.

川有防 器有範 見禮敎之至也

〔개울에는 방축이 있고 그릇에는 본보기가 있다. 예교禮敎의 지극함을 본다.〕

25. 건물의 기초를 튼튼히 하고 나면…

집을 지을 때 토지를 측량하여 터를 마련한 연후에야 기초의 초석과 기둥을 능히 세울 수 있는 것을 아는 것이다.

◉ 나라를 세우는 데 있어 현명한 인재를 알게 되는 일의 비유이다.

經營¹然後知幹楨²之克立也

〔경영經營한 연후에 간정幹楨을 능히 세우는 것을 안다.〕

※

1 經營(경영): 표지標識를 세우고 땅을 측량해 건축의 기초 공사를 하는 일.
2 幹楨(간정): 담을 쌓을 때 세우는 기둥. 양측을 간幹이라 하고 양단兩端을 정楨이라 한다. 곧 초석과 기둥이며, 인재를 뜻한다.

26. 제자백가諸子百家의 학설은…

장주莊周와 양주楊朱의 설說은 제멋대로여서 본받을 것이 없는 것이다. 묵적墨翟과 안영晏嬰의 설은 검소한 것을 제일로 하였으나 예악禮樂을 폐지한 것이다. 신불해申不害와 한비韓非의 설은 위험했으며 교화시키는 것이 없는 것이다. 추연鄒衍의 설은 실제와는 거리가 멀고 신용할 수가 없는 것이다.

莊揚¹蕩而不法 墨晏²儉而廢禮 申韓險而無化 鄒衍³迂而不信

〔장주莊周와 양주楊朱는 탕蕩하여 법法이 아니고, 묵적墨翟과 안영晏嬰은 검儉하여 예禮를 폐廢하고, 신불해申不害와 한비韓非는 험險하여 화化가 없고, 추연鄒衍은 우迂하여 신신하지 않다.〕

※

1 莊揚(장양) : 양揚은 양楊의 오자. 장주莊周와 양주楊朱. 장주는 전국시대의
사상가. 도가道家. 장자莊子. 양주는 전국시대에 쾌락주의를 주창한 학자.
양자楊子.

2 墨晏(묵안) : 묵적墨翟과 안영晏嬰. 묵적은 춘추전국시대에 겸애주의兼愛主義
를 주창한 학자로 묵가墨家의 조祖. 묵자墨子. 안영은 춘추시대 제나라의
재상. 안자晏子.

3 鄒衍(추연) : 전국시대의 사상가. 음양陰陽 오행설五行說을 주창했다.

27. 천지의 품속에서 생활을 영위하는 것

성인聖人의 재능은 하늘이나 땅인 것이다. 그 다음은 산과 언덕, 냇물과
샘인 것이다. 그 다음은 새와 짐승, 나무와 풀일 뿐이다.

聖人之材 天地也 次山陵川泉也 次鳥獸草木也

〔성인의 재材는 천지天地다. 다음은 산릉山陵과 천천川泉이다. 다음은
조수鳥獸와 초목草木이다.〕

제9권 선지先知

1. 먼저 안다는 것은 무엇입니까?

남보다 먼저 도를 깨달은 사람은 신명神明에 가까이한 것인가.

감히 묻겠습니다.

"남보다 먼저 도를 깨달은 것은 무엇입니까?"

하니, 대답했다.

"알지 못하겠다. 그 도道를 먼저 깨달은 자는 홀(忽: 올), 묘(眇:
작은 것), 면(緜: 솜털)을 밝게 보는 것과 같은 것이다"

◉ 『중용中庸』 제24장에서 "지성至誠의 도道는 전지前知할 수 있다. …
그러므로 지성은 신神과 같은 것이다."라는 것이 보인다. 여기서 "알지
못하겠다."라고 한 것은 상대가 선지先知를 설명할 만한 사람이 아니었기
때문일 것이다.

先知其幾於神乎 敢問先知 曰 不知 知其道者 其如視 忽眇緜[1]作眄
〔선지先知는 그 신神에 가까운가. 감히 선지를 묻겠다. 답하기를 알지
못한다. 그 도道를 아는 자는 그 홀忽·묘眇·면緜도 밝게 보는 것과 같은
것이다.〕

206

1 忽眇縣(홀묘면): 홀(忽: 올)·묘(眇: 작은 것)·면(縣: 솜틸)은 다 가늘고 미세
한 것이라는 뜻.

2. 하루 앞서 일을 시작하면 쉽다

첫날인 갑일甲日보다 하루 앞서 일을 시작하면 쉽고, 갑일보다 하루
뒤져서 일을 하면 어렵게 된다.

先甲[1]一日 易 後甲一日 難

〔갑甲에 앞서는 하루는 쉽고 갑에 뒤지는 하루는 어렵다.〕

※

1 甲(갑): 첫째. 첫날. 갑甲·을乙·병丙·정丁·무戊·기己·경庚·신辛·임壬·계癸
의 십간十干의 첫째. 옛날 은대殷代에 시작된 역수歷數의 순위로 갑甲은
사물의 첫째를 가리킨다.

3. 나라를 다스리려면 어떻게 해야 합니까?

어떤 사람이 묻기를
  "나라를 다스리려면 어떻게 하는 것이 좋겠습니까?"
하니, 대답했다.
  "정치政治를 확립하여야 하는 것이다."
  또 묻기를
  "그러면 정치를 확립하는 데 어떻게 하는 것이 좋겠습니까?"

하니, 대답했다.

"정치의 근본은 위정자爲政者 자신에게 있는 것이다. 위정자가 자신을 바르게 세우면 정치도 확립되는 것이다."

或問 何以治國 曰 立政 曰 何以立政 曰 政之本身也 身立則政立矣 〔혹자가 묻기를 무엇으로써 나라를 다스리는가. 답하기를 정치政治를 세운다. 말하기를 무엇으로 정치政治를 세우는가. 답하기를 정치의 근본은 자신이다. 자신을 세우면 정치가 선다.〕

4. 정치를 좌우하는 요점이 있습니까?

어떤 사람이 묻기를

"정치를 하는 데 중요한 것이 있습니까?"

하니, 대답했다.

"그것은 백성이 사모하느냐, 싫어하느냐에 있는 것이다."

어떤 사람이 사모하고 싫어하는 것에 대하여 물으니, 대답했다.

"옛날에 주공周公이 동방東方을 정벌해 사방의 나라들을 바로잡았다 〔빈풍파부豳風破斧의 시詩에 노래되어 '내 백성을 어여삐 여기심이 또한 너무나 크시네.'라고 일컬어지고 있다〕.

소백召伯이 나라 안을 순회하면서 아가위나무 아래에서 정사를 처리하자 백성들이 '무성한 팥배나무여.'라고 〔백성들의 말을 듣고 상벌을 제대로 행했기 때문에 사후 소남감당召南甘棠의 시詩에서 소백이 휴식했던 그 아가위나무까지 그리워하고 있다〕 노래한 것은 백성들이 소백을 얼마

208

나 사모한 것이었는가.

이에 반해 제나라의 환공桓公이 초나라를 정복한 뒤 진陳나라를 통과해 군대를 돌리고자 했을 때 진나라가 핑계를 대며 그것을 거부하자 진나라의 원도도轅濤塗를 체포하기에 이르렀다. 얼마나 싫어하였던 것인가.

아아. 정치를 행하는 사람은 사용하는 방법이 백성이 사모할 만한 것인가, 싫어할 것인가를 잘 생각해 볼 뿐이다."

어떤 사람이 또 묻기를

"어떻게 하면 사모하게 되고 어떻게 하면 싫어하게 되는 것입니까?" 하니, 내답했다.

"맹자가 말한 바와 같이 자기 집 노인을 섬기는 마음으로 남의 집 노인을 섬기고, 자기 집안에 고아가 있다면 하고, 그 생각하는 마음을 미루어 남의 집 고아를 돌본다. 나라 안의 병자病者는 요양을 받게 하고, 죽은 사람은 장사지내고, 남자는 농사짓고 여자는 누에치는 일에 힘쓰게 한다. 이렇게 하면 백성들로 하여금 사모하게 하는 것이라 말할 것이다.

만약 이와 반대로 남의 집 노인을 모욕하고, 남의 집 고아를 곤궁困窮하게 하고, 나라 안의 병자를 내버려 두고, 죽은 사람을 비바람에 드러낸 채로 농사짓는 사람이 없어 논밭은 잡초가 무성하고, 길쌈하는 사람이 없어 베틀은 먼지를 뒤집어쓰고 있는 모양이라면, 이와 같은 방법은 백성들로부터 싫어함을 당한 것이라고 말할 수 있는 것이다."

● 맹자의 말을 인용한 것은 『맹자』 양혜왕 상편梁惠王上篇에 있는 말이다.

或問 爲政有幾 曰 思斁 或問思斁 曰 昔在周公 征于東方 四國是王[1]
召伯述職[2] 蔽芾甘棠 其思矣夫 齊桓欲徑陳 陳不果內 執轅濤塗 其斁
矣夫 於戲 從政者審其思斁而已矣 或問 何思何斁 曰 老人老 孤人孤
病者養 死者葬 男子畝 婦人桑 之謂思 若汙人老[3] 屈人孤 病者獨 死者
逋 田畝荒 杼軸[4]空 之謂斁

〔혹자가 묻기를 정치를 함에 가까운 길이 있는가. 답하기를 사모함과
싫어함이다. 혹자가 사모함과 싫어함을 물으니 답하기를 옛날에 주공周公
이 동방東方을 정벌하여 사방의 나라를 이에 바로잡았다. 소백召伯이
술직述職하여 폐비蔽芾한 감당甘棠은 그 사모함인져. 제齊의 환공桓公이
진陳을 통과하고자 하였는데 진이 과연 허락하지 않아 원도도轅濤塗를
잡았으니, 그 싫어함인져. 아아, 정치에 종사하는 자는 그 사모함과 싫어함
을 밝게 살필 뿐이다. 혹자가 묻기를 어떻게 하면 사모하고 어떻게 하면
싫어하는가. 답하기를 남의 노인을 노인으로 대접하고, 남의 고아를
고아로 돌보고, 병자는 구호하고, 죽은 자는 장사지내고, 남자는 농사짓
고, 여자는 누에치는 것, 이것을 사모한다고 이른다. 남의 노인을 업신여기
고, 남의 고아를 괴롭히고, 병자는 돌보지 않고, 죽은 자는 내버려 두고,
농토는 황폐하고, 베틀은 비어 있는 것, 이것을 싫어한다고 이른다.〕

※

1 王(왕): 匡과 같다. 바로잡다.

2 述職(술직): 두 가지 뜻이 있다. 하나는 제후가 천자에게 조현朝見하여
제사를 돕는 일이고, 다른 하나는 이백(二伯: 周公·召公)이 3년에 한 번씩
여러 나라를 돌면서 상벌賞罰을 행하는 일이다. 여기서는 두 번째의 뜻이다.

3 汙人老(오인로): 汙는 모욕侮辱. 일설에는 번로煩勞, 곧 괴롭게 한다는
뜻이라고 했다.

4 杼軸(저축): 베틀. 천을 짜는 기계.

5. 정치는 날로 새롭게 하는 것이다

정치를 하는 것은 날로 새롭게 하는 것이다.

어떤 사람이 감히 날로 새롭게 하는 것에 대해 물으니 대답했다.

"백성으로 하여금 그 인仁을 이롭게 여기게 하고 그 의義에 즐겁게 한다. 명분으로써 장려하고 아름다운 것으로써 인도해서 흐뭇하고 즐겁게 부리는 것을 날로 새롭게 하는 것이라고 이르는 것이다."

爲政日新 或人敢問日新 曰 使之利其仁 樂其義 厲之以名 引之以美 使之陶陶然¹ 之謂日新

〔정치를 함은 날로 새롭게 한다. 혹자가 감히 날로 새롭게 하는 일을 물으니 답하기를 그로 하여금 그 인仁을 이롭게 여기게 하고 그 의義를 즐기게 하여 그를 권장함에 명名으로써 하고, 그를 인도함에 미美로써 하여, 그로 하여금 도도연陶陶然하게 하는 것, 그것을 날로 새롭게 하는 것이라고 이른다.〕

※

1 陶陶然(도도연): 기쁜 마음으로 선善을 행하는 모양.

6. 세 가지 괴로움이란 무엇입니까?

어떤 사람이 백성들이 괴롭게 여기는 것에 대해 물으니, 대답했다.

"백성에게는 세 가지 괴로운 것이 있는 것이다."

또 묻기를

"무엇입니까? 이른바 세 가지 괴로움이란!"

하니, 대답했다.

"정치는 잘하는데 관리가 사나운 것이 그 첫째 괴로움이다. 관리는 좋은데 정치가 나쁜 경우가 그 둘째 괴로움이다. 정치도 나쁘고 관리도 나쁜 경우가 그 셋째 괴로움이다. 군주의 궁궐에는 사육하는 새나 짐승이 인간의 식량으로 길러져 토실토실 살쪄 있고, 정원의 흙이나 나무가 인간의 옷감으로 장식되어 아름답게 꾸며져 있다. 그러나 백성들 사이에서는 오곡五穀을 만들어내는 농부가 동틀 때부터 해가 질 때까지 일해도 먹을 것이 모자라고, 실과 옷감을 짜는 여자들이 밤중까지 일을 해도 입을 옷이 모자란다고 하는 현상, 이러한 것을 악정惡政이라고 하는 것이다."

或問民所勤 曰 民有三勤 曰 何哉 所謂三勤 曰 政善而吏惡 一勤也 吏善而政惡 二勤也 政吏騈惡 三勤也 禽獸食人之食 土木衣人之帛 穀人不足於晝 絲人不足於夜 之謂惡政

〔혹자가 백성이 괴로워하는 바를 물었다. 답하기를 백성에게 세 가지 괴로움이 있다. 말하기를 무엇인가. 이른바 세 가지 괴로움이란. 답하기를 정치는 잘하는데 관리가 나쁜 것이 첫째 괴로움이다. 관리는 좋으나 정치가 나쁜 것이 둘째 괴로움이다. 정치와 관리가 아울러서 나쁜 것이 셋째 괴로움이다. 금수禽獸가 사람의 식량을 먹고, 토목土木이 사람의 옷감을 입으며, 곡인穀人이 낮을 부족하게 여기고, 사인絲人이 밤을 부족하게 여긴다. 이것을 악정惡政이라 이른다.〕

7. 성인의 존재를 인정할 수 없는 것

성인聖人은 실용적인 것에다가 문식文飾을 더한 사람이다. 마치나 의복으로 빛나게 하고 무늬의 색채로 꾸며 밝게 하고 음악으로 드러나게하고 시詩·서書로써 빛나게 하는 것이다.

제기祭器가 바르게 진설되지 않고, 구슬과 비단의 예물이 분수에맞지 않고, 거문고와 비파가 연주되지 않고, 종과 북이 울리지 않는것을 나는 성인이라고 볼 수 없다고 여기는 것이다.

聖人文質者也 車服以彰之 藻色以明之 聲音以揚之 詩書以光之 籩豆
不陳 玉帛不分 琴瑟不鏗 鍾鼓不扗[1] 則吾無以見聖人矣

〔성인은 실질實質을 문식文飾하는 자이다. 수레와 의복으로써 그것을밝히고, 무늬와 색채로써 그것을 분명히 하고, 성음聲音으로써 그것을드날리고, 시서詩書로써 그것을 빛낸다. 변두籩豆가 부진不陳하고, 옥백玉帛이 불분不分하고, 금슬琴瑟이 불갱不鏗하고, 종고鍾鼓가 불횡不扗하면나는 그것으로써 성인으로 보는 일이 없다.〕

※

1 扗(운): 횡扗의 오자誤字.

8. 춘추春秋에서는 그것을 묵인했다

어떤 사람이 이르기를

"지난날의 성인聖人의 법法으로써 장차 다가올 세상을 다스리고자하는 것은, 예컨대 교주(膠柱: 기러기발)를 아교로 고정시켜 놓고 슬瑟을

조율하는 것과 같은 것이라고 하는 설說이 있습니다만, 그러한 것이
있습니까?"

하니, 대답했다.

"사실이다."

또 묻기를

"성군聖君은 적고, 평범하고 용렬한 군주가 많습니다. 만약 공자가
전한 성인의 도道만을 지키는 것이라면 마치 칠漆로 고정시키는 것과
같은 것이 아니겠습니까?"

하니, 대답했다.

"성인의 법은 일찍이 세상의 성대하고 쇠약한 시대에 따라 관련되지
않은 적이 없다. 옛날에 요임금은 천하를 두었으나 천자의 자리를
신하인 순舜에게 주었고, 순임금은 또 우禹에게 주었다. 그런데 하夏·은
殷·주周의 3대三代는 자손이 천자의 자리를 계승했다. 고정적이지
아니 한 것이 분명한 것이다.

요임금과 순임금의 세상에서는 죄지은 사람에게 형벌을 가하지 않고
법을 어긴 사실을 표시해 밝혔을 뿐이다. 그런데 하나라 군주는 3천
가지의 체형을 열었다. 고정적이지 아니 한 것이 분명한 것이다.

요임금은 한 종족의 친목에서 시작하여 천하의 모든 나라를 화합시켰
다. 그런데 탕왕湯王이나 무왕武王은 군대로써 정벌해 사방의 적敵에게
승리를 거두었다. 이것으로 말한다면, 성인이 천하를 다스리는 법이
고정적이지 아니 한 것은 분명한 것이다.

예악禮樂의 제정과 정벌征伐을 행하는 일은 원래 천자에 의해 이루어
지는 큰일이다. 춘추시대에는 제나라와 진晉나라의 제후가 실제로

정벌을 일삼았다. 고정적이지 아니 한 것은 분명한 것이다."

◉ "과거過去의 성인의 법法으로써 미래의 세상을 다스리고자 하는 것은, 예컨대 금주琴柱를 아교로 고정시키고 슬瑟을 조율하려고 하는 것과 같다."라고 한 말은 『회남자』 제속편齊俗篇과 『염철론』 상자편相刺篇 등에 있는 말이다.

或曰 以往聖人之法治將來 譬猶膠柱而調瑟 有諸 曰 有之 曰 聖君少而庸君多 如獨守仲尼之道 是漆也 曰 聖人之法 未嘗不關盛衰焉 昔者堯有天下 擧大綱命舜禹 夏殷周屬其子 不膠者卓[1]矣 唐虞象刑惟明[2] 夏后肉辟三千 不膠者卓矣 堯親九族[3] 協和萬國 湯武桓桓 征伐四克 由是言之 不膠者卓矣 禮樂征伐 自天子所出 春秋之時 齊晉實予[4] 不膠者卓矣

〔혹자가 말하기를 과거의 성인의 법法으로써 장래를 다스리는 것은 비유컨대 교주膠柱를 아교阿膠로 고정시키고 슬瑟을 조율하는 것과 같다고 하였다. 그런 일이 있는가. 답하기를 그런 일이 있다. 말하기를 성군聖君은 적고 용군庸君은 많다. 만약 홀로 중니仲尼의 도道를 지킬 뿐이라면 그것은 칠漆이다. 답하기를 성인의 법은 아직 일찍이 성쇠盛衰에 관계되지 않음이 없다. 옛날에 요堯는 천하를 소유해 대강大綱을 들어 순舜·우禹에게 명命했다. 하夏·은殷·주周는 그 자손에게 계승시켰다. 고정되지 않은 것이 분명하다. 당唐·우虞는 상형象刑이 분명한데 하후夏后는 육벽肉辟이 삼천三千이니 고정되지 않은 것이 분명하다. 요堯는 구족九族과 친하고 만국萬國을 협화協和했다. 탕왕湯王·무왕武王은 환환桓桓하게 정벌하여 사방에 승리했다. 이것에 의해 그것을 말하면 고정되지 않은 것이 분명하다. 예악과 정벌은 천자로부터 나온다. 춘추시대의 제齊와 진晉은 실로 참여했다.

고정되지 않은 것이 분명하다.〕

※

1 卓(탁): 작焯과 통한다.

2 象刑惟明(상형유명): 『서경』익직益稷에 보인다. 상형象刑은 죄인에게 벌을 가하지 않고 법을 어긴 사실만 표시하는 일.

3 親九族(친구족): 요전堯典에 보이는데 구족九族은, 금문설今文說에는 부족父族 4, 모족母族 3, 처족妻族 2로 모두 아홉이다. 고문설古文說에는 위로 고조高祖로부터 아래로 현손玄孫에 이르기까지 9대의 친족을 가리킨다.

4 予(여): 여與와 같다.

9. 군자가 배워야 할 사항

어떤 사람이 말하기를

"군주가 법령法令을 배우지 않으면 안 되는 것입니까?"

하니, 대답했다.

"군자가 나라를 다스릴 때에는 정치의 근본인 기강을 단단히 잡아 펴고 백성의 교화를 의논해야 한다. 백성을 인仁으로써 이끌면 이들은 서로 해치지 않을 것이다. 군주 자신이 청렴하고 검소한 것으로 임하면 아랫사람들이 서로 도둑질하지 않을 것이다. 군주가 늘 정직한 행동으로 임하면 아랫사람들이 서로 속이지 않을 것이다. 예의로써 몸을 바르게 하면 아랫사람들은 덕으로써 서로 양보하게 될 것이다. 이러한 일은 군자가 배워야 할 마땅한 것이다. 만약 법을 범하는 사람이 있을 경우에는 군주 자신이 지휘하지 않더라도 재판裁判을 담당하는 관리가 있는 것이다."

或曰 人君不可不學律令 曰 君子爲國 張其綱紀 議[1]其敎化 導之以仁
則下不相賊 莅之以廉 則下不相盜 臨之以正 則下不相詐 修之以禮義
則下多德讓 此君子所當學也 如有犯法 則司獄在

〔혹자가 말하기를 인군人君은 율령律令을 배우지 않을 수 없다고 하니
말하기를 군자가 나라를 다스림에는 그 강기綱紀를 펴고, 그 교화敎化를
의논한다. 그 인도함에 인仁으로써 하면 아랫사람들은 서로 해치 지
않는다. 그 바라봄에 염廉으로써 하면 아랫사람들은 서로 도둑질하지
않는다. 그 임臨함에 정正으로써 하면 아랫사람들은 서로 속이지 않는다.
그 닦음에 예의禮義로써 하면 아랫사람들은 덕양德讓이 많다. 이것은
군자가 마땅히 배워야 할 바다. 만약 법法을 범犯함이 있으면 사옥司獄이
있을 뿐이다.〕

※

1 議(의): 의논하다. 일설에는 근謹의 오자誤字라고 했다. 그 글자대로 보아도
  무방하다.

10. 큰 벼리를 강綱, 작은 벼리를 기紀라 한다

어떤 사람이 어지러워지는 것을 고통스럽게 여기며 물으니, 대답했다.
　"법망法網과 풍기風紀이다."
　"어찌하여 법망과 풍기라고 합니까?"
물으니, 대답했다.
　"크게는 강(綱: 벼리)을 만들고 작게는 기(紀: 法)를 만드는 것이다.
강綱이 강綱 같지가 않고 기紀가 기紀 같지가 않으면 비록 나망(羅網:
법망)이 있더라도 어떻게 한 눈으로 바른 것을 얻을 수 있겠는가?"

或苦亂 曰 綱紀 曰 惡在於綱紀 曰 大作綱 小作紀 如綱不綱 紀不紀
雖有羅網 惡得一目而正諸

〔혹자가 난亂을 괴로워했다. 말하기를 강기綱紀이다. 묻기를 어찌해 강기
에 있는가. 답하기를 크게는 강綱을 만들고, 작게는 기紀를 만든다. 강이
강 같지 못하고, 기가 기 같지 못하면 비록 나망羅網이 있다고 하더라도
어떻게 한 눈으로 정正을 얻을 것인가.〕

11. 큰 인물은 어떤 사람입니까?

어떤 사람이 묻기를

"제齊나라의 환공桓公은 관중管仲의 힘으로 패자霸者가 되었습니다.
중니仲尼는 관중의 인물됨을 작다고 여겼습니다. 청해 대기大器에 대해
묻겠습니다."

하니, 대답했다.

"큰 인물이란 우선 원을 만드는 데 쓰는 컴퍼스, 모난 것을 만드는
데 쓰는 굽은 자, 수평을 재는 수준기水準器, 직선을 그리는 데 쓰는
먹줄과 같은 사람일 것이다. 먼저 자신을 다스린 뒤에 남을 다스리는
자를 큰 인물이라 이를 것이다."

◉ 공자가 관중管仲의 인물됨을 작다고 평評한 것은 『논어』 팔일편八佾篇에
나오는 말이다.

或曰 齊得夷吾[1]而霸 仲尼曰 小器 請問大器 曰 大器其猶規矩準繩乎
先自治而後治人 之謂大器

〔혹자가 말하기를 제齊는 이오夷吾를 얻어서 패자霸者가 되었다. 중니仲尼가 말하기를 작은 그릇이라고 했다. 청해 큰 그릇에 대해 물으니 답하기를 큰 그릇은 규구준승規矩準繩과 같은 것인져. 먼저 스스로를 다스리고 그런 뒤에 남을 다스리는, 이것을 큰 그릇이라 이른다.〕

※

1 夷吾(이오): 관중管仲의 자字.

12. 나라를 바르게 다스려 나가려면…

어떤 사람이 묻기를

"나라를 바르게 다스리려면 무엇을 먼저 해야 합니까?"

하니, 대답했다.

"자신의 행실을 올바르게 하면 남도 또한 그것을 따르는 것이다."

或曰 正國何先 曰 躬工[1]人績[2]

〔혹자가 말하기를 나라를 바로잡는 데는 무엇을 먼저 해야 하는가. 답하기를 몸이 바르면 남이 따른다.〕

※

1 工(공): 사람에게 규구規矩가 있음을 가리킨다. 행실이 바른 것.
2 績(적): 계繼와 통함. 따르다.

13. 하늘의 도는 가을이 먼저인가!

어떤 사람이 말하기를

"정치를 하는 데 있어 먼저 악인을 단죄斷罪하고, 그러한 뒤에 교육을 실시하는 것이 좋다고 생각합니다."

하니, 대답했다.

"아아, 하늘의 도는 가을을 먼저하고 봄을 뒤에 하는 것인가. 장차 봄을 먼저하고 가을을 뒤에 하려는가!"

或曰 爲政 先殺後敎 曰 於乎 天先秋而後春乎 將先春而後秋乎

〔혹자가 말하기를 정치를 함에는 먼저 살殺하고 뒤에 가르치는 것이다. 말하기를 아아, 하늘은 가을이 먼저고 봄이 뒤인가. 장차 봄이 먼저고 가을이 뒤일 것인가.〕

14. 개미가 땅속에서 활동을 시작하면…

나는 개미가 땅속에서 기어 나오고 꿩이 새벽에 날개를 치며 우는 것을 보았다. 자연이 만물을 변화육성變化育成시키는 활동을 멈추는 일이 가하겠는가!

◉ 개미가 활동을 시작하고 꿩이 운다는 말은 봄이 오는 징조를 말한 것이다.

吾見玄駒[1]之步 雉之晨雊也 化其可以已矣哉

〔나는 개미가 기어가고, 꿩이 신구晨雊하는 것을 본다. 변화는 그것으로써 그치는 것이 가할 것인가.〕

1 玄駒(현구): 본래는 망아지의 뜻이다. 여기서는 개미를 가리키는 말.

15. 백성은 덕으로써 다스려야…

백성이 군주의 덕을 바라보게 해야 하고 형벌을 바라보게 해서는 불가한 것이다. 덕을 바라보게 하면 백성은 순수해지고 형벌을 바라보게 하면 어지러워진다.

民可使覿德 不可使覿刑 覿德則純 覿刑則亂

〔백성이 덕德을 보게 해야 하고, 형벌을 보게 해서는 불가하다. 덕을 보면 순純해지고, 형벌을 보면 난亂해진다.〕

16. 그 따위가 무슨 용이란 말이냐?

"만든 용으로 비를 내리게 하는 것은 어렵습니까?"

라고 물으니, 대답했다.

"용이겠는가! 용이겠는가!"

象龍之致雨也 難矣哉 曰 龍乎龍乎

〔상룡象龍이 비를 내리게 하는 것이 어렵겠죠. 답하기를 용인 것인가. 용인 것인가.〕

17. 혼동하면 정치의 핵심을 잃는다

어떤 사람이 정치의 핵심을 물으니, 대답했다.

"진실은 진실이라고, 허위는 허위라고 분명하게 구별하면 정치의 핵심인 것이다. 만약 진실도 허위도 분명히 하지 않고 혼동하면 정치의 핵심은 아닌 것이다."

或問政核 日 眞僞眞僞[1]則政核 如眞不眞僞不僞 則政不核

〔혹자가 정치의 핵심核心을 물으니 답하기를 진실을 진실, 허위를 허위라고 하면 정치의 핵심이다. 만약 진실을 진실이라 하지 않고 허위를 허위라 하지 않으면 정치의 핵심이 아니다.〕

※

1 眞僞眞僞(진위진위): 진진위위眞眞僞僞로 읽는다.

18. 바람은 다시 불지 않는다

만물의 생기生氣를 떨쳐 일으키게 하는 것은 우레와 바람인가? 모든 백성의 원기元氣를 떨쳐 일으키게 하는 것은 군주의 호령號令인가? 우레는 한 번으로써 그치는 것이 아니요, 바람은 다시 불지 않는 것이다.

◉ 우레와 바람은 말하자면 호령이다. 우렛소리가 울리면 만물은 생육한다. 이와 같은 호령은 한 번이 아니고 자주 내리게 된다. 호령을 자주 내리게 되면 권위가 실추된다. 그러므로 호령은 자주 발하여서는 안 되고, 단 한 번 발할 것이다.

222

鼓舞萬物者雷風乎 鼓舞萬民者號令乎 雷不一 風不再

〔만물을 고무鼓舞하는 것은 뇌풍雷風인가. 만민萬民을 고무하는 것은
호령號令인가. 우레는 한 번이 아니고, 바람은 두 번 불지 않는다.〕

19. 인재로 길러내는 일을 즐거움으로 삼는 자

성인聖人은 천하의 조화를 성취해 만들어 사람들로 하여금 사군자士君
子의 기국器局이 있게 하는 것을 즐거움으로 삼는 자이다. 그러므로
세상에서 은둔하지 않고 뭇 사람 속에서 떠나지 않는 것이다. 은둔하거
나 떠나는 자가 이 어찌 성인이겠는가.

聖人樂陶成天下之化 使人有士君子之器者也 故不遁于世 不離于群
遁離者是聖人乎

〔성인은 천하의 변화를 도성陶成하여 사람으로 하여금 사군자士君子의
기器가 있게 하기를 즐기는 자이다. 그러므로 세상을 피하지 않고 무리를
떠나지 않는다. 피하고 떠나는 자 이것이 성인인가.〕

20. 새가 똑똑하지 못하면…

암컷의 새가 똑똑하지 못하면 일껏 알을 낳아 품어도 그 알은 깨지고
만다. 군주가 보잘것없는 인물이면서 예禮를 존중할 줄 모른다면,
그 백성은 조잡한 생활을 영위할 뿐이다.

雌之不才 其卵贓矣 君之不才 其民野矣

〔암컷이 재주가 없으면 그 알을 깨뜨린다. 군주가 재주가 없으면 그 백성이 야野해진다.〕

21. 무엇을 하실 수 있습니까?

어떤 사람이 묻기를

"선생님께서 법령의 기초를 만들라는 명命을 받으신다면 어떻게 하시겠습니까?"

하니, 대답했다.

"나는 저 환관인 홍공弘恭에게 미치지 못할 것이다."

또 묻기를

"상주문上奏文을 작성하라 하면 어떻게 하시겠습니까?"

하니, 대답했다.

"나는 저 진탕陳湯에게 미치지 못할 것이다."

또 묻기를

"그러면 무엇을 하실 수 있습니까?"

하니, 대답했다.

"나는 반드시 백성이 법령을 범하지 않게 하고 군주가 허물이 없어 비난하는 상주문을 올리는 일이 없도록 하고 싶을 뿐이다."

◉『논어』안연편顔淵篇에 공자가 "송사訟事를 처리하는 일은 나도 남과 같은 방법으로 행한다. 그러나 반드시 근본적으로 송사가 일어나지 않도록 하련다."라고 했다.

或問曰 載使子草律 曰 吾不如弘恭[1] 草奏 曰 吾不如陳湯[2] 曰 何爲
曰 必也律不犯 奏不剗

〔혹자가 물어 말하기를 그대로 하여금 법률을 기초起草하게 한다면 하니
답하기를 나는 홍공弘恭만 같지 못하다. 상주문上奏文을 기초하게 한다면.
답하기를 나는 진탕陳湯만 같지 못하다. 이르기를 그래도 하게 한다면.
답하기를 반드시 법을 범犯하지 않고, 상주上奏로 헐뜯지 않게 할 것이다.〕

※

1 弘恭(홍공): 환관宦官 출신으로 법령法令과 고사故事에 통달했다는 사람.
  『한서』「영행전佞幸傳」에 보인다.
2 陳湯(진탕): 돈을 받고 상주문上奏文을 작성했다고 전해지는 사람.『한서』
  「부상정감진단전傅常鄭甘陳段傳」에 보인다.

22. 정치를 도자기 만드는 일에 비유하면…

천하의 정치를 도자기 만드는 일에 비유해 본다면 흙의 마르고 젖은
조화調和에 있을 뿐이다. 너무 마르면 불을 넣었을 때 가는 금이나
흠이 생기고, 너무 젖으면 설구워지는 것이다.

甄陶天下者 其在和乎 剛則甈[1] 柔則坏[2]

〔천하를 견도甄陶하는 것은 그 화和에 있는가. 강강剛하면 와甈하고 부드러
우면 배坏다.〕

※

1 甈(와): 금이 가고 터진 것이다.
2 坏(배): 설익은 그릇. 곧 날기와의 뜻이다.

23. 중용의 처지에 가까워지는 도道

땅에 엎드려 있는 용이나 하늘로 승천하는 용은 다 같이 알맞은〔中庸〕 지위를 얻지 못한 것이다. 이 때문에 중용에 지나치면 삼가는 것이다. 중용에 미치지 못하면 도약하는 것이다. 이러한 것이 중용에 가까이하는 것이다.

◉ 이것은 『역경易經』 건괘乾卦의 효사爻辭에 근거해서 말한 것이다.

龍之潛亢¹ 不獲其中矣 是以過中則惕 不及中則躍 其近於中乎

〔용龍의 잠潛과 항亢은 그 중中을 얻지 못한 것이다. 이로써 중中을 지나치면 삼가고, 중에 미치지 못하면 도약한다. 그 중中에 가까운 것인가.〕

                              ※

1 潛亢(잠항): 잠潛은 물속에 엎드려 있는 용. 항亢은 하늘 끝까지 올라간 용으로 내려올 줄 모르는 용이다.

24. 예를 들어본 성인의 도道

성인의 도道는, 예를 들어보면 태양이 하늘 한가운데에 와 있는 것과 같은 것이다. 그 빛이 사방에 미친다. 한가운데에 이르기 이전에는 그 밝은 것이 충분하지 못하지만 한가운데를 지났을 때는 이미 빛의 밝은 것도 기우는 것이다.

聖人之道 譬猶日之中矣 不及則未 過則昃

226

〔성인의 도道는 비유컨대 태양이 중천中天에 있는 것과 같다. 미치지 못하면 모자라고 지나치면 기운다.〕

25. 천하의 가장 정당한 세법

수확의 십분의 일을 거두어들이는 것은 천하의 가장 적절한 세법稅法이다. 그 이상을 취하는 것은 걸왕桀王같이 악정惡政을 행하는 것이다. 그 이하로 한다면 〔재정에 결함이 생겨 문화생활을 누릴 수 없어〕 맥인貉人과 같은 야만인이 되는 것이다.

什一天下之正也 多則桀 寡則貉[1]
〔십분의 일은 천하의 정正이다. 많으면 걸桀이요, 적으면 맥貉이다.〕

※

1 貉(맥): 오랑캐의 한 종족. 맥족貊族.

26. 이상적인 형법이라고 하는 것은

정전井田의 전田은 밭을 가는 것이다. 몸에 상처를 내는 형벌은 제어하는 것이다. 밭을 가는 것은 모든 이가 함께할 수 있는 것이다. 형벌로 제어하는 것은 모든 이를 버리는 것이다.

井田之田 田也 肉刑之刑 刑也 田也者與衆田之 刑也者與衆棄之
〔정전井田의 전田은 전제田制다. 육형肉刑의 형刑은 제어이다. 전田이라는

것은 대중과 더불어 밭을 가는 것이다. 형법이라는 것은 대중을 함께 버리는 것이다.〕

27. 법으로 일정한 제한을 세우지 않으면…

법으로써 일정한 제한을 세우지 않으면 일부의 백성들이 분수를 넘어 제후諸侯의 전지田地를 경작하고, 제후의 집에 살고, 제후가 먹는 음식을 먹으며, 제후가 입을 의복을 입게 될 것이다. 그렇게 된다면 사람들은 또한 많이 부족하게 될 것이다.

法無限 則庶人田侯田 處侯宅 食侯食 服侯服 人亦多不足矣

〔법法이 한도가 없으면 서인庶人도 제후諸侯의 밭을 경작하고, 제후의 집에서 살고, 제후의 식량을 먹고, 제후의 의복을 입게 된다. 사람은 또한 부족함이 많을 것이다.〕

28. 바른 산술을 하지 않고 답을 구하는 것

나라를 다스림에 있어 그 올바른 방법을 따르지 않고 공적이 쌓일 것만을 바란다. 이는 모든 계산에만 비교하는 것인가!

爲國不迪其法 而望其效 譬諸算乎

〔나라를 다스림에 그 법法을 밟지 않고 그 효과를 바라는 것은 그것을 계산計算에 견주는 것인가.〕

제10권 중려重黎

1. 지금의 무슨 관직에 해당합니까?

어떤 사람이 묻기를

"옛날 오제五帝인 전욱顓頊은 남방南方의 관리인 중重에게 명해 하늘을 관장하게 하고, 북방北方의 관리인 여黎에게 명해 땅을 관장하게 했다고 했는데, 지금의 무슨 관직에 해당합니까?"

하니, 대답했다.

"희羲의 관직과 화和의 관직에 가까운 것이다."

또 묻기를

"어느 쪽이 중重에 해당하고 어느 쪽이 여黎에 해당합니까?"

하니, 대답했다.

"희羲의 관직이 중重에 가깝고, 화和의 관직이 여黎에 가까운 것이다."

◉ 왕망王莽은 한漢나라를 탈취하고 나서 관명官名을 고쳐 대사농大司農을 희화義和로 바꾸었는데, 여기서의 희화義和는 그것이 아니고 사방을 분주分主한 사보四輔의 관관의 하료下僚로서 설치한 희중義仲·희숙義叔·화중和仲·화숙和叔일 것이다. 왕망의 고전古典 모방에 대해 이궤李軌는 말하기를, 중려重黎 문답問答에서 미언微言에 가탁假託한 것을 "가짜를 팔려고

230

하는 놈"이라고 갈파喝破하였다고 했다.

或問 南正重司天¹ 北正黎司地 今何僚也 曰 近羲近和² 孰重孰黎 曰
羲近重 和近黎

〔혹자가 묻기를 남쪽 관리인 중重은 하늘을 관장管掌하고, 북쪽 관리인
여黎는 땅을 관장했다. 지금의 무슨 관료官僚인가. 답하기를 희羲에 가깝
고 화和에 가깝다. 누가 중重이고 누가 여黎인가. 답하기를 희羲는 중에
가깝고 화和는 여에 가깝다.〕

※

1 南正重司天(남정중사천): 오제五帝의 하나인 전욱顓頊 시대의 일이다. 남정
  南正은 남쪽의 관리官吏. 사천司天은 하늘을 관장한다는 뜻.
2 近羲近和(근희근화): 희羲는 희씨羲氏. 화和는 화씨和氏. 요임금 시대에
  희씨羲氏는 천관天官을 관장하고, 화씨和氏는 지관地官을 관장했다고 한다.

2. 황제의 종시설終始說이란?

어떤 사람이 황제종시설黃帝終始說에 대해 물으니, 대답했다.
  "황제黃帝에게 가탁假託한 것이다. 옛날에 사씨姒氏, 곧 우禹가 천하
의 홍수洪水를 다스릴 때 산을 넘고 물을 건너 여러 지방을 돌아다니느라
손에는 손톱이 없고 정강이에는 털이 없고 한쪽 몸이 마비되어 한쪽
다리를 끌고 걸었다. 지금 무당巫堂들의 특별한 걸음걸이로 우보禹步라
일컫는 것이 많은 것은 그것을 흉내 내는 것이다.
  편작扁鵲은 옛날의 명의名醫였으며 노盧땅의 사람이라고 전하고 있
다. 지금 의원醫員으로서 노盧땅 출신이라고 하는 사람이 많은 것은

그것을 흉내 내는 것이다.

 무릇 가짜를 팔려고 하는 자는 반드시 진짜를 흉내 내는 것이다. 그런 것은 우禹도 아니고 노盧도 아니며 진짜 종시설終始說도 아닐 것이다."

◉『사기』「맹순열전孟荀列傳」에 의하면, 전국시대의 추연鄒衍은『종시終 始』56편篇을 저술했다고 한다. 손이양孫詒讓은 삼대세표三代世表는 저선 생褚先生이 인용한「황제종시전黃帝終始傳」을 들고, 또 이궤李軌가 주석注 釋한『황제지서黃帝之書』와 거의 같은 것이『한서』「율력지律歷志」에 보인 다고 한다. 여기도 왕망이 이용한 예언豫言이 옛날의 종시설終始說과는 사이비似而非한 것이라는 은미한 뜻이라고 한다.

或問黃帝[1]終始 曰 託也 昔者姒氏[2]治水土 而巫步多禹[3] 扁鵲[4]盧人也 而醫多盧 夫欲鬻僞者必假眞 禹乎盧乎 終始乎

〔혹자가 황제黃帝의 종시終始를 물었다. 답하기를 의탁한 것이다. 옛날에 사씨姒氏가 수토水土를 다스렸는데 무인巫人의 걸음걸이에 우보禹步가 많았다. 편작扁鵲은 노盧의 사람인데, 의醫에 노인盧人이 많았다. 대저 허위를 팔고자 하는 자는 반드시 진실을 가탁假託한다. 우禹인가 노盧인가. 종시終始인가.〕

※

1 黃帝(황제): 중국의 제왕帝王. 삼황三皇의 하나. 황제헌원씨黃帝軒轅氏이다.

2 姒氏(사씨): 우임금을 가리킨다. 사姒는 우임금의 성姓.

3 巫步多禹(무보다우): 무당巫堂으로서 우임금의 걸음걸이를 흉내 내는 이가 많았다는 말.

4 扁鵲(편작): 전국시대의 명의名醫.

3. 개천설蓋天說이란?

어떤 사람이 혼천설渾天說에 대해 물으니, 대답했다.

"무제武帝 때 낙하굉落下閎이 혼천의渾天儀를 발명했고, 선우망인鮮
于妄人이 별을 관측했으며, 선제宣帝 때 대사농大司農 중승中丞인 경수
창耿壽昌이 천체도天體圖를 제작했다. 진실로 정밀하게 되어 있어 실제
와 조금도 다르지 않았다."

어떤 사람이 청해 묻기를

"개천설蓋天說에 대해 가르쳐 주십시오."

하니, 대답했다.

"덮어 주는 것인가. 덮어 주는 것인가. 응당히 어려운 것이며 살피지
못할 것이다."

◉『태평어람太平御覽』에 의하면 양웅은 처음에 개천설蓋天說을 믿고 있었
으나 뒤에『신론新論』의 저자인 환담桓譚의 영향을 받아 혼천渾天으로
바꾸었다고 한다.『수서』천문지天文志와『개원점경開元占經』에 의하면
역易으로『난개천팔사難蓋天八事』를 지었다고 한다.

或問渾天[1] 曰 落下閎[2]營之 鮮于妄人[3]度之 耿中丞[4]象之 幾乎幾乎 莫之
能違也 請問蓋(天)[5] 曰 蓋哉蓋哉 應難[6] 未幾也

〔혹자가 혼천渾天을 물었다. 답하기를 낙하굉落下閎이 그것을 발명했고,
선우망인鮮于妄人이 그것을 헤아렸고, 경중승耿中丞이 그것을 본떴다.
가까운 것인가. 가까운 것인가. 거기에 능히 어긋날 수가 없다. 청컨대
개천蓋天을 묻겠소. 답하기를 개蓋인가. 개인가. 응당히 어렵고 살피지

못할 것이다.〕

※

1 渾天(혼천): 혼천의渾天儀. 천체天體의 운행運行과 위치를 관측하는 기계.

2 落下閎(낙하굉): 한무제漢武帝 때 혼천의를 발명한 사람.

3 鮮于妄人(선우망인): 한무제漢武帝 때 혼천으로 성신星辰을 관측한 사람.

4 耿中丞(경중승): 경수창耿壽昌. 중승中丞은 관직官職의 이름. 한선제漢宣帝 때 천체도天體圖를 제작했다.

5 蓋天(개천): 원문에 천天자가 빠져 있으나 들어가야 한다고 했다.

6 應難(응난): 응당히 어려운 것이다.

4. 성인도 이야기하지 않았던 것이다

어떤 사람이 묻기를

"조(趙: 秦)의 시대에 신비한 일이 많았던 것은 무슨 까닭입니까?"

하니, 대답했다.

"귀신이나 괴이한 것은 상식으로 이해되지 않는 것으로, 있는 것 같기도 하고 없는 것 같기도 해 성인께서도 없는 것이라고 일렀다."

◉ 진秦나라에 귀신과 괴물이 많았다고 하는 것은 왕망王莽이 부명符命에 의해 나라를 빼앗은 것을 풍자한 것이라고 한다.

或問 趙[1]世多神何也 曰 神怪茫茫 若存若亡 聖人曼云

〔혹자가 묻기를 조趙의 세상에 신神이 많았다는 것은 무엇인가. 답하기를 신괴神怪는 망망茫茫하여 있는 것 같고 없는 것 같아 성인도 없는 것이라고 일렀다.〕

1 趙(조): 진秦나라를 가리킨다. 조趙는 진秦과 동성同姓이기 때문이다.

5. 세 사람은 각각 흠이 있어 칭찬할 수 없다

어떤 사람이 묻기를

"오자서吳子胥와 대부 종大夫種과 범려范蠡 중에서 누가 가장 현명합니까?"

하니, 대답했다.

"자서子胥는 그의 주군主君인 초나라의 평왕平王이 부형父兄을 살해하자 적국敵國인 오나라로 망명했다. 오나라의 공자公子인 합려闔閭가 왕인 요僚를 죽이고 스스로 왕이 되고자 음모를 꾸미니 전제專諸라는 용사를 부추겨 그를 도왔다.

반란이 성공하여 합려가 왕이 되니 그의 군대를 이끌고 초나라 군대를 깨뜨리고, 초나라의 도읍인 영郢으로 쳐들어가 평왕平王의 무덤을 파헤쳐 그 시체에 매를 치기 3백 번이었다. 그리고 다시 오나라의 장수와 군졸들로 하여금 초나라 군주와 신하들의 아내와 밤을 함께 하게 해 욕보였다. 부형의 원수를 갚는 것도 이 정도에 이르면 지나친 것으로 덕에 말미암은 행위라고는 말할 수 없는 것이다.

또한 항복한 월나라를 멸망시키고자 하여 제나라를 정벌하는 것은 아무런 이득이 없음을 간諫하였으나 받아들여지지 않았다. 여기서 단념하고 물러나야 할 것이었으나 그는 오나라를 떠나지 않고 있었다. 마침내 자결하라는 명命을 받고 '나의 눈을 빼내 동문東門에 걸어라.

그 눈으로 월나라 군대가 오나라를 멸망시키는 것을 볼 것이다.'라고
하고는 죽기에 이르렀다.

대부 종大夫種과 범려范蠡는 다 같이 월나라 왕 구천句踐의 신하였다.
구천이 오나라 왕 합려를 죽인 기세를 타고 오나라를 정벌하고자 했을
때 강경하게 간하여 막지 않았다. 마침내 구천으로 하여금 회계산會稽山
으로 도망해 들어가 오나라에 잡히고 월나라 사직社稷의 신神마저
굴복하게 하고, 구천을 오나라의 노예가 되게 했다. 그러나 다시 음모를
꾸며 마침내 오나라 왕 부차夫差를 멸망시키고 말았다.

이 세 사람은 확실하게 걸출한 인물들이기는 하지만 각각 큰 문제가
있어 칭찬할 수는 없다. 다만 범려가 구천의 사람됨을 알아보고 오호五
湖로 달아나 대부 종大夫種에게 서신을 보내 물러날 것을 권한 일은
가장 적절한 태도였다고 말할 수 있을 것이다."

或問 子胥[1]種[2]蠡[3]孰賢 曰 胥也俾吳作亂 破楚入郢[4] 鞭尸藉館 皆不由德
謀越諫齊 不式不能去 卒眼之 種蠡不强諫而山棲 俾其君詘社稷之靈
而童僕 又終弊吳 賢皆不足邵[5]也 至蠡策種而遁 肥矣哉

〔혹자가 묻기를 오자서伍子胥와 대부 종大夫種과 범려范蠡는 누가 현명한
가. 답하기를 오자서는 오吳로 하여금 난亂을 일으키게 하여 초楚를 깨뜨리
고 영郢으로 들어가 시체에 회초리질을 하고 관館을 자藉했다. 다 덕德에
말미암음이 아니었다. 월越을 도모圖謀하고 제齊의 정벌을 간諫하였으나
사용되지 않았는데 떠나지 못하고 마침내 눈알까지 도려냈다. 대부 종과
범려는 강력하게 간諫하지 못하고 산山에 살게 하여 그 군주로 하여금
사직社稷의 영靈을 굽혀 동복童僕이 되게 하였고 또 마침내 오吳를 깨뜨렸

236

다. 현명함이 모두 뛰어나다고 하기에는 족하지 못하다. 범려가 대부 종에게 서신을 보내고 달아남에 이르러서는 잘한 것인져.]

※

1 子胥(자서): 오자서伍子胥. 춘추시대 초나라 사람으로 오나라로 망명하여 활약했다. 이름은 원員.

2 種(종): 월왕越王 구천句踐의 신하인 대부 종大夫種을 가리킨다. 대부 종은 대부大夫인 種종이라는 말로 성은 문文이다.

3 蠡(려): 월왕 구천의 신하였던 범려范蠡를 가리킨다. 뒤에 관직을 버리고 은둔했다.

4 郢(영): 초나라의 도읍.

5 邵(소): 소邵라야 마땅하다. 뛰어나다는 뜻.

6. 진秦나라를 멸망시켰는가?

어떤 사람이 진승陳勝과 오광吳廣에 대해 물으니, 대답했다.

"난亂을 일으킨 자들이다."

또 묻기를

"그들이 먼저 난을 일으키지 않았다면 진秦나라는 망하지 않았을 것입니다."

하니, 대답했다.

"진秦을 멸망시켰는가? 아마도 진이 망하기 전에 그들이 먼저 망하지 않았겠는가!"

◉ 왕망의 천봉연간天鳳年間에도 도적의 봉기가 있었는데, 여기에는 그 사건에 대한 우화적인 뜻이 담겨 있다.

或問陳勝吳廣[1] 曰 亂 曰 不若是則秦不亡 曰 亡秦乎 恐秦未亡而先亡矣

〔혹자가 진승陳勝과 오광吳廣에 대해 물었다. 답하기를 난亂이다. 말하기를 그와 같지 않았다면 진秦은 멸망하지 않았을 것이다. 답하기를 진을 멸망시켰는가. 아마도 진이 아직 멸망하기 전에 먼저 멸망하지 않겠는가.〕

※

1 陳勝吳廣(진승오광) : 진승陳勝과 오광吳廣은 두 사람 다 천하를 통일한 진秦에 가장 먼저 반기를 들었다.

7. 그 세 가지가 다 원인이다

어떤 사람이 묻기를

"전국시대戰國時代의 위魏·한韓·조趙·초楚·연燕·제齊의 여섯 나라는 무릇 183년 동안을 나란히 한 지가 이미 오래되었습니다. 한 번 흥하고 한 번 쇠퇴하는 일을 되풀이하였는데, 진秦나라의 시황제始皇帝 3년에 이르러 진나라에 병합되었습니다. 그것은 하늘의 때와 진나라의 운대가 맞아 떨어진 것입니까? 지형의 험준함에 의해 자연적으로 방어가 된 것입니까? 아니면 진나라의 임금과 신하들의 사업事業의 결과입니까?"

하니, 대답했다.

"그 세 가지가 다 갖추어진 것이다."

어떤 사람이 청해 묻기를

"먼저 임금과 신하들의 사업에 대해 가르쳐 주십시오."

하니, 대답했다.

"진나라에서는 효공孝公 이래로 140년에 걸쳐 병력을 강화시키고 농업에 힘을 기울여 점차로 여섯 나라의 영토를 침략해 잠식했다. 이것이 임금과 신하들의 사업이었다."

또 묻기를

"지형에 의한 자연적인 방어에 대해 말씀해 주십시오."

하니, 대답했다.

"동쪽으로는 황하黃河를 경계의 도랑으로 삼고, 남쪽으로는 진령秦嶺이 가로막고 있고, 서쪽으로는 옹수雍水와 양수梁水 유역의 기름진 땅에서 수확하고, 북쪽은 경수涇水의 기슭을 미개한 상태로 놓아두었다. 이런 형세 안에서 유리한 때에는 세력을 신장하고 불리해지면 물러나 엎드려 있었다. 이것이 지형을 이용한 자연적인 방어다."

또 묻기를

"그러면 하늘의 때와 운때가 맞은 것은 무엇입니까?"

하니, 대답했다.

"당시의 양쪽을 비교해 보면, 진秦의 시황始皇은 도끼요, 그의 장군과 대신들은 칼이었다. 이에 반해 여섯 나라의 군주들은 나무요, 그들의 장군과 대신들은 고깃덩이였다고 할 수 있다. 그런 시절을 만난 것이 행운이었던 것이다."

◉ 진秦의 천하 통일은 실제로는 시황제始皇帝 26년이다. 그것을 군이 3년이라고 기록한 것은, 왕망이 섭정攝政 황제에서 진짜 황제의 자리를 차지한 것을 풍자한 것이라고 한다.

或問 六國[1]竝 其已久矣 一病一瘳 迄始皇三載[2]而咸 時激[3] 地保 人事乎
曰 具 請問事 曰 孝公以下 强兵力農 以蠶食六國事也 保 曰 東溝大河[4]

南阻高山[5] 西采雍梁 北鹵涇垠 便則申 否則蟠 保也 激 曰 始皇方斧
將相方刀 六國方木 將相方肉 激也

〔혹자가 묻기를 육국六國이 아우른 것이 이미 오래다. 한 번은 병들고
한 번은 치료되고, 시황始皇 3년에 모두가 되었다. 때의 행운인가. 지리地利
의 보전인가. 인사人事인가. 답하기를 다 갖추었다. 청컨대 인사를 묻습니
다. 답하기를 효공孝公으로부터 이하以下 병력兵力을 강하게 하고 농업에
힘써 그것으로써 육국을 잠식蠶食한 것은 인사이다. 지리의 보전은 무엇인
가. 답하기를 동으로는 대하大河를 도랑으로 하고 남으로는 고산高山이
가로막고 있고 서로는 옹雍과 양梁에서 수확하고 북은 경은涇垠을 버려
두었다. 편리하면 펴고 그렇지 않으면 힘을 쌓았다. 행운은 무엇인가.
답하기를 시황은 바야흐로 도끼요, 장상將相은 바야흐로 칼이었다. 육국
은 바야흐로 나무요, 장상은 바야흐로 고깃덩이였던 것이 행운이었다.〕

※

1 六國(육국) : 위魏·한韓·조趙·초楚·연燕·제齊의 여섯 나라.

2 始皇三載(시황삼재) : 시황제始皇帝 3년. 실제로는 시황제 26년.

3 激(격) : 요徼의 뜻으로 해석한다. 요행. 행운.

4 大河(대하) : 황하를 말한다.

5 高山(고산) : 진령秦嶺을 말한다.

8. 어떻게 진秦을 제압할 수 있었겠는가?

어떤 사람이 묻기를

"주왕조周王朝의 평왕平王이 동쪽으로 옮길 때쯤에서야 비로소 진秦
의 백작伯爵이었던 양공襄公은 제후의 반열에 오르게 되었고 그의

자손인 시황始皇은 마침내 천하를 통일하기에 이르렀습니다. 주왕조의 난왕赧王은 진秦의 마음대로 하는 행위를 제압할 수가 없었던 것입니까?"

하니, 대답했다.

"천자天子가 다섯 등급의 제후인 공작公爵·후작侯爵·백작伯爵·자작子爵·남작男爵을 규제하는 것은 예禮의 절도節度인 것이다.

예절에 있어서는 아랫사람이 윗사람과 같게 행동하는 참람한 것보다 더 법도를 어기는 일은 없다. 그리고 참례僭禮에 있어서는 아랫사람이 윗사람의 제祭를 감히 행하는 것보다 심한 것은 없다. 제례祭禮에 있어서는 제사지내는 땅보다 더 중대한 것은 없다. 제사지내는 땅은 하늘을 제사지내는 치畤보다 중대한 것은 없다. 양공襄公·문공文公·선공宣公·영공靈公 시절부터 진秦나라의 제멋대로 하는 참람한 행위는 시작된 것이다.

옛날에 양공襄公이 처음부터 참람 제후의 신분으로 서치西畤를 만들어 서방西方의 천제天帝인 백제白帝를 제사지냈다. 그 뒤 문공文公은 부치鄜畤를 만들어 백제白帝를 제사지내고, 선공宣公은 밀치密畤를 만들어 청제青帝를 제사지냈다. 영공靈公은 오양吳陽에 상치上畤를 만들어 황제黃帝를 제사지내고, 하치下畤를 만들어 염제炎帝를 제사지냈다.

그런데 주왕조周王朝의 천자는 이 제멋대로 하는 행위를 바로잡는 일 없이, 도리어 현왕顯王 같은 이는 진秦의 효공孝公이나 혜왕惠王에게 주周의 선조先祖인 문왕文王·무왕武王을 제사지낸 제육祭肉을 하사할 정도였다.

이로써 천하의 큰 나라를 지닌 제후들은 각각 나라의 힘을 기울여 서로 침략했다. 살갗에서 시작하여 뼈까지 빼앗아 가지는 형편에 이르렀다. 세상은 약육강식弱肉强食의 전국시대가 되었다. 이런 지경에 있는데 난왕赧王 한 사람이 어떻게 진秦을 제압할 수 있었겠는가.”

◉ 외척인 왕씨王氏의 권세를 배경으로 왕망王莽은 대사마大司馬에 임명되어 정치에 참여하고, 평제平帝를 시해弑害하여 섭정 황제皇帝가 되었다가 마침내 스스로 신황제新皇帝라 일컫기에 이르렀다. 이때에는 고모姑母인 원후元后도 어찌할 도리가 없었다. 이 사실을 풍자한 것이라고 한다.

或問 秦伯列爲侯衛 卒呑天下 而赧曾無以制乎 曰 天子制公侯伯子男[1]也 庸節 節莫差於僭 僭莫重於祭 祭莫重於地 地莫重於天 則襄文宣靈 其兆也 昔者襄公 始僭西時以祭白帝[2] 文宣靈 宗興鄜密上下 用事四帝 而天王[3]不匡 反致文武胙 是以四疆之內 各以其力來侵 攘肌及骨 而赧獨何以制秦乎

〔혹자가 묻기를 진백秦伯은 열렬하여 후위侯衛가 되어 마침내 천하를 잠식하였건만 난왕赧王은 일찍이 그것으로써 제압함이 없었던가. 답하기를 천자가 공공·후후·백백·자자·남남을 제압함에는 절節을 쓴다. 절은 참僭보다 어긋나는 것은 없고 참僭은 제祭보다 무거운 것은 없고 제는 지地보다 무거운 것은 없고 지는 천天보다 무거운 것은 없다. 곧 양공襄公·문공文公·선공宣公·영공靈公은 그 조짐이었다. 옛날에 양공이 처음으로 서치西時를 참僭하여 그것으로써 백제白帝를 제사지냈고, 문공·선공·영공도 부鄜·밀密·상하上下를 종흥宗興하여 사제四帝를 섬기는 데 썼다. 그러나 천왕天王은 바로잡지 않았고, 도리어 문왕文王과 무왕武王의 조胙를 치致했다. 이것으로써 사강四疆의 안이 각각 그 힘으로써 오기도 하고 침략하기도 하여 살갗을 훔쳐서 뼈에까지 이르렀다. 그러한대 난왕赧王이 홀로 무엇으로써 진秦을 제압할 것인가.〕

※

1 公侯伯子男(공후백자남): 제후의 다섯 등급. 곧 공작公爵·후작侯爵·백작伯
爵·자작子爵·남작男爵.

2 白帝(백제): 서쪽의 천제天帝.

3 天王(천왕): 천자. 주왕조周王朝.

9. 한漢으로 넘어간 것은 하늘의 명이다

어떤 사람이 묻기를

"영정嬴政, 곧 진秦의 시황제始皇帝 26년에 천하를 진秦나라에서 제
마음대로 했습니다. 시황始皇이 황제가 된 지 15년 만에 2세二世 황제는
살해되고, 뒤를 이은 자영子嬰도 초나라 항우項羽에게 피살되었습니다.
항우가 서초西楚의 패왕霸王이 된 지 5년 만에 해하垓下의 한판 싸움에서
천하는 한漢나라의 것이 되었습니다. 시황제 이래 무릇 50년(실제는
46년) 동안 천하는 진나라에서 초나라로, 초나라에서 한나라로, 이렇게
세 번이나 넘어갔습니다. 이것은 하늘의 명이라고 해야 합니까 아니면
인사人事라고 해야 합니까?"

하니, 대답했다.

"두 가지가 다 갖추어진 것이다. 주나라는 그 일족의 자제를 비롯해
힘 있는 부족을 봉해 그들에게 각각 이름 있는 도성都城을 나눠주고,
다섯 등급의 작위를 나누어주어 규제했으나 그들이 뒷날 합쳐져서
이른바 12제후諸侯가 되었다. 그 당시는 한나라 고조와 같이 천하를
취하고자 해도 될 수 없는 일이었다.

전국시대로 들어와 육국六國은 주왕조의 왕권을 약화시키고 진秦나

라를 돕는 결과를 초래하여 마침내 어느 나라도 홀로 우뚝 일어설 수 없을 정도로 쇠약해지고 말았고, 진나라만이 홀로 정치 세력을 떨치게 되었다. 그래서 천하를 진나라가 제 마음대로 한 것이다.

진나라는 천하를 다스리는 도를 잃어 제후를 봉하는 일을 폐지하고 천하를 36군郡으로 나누어 그곳에 군수郡守를 두는 군현제를 실시했다. 그런데 이들 관료는 백성들을 연결하여 묶어두는 데에 실패하여 천하를 흩어지게 했다.

진나라를 멸망시킨 항우는 억세고 사나워 기분이 내키는 대로 제후왕諸侯王을 바꾸어 세웠다. 그러므로 천하를 초나라가 마음대로 했다. 초나라 의제義帝 원년元年 2월에 항우는 처음으로 천하의 패왕霸王이 되어 18왕王을 세웠다. 이때 유방劉邦도 또한 한왕漢王으로 봉해져 종남산終南山의 남쪽에서 뒤에 한나라 고조가 될 창업의 기틀을 마련한 것이다.

유방劉邦은 먼저 동쪽으로 나아가는 길을 막고 있던 옛 진秦나라 장군인 옹왕雍王 장감章邯과 새왕塞王 사마흔司馬欣과 적왕翟王 동예董翳의 땅을 아울러 항우를 하남河南에서 안휘安徽의 해하垓下로 몰아넣었다. 이렇게 보면 천하를 한나라가 마음대로 한 것이며, 하늘이 한 것이다."

어떤 사람이 또 사람이 한 일에 대해 물으니, 대답했다.

"천하의 재능을 겸비한 자들을 자기 편으로 모아 좌우의 지혜와 계략을 마음껏 발휘하게 하여 언제나 충분하게 계획을 세우고 행동할 시기를 신중하게 엿본 것은 사람이 한 일이다. 천명天命은 사람을 통하지 않고서는 나타나지 않고 사람이 하는 일은 천명을 얻지 않으면

244

성공하지 못하는 것이다."

或問 嬴政¹二十六載 天下擅²秦 秦十五載而楚 楚五載而漢 五十載之
際而天下三擅 天邪人邪 曰 具 周建子弟 列³名城 班五爵 流之十二
當時雖欲漢得乎 六國蚩蚩⁴爲嬴⁵弱姬⁶ 卒之⁷屛營 嬴擅其政 故天下擅
秦 秦失其猷 罷侯置守 守失其微⁸ 天下孤睽 項氏⁹暴强 改宰侯王¹⁰
故天下擅楚 擅楚之月 有漢創業山南¹¹ 發迹三秦¹² 追項山東¹³ 故天下
擅漢 天也 人 曰 兼才尙擢¹⁴ 右計左數 動謹於時 人也 天不人不因
人不天不成

〔혹자가 문기를 영정嬴政 26년에 천하를 진秦이 천단했다. 진 15년에
초楚가 되었고, 초 5년에 한漢이 되었다. 50년 동안에 천하를 세 번 천단했
다. 천명天命인가. 인사人事인가. 답하기를 다 갖추었다. 주周는 자제子弟
를 봉건封建하여 명성名城을 쪼개 주고 오작五爵으로 나누어 열둘로 갈리었
다. 비록 당시 한漢이 얻고자 해도 할 수 있었겠는가. 육국六國은 어리석어
영嬴을 위해 희姬를 약하게 하였고, 마침내 병영屛營함에 이르러 영嬴이
그 정치를 천단하게 되었다. 그러므로 천하를 진秦이 천단했다. 진은
계획을 잃고 제후諸侯를 없애고 군수郡守를 두었다. 군수는 그 다스림에
실패하여 천하가 등을 돌리게 했다. 항씨項氏는 강포强暴하게 후왕侯王을
개재改宰했다. 그러므로 천하를 초楚가 천단했다. 초가 천단했던 달에
한漢도 산남山南에서 창업創業했다. 자취를 삼진三秦에서 발發하여 항項을
산동山東으로 몰았다. 그러므로 천하를 한漢이 천단했던 것은 천명天命이
다. 인사라는 것은 무엇인가. 말하기를 재才를 겸하고 권權을 숭상하고,
계계計를 우右로 하고 수數를 좌左로 하며, 행동함에 시기를 삼가는 것은
인사人事이다. 천명은 인사가 아니면 나타나지 않고 인사는 천명이 아니면

이루어지지 않는다.]

※

1 嬴政(영정): 영영嬴은 진秦을 가리킨다. 시황始皇이 천하를 통일하여 황제皇帝
  가 되기 이전의 정치.

2 擅(천): 천단하다. 제 멋대로 하다. 마음대로 하다.

3 列(렬): 열렬裂과 같다. 쪼개다.

4 蚩蚩(치치): 어리석은 모양.

5 嬴(영): 진秦나라를 가리킨다.

6 姬(희): 주나라를 가리킨다.

7 之(지): 지至와 같다.

8 微(미): 휘徽라야 마땅하다.

9 項氏(항씨): 항우項羽를 가리킨다. 성은 항項, 이름은 적籍, 자字는 우羽.
  진대秦代 말기의 무장武將으로 초나라 사람인데 진秦나라를 멸망시키고 스스
  로 서초西楚의 패왕霸王이라 했다. 뒤에 유방劉邦에게 패해 해하垓下에서
  자살했다.

10 侯王(후왕): 제후왕諸侯王.

11 山南(산남): 종남산終南山의 남쪽이라는 뜻.

12 三秦(삼진): 전에 진秦나라 장군이었던 옹왕雍王 장감章邯과 새왕塞王 사마
  흔司馬欣과 적왕翟王 동예董翳의 세 장군의 땅을 가리킨다.

13 山東(산동): 전국시대에 진秦나라 동쪽의 여러 나라를 가리켜 이르던 말.

14 攉(권): 권權의 오자誤字.

10. 사실이 그러한 것입니까?

어떤 사람이 묻기를

  "초패왕楚霸王 항우는 해하垓下의 한판 싸움에서 패하고 장차 죽음을

각오했을 때 '이것은 하늘이 나를 멸망시키는 것이지 싸움의 잘못은 없는 것이다.'라고 말했다고 합니다. 사실이 그러한 것입니까?" 하니, 대답했다.

"한왕漢王은 여러 장수의 전략戰略을 두루 듣고 살펴 받아들였고, 그들의 전략은 여러 사람이 모든 지혜와 힘을 다한 것이었다. 그런데 항우는 여러 장수가 일껏 좋은 전략을 생각해 내도 도리어 질투하고 자기 한 사람의 힘만을 떨칠 뿐이었다. 여러 사람의 지혜를 다하는 사람은 승리하고 혼자의 힘으로 싸우는 사람은 패한다. 하늘의 명이 어찌 일을 하겠는가."

◉ 『사기』「항우본기項羽本紀」에 의하면 항우가 자살하기 직전에 "하늘이 나를 멸망시키는 것이다. 이 이상 도피하려고 생각지 않는다."라고 했다고 한다.

或問 楚敗垓下[1] 方死曰天也 諒乎 曰 漢屈群策 群策屈群力 楚憝群策 而自屈其力 屈人者克 自屈者負 天曷故焉

〔혹자가 묻기를 초楚가 해하垓下에서 패해 바야흐로 죽음에 이르러 말하기를 천명이라고 했다는데, 진실인가. 답하기를 한漢은 군책群策을 다하고, 군책은 군력群力을 다했다. 초楚는 군책을 미워하고 스스로 그 힘을 다했다. 인사人事를 다하는 자는 승리하고 자신만을 다하는 자는 진다. 하늘이 어찌 일을 하겠나.〕

※

1 垓下(해하): 지명地名. 한나라 고조 유방劉邦이 초나라 패왕霸王 항우를 쳐서 깨뜨린 곳.

11. 천명天命을 수행한 사람

어떤 사람이 묻기를

"진秦나라와 초楚나라는 천명을 받아 행한 사람들이었습니다. 그렇건만 진왕秦王 자영子嬰은 패수灞水에서 항복하고 목을 매었으며, 초왕楚王 항우項羽는 양자강의 북쪽 기슭에서 시체가 다섯 갈래로 찢겼습니다. 어찌하여 그와 같이 흥망興亡이 빠른 것입니까?"

하니, 대답했다.

"하늘은 큰 덕을 갖춘 사람에게는 복을 내리고 악행惡行을 저지르는 사람은 밀어서 떨어뜨린다. 그 옛날에 유웅(有熊: 黃帝)·고양(高陽: 顓頊)·고신(高辛: 帝嚳)·당(唐: 堯)·우(虞: 舜) 및 하夏·은殷·주周의 세 왕조王朝는 다 빛나는 덕을 갖추었다. 그런 까닭에 하늘은 그들에게 복福을 내려 신神들의 제주祭主로 삼고 또한 천명을 내려 천자가 되게 했다. 이것은 모든 백성이 바라던 것이었고 그들이 천하를 다스린 것은 오랜 기간이었다.

진나라와 초나라의 군주는 억세고 사나워 싸우는 것을 일삼고, 화가 나면 기분에 따라 공격하고, 천지인天地人의 세 가지 정도正道를 짓밟고, 많은 백성들에게 잔인하고 포학하게 굴었다. 그 자제子弟들조차도 멸망시키고자 생각할 정도였다. 하물며 일반 백성에 있어서나 신령神靈에 있어서야 얼마나 원한이 컸을 것인가. 일찍 멸망했다고 말하나, 도리어 너무 늦은 감이 있을 정도이다."

⦿ 유월兪越에 의하면 "자제子弟들조차 멸망시키고 싶어 했다."고 하는 말은, 진秦·초楚의 이야기가 아니고, 왕망의 신변身邊의 사실이었다.

중려편重黎篇이 고인古人을 논한다고 하지만 사실은 시사時事를 붙인 이야기이다.

或問 秦楚旣爲天典命矣 秦縊灞上 楚分江西 興廢何速乎 曰 天胙光德 而隕明忒 昔在有熊[1]高陽[2]高辛[3]唐虞三代 咸有顯懿 故天胙之爲神明主 且著在天庭 是生民之願也 厥饗國久長 若秦楚强閼震撲 胎藉三正 播其虐於黎苗 子弟且欲喪之 況於民乎 況於鬼神乎 廢未速也

〔혹자가 묻기를 진秦과 초楚는 이미 천명을 위한 명을 맡았다. 진은 패상灞上에서 목을 매었고, 초楚는 강서江西에서 나누어졌다. 흥하고 폐함이 어찌 빠른가. 답하기를 하늘은 광덕光德에게는 복福을 주고 명특明忒은 떨어뜨린다. 옛날에 유웅有熊·고양高陽·고신高辛·당唐·우虞·삼대三代는 모두 현의顯懿가 있었다. 그러므로 하늘이 그들에게 복을 주고 신명神明의 주인으로 삼고 또한 현저하게 천정天庭에 있게 했다. 이것이 생민生民의 소원이다. 그 나라를 누리기 장구長久했다. 진秦과 초楚가 강예强閼 진박震撲하여 삼정三正을 태자胎藉하고, 그 포학함을 여묘黎苗에 뿌려 자제子弟조차 그를 없애고자 했다. 하물며 백성에게 있어서이며 하물며 귀신에게 있어서랴. 폐廢한 것이 빠르지 않다.〕

※

1 有熊(유웅): 고대의 오제五帝의 하나인 황제黃帝의 별칭.

2 高陽(고양): 오제五帝의 하나인 전욱顓項을 이르는 말.

3 高辛(고신): 오제五帝의 하나인 제곡帝嚳을 달리 이르는 말.

12. 우임금에게도 토지가 있었습니까?

어떤 사람이 묻기를

"중니仲尼가 대성大聖이었다면 하늘은 어찌해 그에게 복을 내려 신神들의 제주祭主로 삼지 않은 것입니까?"

하니, 대답했다.

"기반이 되는 토지를 가지지 못했기 때문이다."

어떤 사람이 또 묻기를

"그렇다면 순임금이나 우임금에게는 토지가 있었습니까?"

하니, 대답했다.

"순임금은 요임금을 토지로 하고, 우임금은 순임금을 토지로 한 것이다."

◉ "신神들의 제주祭主로 삼는다."는 말은 천자天子로 삼는다는 뜻이다. "기반基盤이 되는 토지를 가지지 못했다."라고 한 데 대해, 『맹자』 공손추상편公孫丑上篇에서는 가령 사방 백리의 땅을 얻어 임금 노릇을 한다면 천하를 보유할 수 있는 위대한 성인聖人으로서 공자를 들고 있다. "그렇다면 순舜이나 우禹에게는 토지가 있었습니까?" 하고 물은 데 대해, "순舜은 요堯를 토지로 삼고, 우禹는 순舜을 토지로 삼았다."라고 대답한 것은 『맹자』 만장상편萬章上篇의 "일개 필부로서 천하를 차지하는 자는 그 덕德이 반드시 순舜·우禹와 같아야 하며 또 천자가 그를 천거하여야 한다."라고 한 데에 근거를 두는 말이다.

或問 仲尼大聖 則天曷不胙 曰 無土 然則舜禹有土乎 曰 舜以堯作土

禹以舜作土

〔혹자가 묻기를 중니仲尼가 대성大聖이라면 하늘이 어찌해 복福을 주지
않았는가. 답하기를 땅이 없었다. 그렇다면 순舜과 우禹는 땅이 있었는가.
답하기를 순舜은 요堯로써 땅을 삼고 우禹는 순으로써 땅을 삼았다.〕

13. 훌륭한 글과 아름다운 말이 바깥이다

어떤 사람이 성인聖人의 속과 겉에 대해 물으니 대답했다.

  "예의에 맞는 위엄 있고 당당한 몸가짐과 훌륭한 글과 아름다운
말이 외면外面이요, 덕이 있는 행위와 충실하고 믿음이 있는 성심이
내면內面이다."

或問聖人表裏 曰 威儀文辭表也 德行忠信裏也

〔혹자가 성인의 표리表裏를 물었다. 답하기를 위의威儀와 문사文辭는
겉이고 덕행德行과 충신忠信은 속이다.〕

14. 진秦이 유능한 인재를 얻었다면…

어떤 사람이 묻기를

  "초나라의 회왕懷王이 뒤에 의제義帝가 되어 제위帝位에 올랐을 때
유방劉邦은 하남河南의 남양군南陽郡을 공략하고, 항우는 하북河北의
거록鉅鹿을 구했습니다. 두 사람은 두 방향으로 나뉘어 한 번은 떠났고
한 번은 합했습니다. 이때 만약 진秦나라가 유능한 인재를 얻었다면

어떻게 되었겠습니까?"

하니 대답했다.

"이미 백성들이 진秦나라를 위하는 마음이 없어진 것이었다. 진나라
는 그의 신령스러운 것을 잃은 지가 오래였던 것이다."

或問 義帝[1]初矯 劉龜南陽 項救河北 二方分崩 一離一合 設秦得人如
何 曰 人無爲秦也 喪其靈久矣

〔혹자가 묻기를 의제義帝가 처음으로 일어섰을 때 유방劉邦은 남양南陽에
서 공략하고, 항우項羽는 하북河北을 구救했다. 두 방향으로 분열하여
한 번은 헤어지고 한 번은 모였다. 만약 진秦이 인재를 얻었다면 어떻게
되었겠는가. 답하기를 인재가 진을 위함이 없었다. 그 영靈을 잃은 지가
오래이다.〕

※

1 義帝(의제): 초나라의 회왕懷王. 항우에게 피살되었다.

15. 차라리 왕이 되지 않은 편이 나을 것이다

한신韓信과 경포黥布는 둘 다 한 자루의 칼을 차고 진秦나라 말기의
어지러운 속에서 몸을 일으켜, 마침내 남면南面해 스스로 고孤라고
부르는 왕王의 지위에 오른 사람들이다. 하지만 최후에는 당시의 극형極
刑으로 죽임을 당했다. 이렇게 될 바에는 차라리 왕이 되지 않은 편이
낫지 않았겠는가!

어떤 사람이 묻기를

"왕이 되지 않았다면 이름이 없었을 것인데 어떻게 하겠습니까?"

하니, 대답했다.

"명성名聲이란 좋은 평판을 이르는 말이다. 최후까지 충절忠節을 다하지 않고 스스로 반역을 도모하는 것이 어디에 좋은 점이 있는가."

◉ 이 끝부분도 왕망을 풍자한 것이라 한다.

韓信[1]黥布[2] 皆劍立 南面[3]稱孤[4] 卒窮時戮 無乃勿乎 或曰 勿則無名如何 曰 名者謂令名也 忠不終而躬逆 焉攸令

〔한신韓信과 경포黥布는 다 검劍으로 입신立身해, 남면南面하고 고孤라 일컬었지만 마침내 시륙時戮을 궁窮했다. 차라리 하지 말았을 것을. 혹자 가 말하기를 말았으면 명성이 없었을 것이니 어떻게 하나. 답하기를 명성이라는 것은 영명令名을 이르는 것이다. 충성으로 끝마치지 못하고 몸소 거역했으니 어찌 유령攸令할 것인가.〕

※

1 韓信(한신): 소하蕭何·장량張良과 함께 한漢 삼걸三傑의 한 사람. 한漢 고조의 통일 대업大業을 도와 초왕楚王에 봉해졌으나 뒤에 피살되었다.

2 黥布(경포): 영포英布. 고조를 도운 공功으로 제후諸侯에 봉해졌으나 뒤에 반란을 일으켰다가 반역죄로 피살되었다.

3 南面(남면): 남쪽을 향해 앉는다는 뜻으로 임금을 가리킨다. 신하는 북면北面 한다고 한다.

4 孤(고): 임금이 스스로를 낮추어 겸손하게 이르던 말. 과인寡人과 같은 뜻.

16. 이것은 굴종屈從이라고 해야 할 것이다

어떤 사람이 순우월淳于越에 대해 물으니, 대답했다.

"재주를 굽힌 사람이다."

다시 설명해 달라고 하니, 대답했다.

"진秦의 시황제는 범과 같이 물어뜯고 부엉이처럼 찢어 버리며 선비를 물어뜯는 것도 육포를 씹는 것과 같이 했다. 순우월이 그에게 눈썹을 치켜세우고 맞섰으며, 바른말 하는 것을 꺼리지 않은 것은 재주 있다고 이를 것이다. 그러나 장차 무슨 일이 일어날 지를 예측하기 어려운 나라에서 벼슬해 기대할 수 없는 녹봉을 받고 기대할 수 없는 국운國運의 한 부분을 분담하며, 저 포백령지鮑白令之는 시황始皇에게 바른말을 하다 관직에서 파직罷職되었건만 그는 사퇴해 조정에서 물러나지 않았다. 이것은 굽힌 것이라고 해야 할 것이다."

◉ 『사기』「시황본기始皇本紀」에 의하면 순우월淳于越은 하·은·주 삼대三代의 예를 들어 시황始皇의 군현제郡縣制를 간諫했다고 한다. 포백령지鮑白令之가 시황에게 직언했다는 말은 『설원說苑』 지공편至公篇을 참조한다.

或問淳于越[1] 曰 伎曲 請問 曰 始皇方虎捌而梟磔 噬士猶腊肉也 越與亢眉 終無橈辭 可謂伎矣 仕无妄之國 食无妄之粟 分无妄之橈 自令之[2] 閒[3]而不違 可謂曲矣

〔혹자가 순우월淳于越을 물었다. 답하기를 기곡伎曲이다. 청해 물으니 답하기를 시황始皇이 바야흐로 범같이 물어뜯고, 부엉이같이 찢어발겨서 사士를 먹는 것이 마른 육포를 먹는 것과 같았다. 월越은 더불어 눈썹을 치켜세우고 끝내 말을 굽힘이 없었으니 기伎라고 이를 만하다. 바랄 것이 없는 나라에서 벼슬하여 바랄 것이 없는 속粟을 먹고 바랄 것이 없는 나라의 운명을 분담하고 백령지白令之가 바뀌었어도 떠나지 않았으

254

니 굽혔다고 이를 것이다.]

1 淳于越(순우월): 진나라 시황始皇의 신하로 시황에게 군현제에 대해 간한
  사람.
2 自令之(자령지): 왕영보汪榮寶의 설에 따라, 포백령지鮑白令之로 보고, 자自
  를 백白으로 고치고 포鮑를 보충補充한다고 했다.
3 閒(한): 대代와 같다.

17. 범의 이빨을 깎아낸 것이다

어떤 사람이 묻기를

"모초茅焦는 죽음을 무릅쓰고 시황始皇에게 간해, 드디어 시황이
몸소 수레를 타고 왼쪽 자리를 비워둔 채 태후太后를 맞이하게 되었습니
다. 그런데 채생蔡生은 항우가 진(秦: 咸陽)을 멸망시킨 뒤 고향으로
돌아가려 하자 간하여 함양咸陽을 도읍으로 해 패업霸業을 이룰 것을
권하였으나 받아들여지지 않았고 더해 비난을 하였기 때문에 삶아져
죽임을 당했습니다. 대체 채생의 웅변은 모초만 못했습니까?"
하니, 대답했다.

"채생은 자기도 원숭이인데 자기가 원숭이인 것은 덮어두고 남을
원숭이라고 했기 때문이다. 이쯤 되면 가마솥의 끓는 물에 던져지는
것도 있을 수 있는 일이 아니겠느냐. 모초는 상대를 거스르며 죄악을
들춰냈으나 지켜야 할 신하로서의 도리는 잘 지켰다. 이는 웅변임에는
틀림이 없으나 범의 이빨을 깎아낸 것이다."

◉ 시황제는 유명한 노애嫪毐 사건 때문에 모태후母太后를 궁중에 유폐하

고, 간하는 자를 죽여 정형井桁의 모양으로 쌓아 올렸는데 27명에 달했다고
한다. 시황제가 태후를 맞이한 이야기는 『설원』 정간편正諫篇에 있다.
그리고 채생蔡生이 항우에 의해 삶아져 죽임을 당한 이야기는 『사기』
「항우본기項羽本紀」에 있다.

或問 茅焦[1]歷井幹之死[2] 使始皇奉虛左之乘 蔡生[3]欲安項咸陽 不能移
又亨[4]之 其者未辯與 曰 生捨其木侯[5]而謂人木侯 亨不亦宜乎 焦逆訐
而順守之 雖辯劖虎牙矣

〔혹자가 묻기를 모초茅焦는 정간井幹의 시체를 밟고 시황始皇으로 하여금
허좌虛左의 승乘을 받들게 했다. 채생蔡生은 항우項羽를 함양咸陽에 안주하
게 하고자 했으나 옮길 수 없었고, 또 삶아졌다. 그것은 웅변雄辯이 잘못되
어서인가. 답하기를 채생은 그가 목후木侯임을 버리고 남을 목후라고
했다. 삶아지는 것이 또한 마땅하지 않은가. 모초는 역알逆訐했으나 그것
을 순수順守했다. 웅변이라고는 하더라도 범의 이빨을 깎아낸 것이다.〕

※

1 茅焦(모초): 노애嫪毐 사건으로 시황제의 모태후母太后가 궁중에 유폐되었는
   데 이를 구하기 위해 위험을 무릅쓰고 시황제에게 간한 사람.
2 死(사): 시屍와 같다.
3 蔡生(채생): 다른 책에 의하면, 한생韓生으로 된 곳도 있다.
4 亨(팽): 팽烹과 같다.
5 木侯(목후): 목후沐猴. 원숭이.

18. 두 사람의 천재에 의해 이루어진 것이다

어떤 사람이 묻기를

"감라甘羅가 여불위呂不韋로 하여금 깨닫게 하고, 장벽강張辟强이 진평陳平과 주발周勃을 깨우쳐 준 것은 모두 열두 살 때였습니다. 그렇다면 두 사람의 활동은 감무甘茂나 장량張良 덕분이 아니었겠습니까?" 하니, 대답했다.

"두 사람의 재능인 것이다. 감무나 장량의 활동도 반드시 그 조상 덕분은 아니었던 것이다."

◉ 진秦나라가 연燕나라와 연합해 조趙나라를 정벌하기 위해 장당張唐을 연나라에 파견하려 했으나 장당은 재상인 여불위가 그 일을 맡아야 한다고 하며 사양했다. 여불위를 섬기던 감라甘羅는 자진해 설득의 역할을 넘겨받아 큰 공功을 세웠는데 이 일이 「저리자감무열전樗里子甘茂列傳」에 보인다. 「여후본기呂后本紀」에 의하면 한漢나라 혜제惠帝가 붕어崩御했을 때 모후母后인 여태후呂太后가 곡을 하면서도 눈물을 보이지 않았다. 이로써 장벽강張辟强은 태후의 심중을 간파하고 우승상右丞相인 진평陳平과 강후絳侯인 주발周勃에게 권하여 여씨呂氏를 궁정宮廷의 요직에 임명하게 했다고 한다.

或問 甘羅[1]之悟呂不韋[2] 張辟强[3]之覺平勃[4] 皆以十二齡 戊良[5]乎 曰 才也 戊良不必父祖

〔혹자가 묻기를 감라甘羅가 여불위呂不韋를 깨닫게 해주고, 장벽강張辟强이 진평陳平과 주발周勃을 깨우쳐 준 것은 모두 열두 살로써 했으니 감무甘

茂나 장량張良의 영향인가. 답하기를 재주이다. 감무나 장량도 반드시
부조父祖 때문은 아니었다.〕

※

1 甘羅(감라): 진秦나라의 유명한 정략가政略家인 감무甘茂의 손자.

2 呂不韋(여불위): 전국시대 진나라의 재상.

3 張辟強(장벽강): 한나라의 유명한 정략가인 장량張良의 아들.

4 平勃(평발): 평平은 진평陳平으로 한나라의 우승상. 발勃은 주발周勃로 한나
라의 강후絳侯.

5 戊良(무량): 무戊는 무茂. 무茂는 감무甘茂로 진秦나라의 유명한 정략가.
양良은 장량張良으로 한나라 고조를 도운 유명한 정략가이며, 한신韓信·소하
蕭何와 더불어 삼걸三傑의 한 사람. 자字는 자방子房.

19. 변론이라는 것은 자기를 변명할 수 있으면 된다

어떤 사람이 묻기를

"역이기酈食其는 세 치의 혀를 놀려 진류성陳留城을 항복하게 하고,
형양현榮陽縣에 있는 오창敖倉의 곡식을 빼앗았으며, 제나라의 왕 전광
田廣을 설득하여 한나라에 항복해서 역하歷下의 군대를 물러나게 했는
데 어떠한 웅변이었습니까? 그런데 한신韓信이 공명功名을 빼앗기지
않겠다고 제나라를 급습急襲함으로써 전광에게 배신자라는 의심을
받아 솥 안에서 삶아져 죽는 일을 당했는데 얼마나 말주변이 없는
것이었습니까?"

하니, 대답했다.

"대저 변론辯論이라는 것은 자기를 변명할 수 있으면 되는 것이다.
남을 변명하는 것과 같은 것은 위태한 것이다."

◉ 한신의 이야기는 「역생육가열전酈生陸賈列傳」을 참조한다.

或問 酈食其¹說陳留 下敖倉 說齊罷歷下軍 何辯也 韓信襲齊 以身脂
鼎 何訥也 曰 夫辯也者自辯也 如辯人幾矣

〔혹자가 묻기를 역이기酈食其는 진류陳留를 설득하여 오창敖倉을 항복하
게 하고, 제齊를 설득하여 역하歷下의 군사를 파罷하게 했다. 어떠한
웅변인가. 한신韓信이 제齊를 습격함에 자신이 기름솥으로 들어갔다.
어떠한 눌변이었는가. 답하기를 대저 변명辯明이라는 것은 스스로를 변명
하는 것이다. 남을 변명하는 것은 위험한 것이다.〕

※

1 酈食其(역이기) : 한나라의 책사策士. 한나라 고조를 위해 전광田廣에게
　가서 제나라의 70여 개 성을 항복 받았는데 한신이 제나라를 공격했다.
　이에 전광이 역이기를 솥에 삶아 죽였다.

20. 어찌 그의 마음을 끌 수 있었겠는가?

어떤 사람이 묻기를

"괴통蒯通은 한신韓信에게 접근해 자신과 함께 일해 보자고 유인해
보았으나 성공하지 못했습니다. 그래서 거짓으로 미친 체하고 떠나버
렸습니다."

하니, 대답했다.

"그 때 한신은 고조高祖를 깊이 믿고 있었으므로 고조에게 등을
돌린다는 말 같은 것은 귓전에도 들어오지 않았던 것이다. 어찌 그의
마음을 끌 수 있었겠는가?"

또 묻기를

"틈이 있었다면 밀고 들어갈 수 있었겠습니까?"

하니, 대답했다.

"현명한 사람은 예禮를 알고 있는지 어떤가를 살피고 보통 사람은 틈이 있는지 어떤가를 엿본다. 틈을 엿보는 것조차 나쁜 일인데, 하물며 열쇠까지 두드린다는 말인가."

◉ 괴통蒯通은 제나라 사람으로 아직 한나라와 초나라의 형세가 어지러울 때, 한漢·초楚·제齊의 삼국정립책三國鼎立策으로써 한신을 유인했었다고 「회음후열전淮陰侯列傳」에 보인다.

或問 蒯通[1]抵韓信不能下 又狂之 曰 方遭信閉 如其抵 曰 巇可抵乎 曰 賢者司禮 小人司巇 況拊鍵乎

〔혹자가 묻기를 괴통蒯通은 한신을 접촉해 굴복시키지 못했다. 그리고 미친 척했다. 답하기를 바야흐로 한신이 귀를 막았을 때 만났다. 어찌 그 접촉인가. 말하기를 틈이 있으면 접촉할 수 있는가. 답하기를 현명한 자는 예禮를 살피고, 소인小人은 틈을 살핀다. 하물며 열쇠를 두드리는가.〕

❋

1 蒯通(괴통) : 변사辯士이다. 제나라 사람으로 한漢·초楚·제齊의 삼국정립책 三國鼎立策을 세웠다.

21. 과연 충의忠義의 인물이었습니까?

어떤 사람이 묻기를

"진나라 승상인 이사李斯는 충성을 다했건만 2세 황제인 호해胡亥는 그를 극형에 처했습니다. 이사는 과연 충성된 인물이었습니까?"
하니, 대답했다.

"이사李斯는 글을 올려 축객逐客의 영슴을 제거시키고 이에 의해 시황始皇에게 인정받아 마침내 승상이 되기에 이르렀다. 그런데 시황은 방술方術하는 사람의 미혹迷惑된 말에 이끌려 스스로 발해勃海 속으로 뛰어들어 삼신산三神山의 불사약不死藥을 구하고자 노력했다.

뒤에 시황이 사구대沙丘臺에서 붕어崩御하니 조고趙高의 사악한 계략을 받아들여 시황이 남긴 조서詔書를 고쳐 호해胡亥를 세워 2세二世를 삼고, 2세의 뜻에 아첨하여 독책督責의 서書를 받들었다. 어찌 충성을 다했다고 하겠느냐?"

어떤 사람이 곽광霍光에 대해 물으니, 대답했다.

"소제昭帝 즉위 초에 곽광은 선제先帝인 무제武帝가 남긴 조서의 내용을 받들어 여덟 살인 어린 황제를 도와 정치에 힘쓰고, 뒤에 황제의 형인 연왕燕王 단旦, 누이인 악읍공주鄂邑公主, 곽씨霍氏와 인척姻戚 관계에 있는 좌장군左將軍 상관上官 걸桀, 그의 아들로서 황후皇后의 아버지인 표기장군驃騎將軍 안安, 어사대부御使大夫인 상홍양桑弘羊 등이 결탁해 반역을 도모하였을 때, 그것을 미연에 방지했다. 다시 소제昭帝가 붕어한 뒤에 여러 신하와 의논하여 창읍왕昌邑王을 제위에 오르게 했으나 그의 행실이 닦아지지 않았으므로 태후太后에게 상주上奏해 그를 폐하고 재차 선정하여 민간에 있는 무제武帝의 증손되는 사람을 세웠다. 그가 선제宣帝였다.

그동안의 행동은 당당했고, 충성도 이렇게 하기가 어려웠던 것이다. 그러나 아내인 현顯이 허황후許皇后를 독살하였을 때 곽광霍光이 소리

없이 마무리 지으려고 꾀하였던 것은, 충절을 최후까지 온전하게 끝마치지 못한 것이었다."

● 이사李斯가 2세 황제에게 받들어 올렸다고 하는 '독책督責의 서서書'는, 감독을 엄하게 해 위반하는 자를 엄벌에 처하면 많은 신하와 백성은 법망法網을 면하기에 급급해 죽음을 무릅쓰고 반란을 생각할 겨를이 없고, 군주君主는 안심하고 좋을 대로 할 수 있다는 내용의 글이다. 이에 의해 세금은 더욱 무거워지고 형벌의 정도가 더욱 심해져 진秦나라의 멸망을 더 빨라지게 한 원인이 된 것이다.

或問 李斯盡忠 胡亥[1]極刑 忠乎 曰 斯以留客至作相 用狂人之言 從浮大海 立趙高[2]之邪說 廢沙丘之正 阿意督責 焉用忠 霍[3] 曰 始六之詔[4] 擁少帝之微 摧燕上官之鋒 處廢興之分 堂堂乎忠難矣哉 至顯不終矣
〔혹자가 묻기를 이사李斯는 충성을 다하였는데 호해胡亥가 극형極刑에 처했다. 충성인가. 답하기를 이사는 객客을 머무르게 함으로써 승상丞相이 되기에 이르렀다. 광인狂人의 말을 이용하고 따라서 대해大海에 뜨려고 했다. 조고趙高의 사설邪說을 세워 사구沙丘의 정正을 폐廢하고 뜻에 아첨해 독책督責했다. 어찌 충성을 썼겠는가. 곽광霍光에 대해 물었다. 답하기를 시원始元의 6대六代의 조서로 소제少帝의 미微를 옹립擁立하여 연燕·상관上官의 창끝을 꺾고 폐흥廢興의 분分에 처했다. 충성하기 어려운 것을 당당堂堂하게 여기는 것인져. 현顯에 이르러 마치지 못했다.〕

※

1 胡亥(호해): 진秦나라 2세 황제二世皇帝.
2 趙高(조고): 진나라 환관宦官으로 시황始皇이 죽은 뒤 어리석은 호해를 2세 황제로 세우고 이사를 죽인 뒤에 승상이 되었다.

3 霍(곽): 곽광霍光. 한漢나라의 정치가.
4 始六之詔(시육지조): 始는 시원始元으로 연호. 육六 다음에 세世자가 빠졌다. 육세는 한漢의 고조高祖에서 무제武帝까지 6대의 임금.

22. 은덕恩德은 어떤 편이었습니까?

어떤 사람이 묻기를

"풍당馮唐은 한漢나라 문제文帝를 대면해 '폐하께서는 가령 저 조趙나라의 이름난 장수인 염파廉頗나 이목李牧을 신하로 거느리신다고 하더라도 그들을 제대로 부리실 수는 없으실 것입니다.'라고 했다는데 사실입니까?"

하니, 대답했다.

"그는 그 말로 문제文帝를 도발시켜 운중雲中의 수守인 위상魏尙이 가벼운 죄로써 처벌되는 것을 구제하고자 한 것이다. 문제가 주아부周亞夫의 군대를 시찰할 때 군중軍中에 있어서는 황제라 하더라도 장군의 명령에 따르지 않으면 안 된다는 것을 말했다 한다. 염파나 이목이 있어도 당연히 마음껏 활동하도록 했을 것이다."

어떤 사람이 또 묻기를

"은덕恩德은 어떤 편이었습니까?"

하니, 대답했다.

"한 사람이 죄를 범하였을 때 그 처자까지 연좌시키는 법을 폐지하고 붕어한 뒤에 남긴 조서로써 후궁의 비妃들을 해방시키고, 궁궐의 신축을 중지시키고, 자신의 능묘陵墓는 산을 그대로 능陵으로 삼고 따로 봉분封墳을 만들지 못하게 했다."

◉ 풍당馮唐이 한漢나라 문제文帝에게 한 말은『사기』「장석지풍당열전張
釋之馮唐列傳」에 있는 말이다. 풍당은 또 문제에 대해 법은 매우 밝고,
상은 매우 가볍고, 벌은 매우 무겁다고 평했다.

或問 馮唐面文帝 得廉頗¹李牧²不能用也 諒乎 曰 彼將有激也 親屈帝
尊 信亞夫³之軍 至頗牧⁴曷不用哉 德 曰 罪不孥 宮不女 館不新 陵不墳

〔혹자가 묻기를 풍당馮唐은 문제文帝를 대면하고, 염파廉頗나 이목李牧을
얻는다고 해도 능히 쓰지 못할 것이라고 했다는데 사실인가. 답하기를
그는 장차 격동激動이 있게 하려고 했다. 친히 제帝의 존엄을 굽혀서
주아부周亞夫의 군사를 신신했다. 염파나 이목에 이르러 어찌 쓰지 못했겠
는가. 덕德에 대해 물으니 답하기를 죄가 있어도 연좌連坐시키지 않고,
후궁後宮의 여자를 풀어주고, 궁전은 새로 짓지 않게 하고, 능陵은 봉분封墳
을 하지 않게 했다.〕

                              ※

1 廉頗(염파): 전국시대 조나라의 명장名將.
2 李牧(이목): 전국시대 조나라의 명장.
3 亞夫(아부): 주아부周亞夫.
4 頗牧(파목): 염파廉頗와 이목李牧.

23. 진여陳餘와 장이張耳의 교제

어떤 사람이 교제交際에 대해 물으니, 대답했다.

　"인仁으로 하는 것이다."

또 묻기를

"진여陳餘와 장이張耳의 교제는 어떻습니까?"

하니, 대답했다.

"처음 얼마 동안은 참다운 우정으로 맺어진 훌륭한 교제였다."

또 묻기를

"두영竇嬰과 관부灌夫의 교제는 어떻습니까?"

하니, 대답했다.

"끝마침이 흉한 것이었다."

● 진여陳餘와 장이張耳의 교제에 대하여 사마천은, 처음에 성심으로 교제했지만 뒤에 이반離反한 것은 이해에 얽히게 되었기 때문이라고 「장이진여열전張耳陳餘列傳」에서 말하고 있다.

두영竇嬰과 관부灌夫의 교제에 대하여 사마광司馬光은, 두 사람의 교제는 시종일관했으나 협기俠氣에 의하여 서로 상대를 위해 함께 죄를 짓게 되었다고 했다. 「위기무안후열전魏其武安侯列傳」을 참조.

或問交 曰 仁 問餘耳[1] 曰 光初 竇灌[2] 曰 凶終

〔혹자가 교제를 물으니 답하기를 인仁하여라. 진여陳餘와 장이張耳를 물으니 답하기를 처음에는 빛났다. 두영竇嬰과 관부灌夫를 물으니 답하기를 마지막을 흉凶하게 했다.〕

※

1 餘耳(여이): 진여陳餘와 장이張耳.
2 竇灌(두관): 두영竇嬰과 관부灌夫.

24. 자기의 말에 책임을 진다

어떤 사람이 신信에 대해 물으니, 대답했다.

"자신이 한 말을 지키지 않는 일이 없어야 할 것이다."

누군가 실례를 들어주기를 원하니, 대답했다.

"진晉나라 순식荀息과 조趙나라 정영程嬰·공손저구公孫杵臼가 있다. 진秦나라의 대부大夫 세 사람은 주군主君인 목공穆公이 죽으니 따라 죽어 그 무덤 곁에 매장되었다."

어떤 사람이 또 의義에 대해 물으니, 대답했다.

"사물이 그 가지고 있어야 할 마땅한 것을 얻는 것을 의義라 한다."

◉ 진晉나라 순식荀息은 『좌전左傳』 희구僖九와 『공양公羊』 십十을 참조한다. 조趙나라 정영程嬰과 공손저구公孫杵臼는 『사기』 「조세가趙世家」를 각각 참조한다. 진秦나라의 세 사람의 대부大夫 이야기는 『시경』 진풍황조 秦風黃鳥와 『좌전』 문육文六을 참조한다.

앞의 세 사람은 함께 유고를 받들어 선군先君에 보답한 사람들인데, 순식荀 息은 죽어 약속을 지켰고, 정영程嬰과 공손저구公孫杵臼는 주가主家를 다시 일으켰다.

或問信 曰 不食其言 請人 曰 晉荀息 趙程嬰 公孫杵臼 秦大夫[1] 瘞穆公 之側 問義 曰 事得其宜之謂義

〔혹자가 신信을 물으니 답하기를 그 말을 식언食言하지 않는 것이다. 청하여 사람을 물으니 답하기를 진晉의 순식荀息, 조趙의 정영程嬰과 공손저구公孫杵臼다. 진秦의 대부大夫는 목공穆公의 곁에 매장되었다.

의義를 물으니 답하기를 일의 그 마땅함을 얻는 것을 의라 이른다.]

※

1 秦大夫(진대부): 진秦의 세 사람의 대부大夫.

25. 밝은 지혜를 가진 사람이면 하지 않는다

어떤 사람이 묻기를

"계포季布는 한고조漢高祖가 수배령을 내린 사람이 되어, 죄인이나 노예에게까지 몸을 굽히는 일을 참아냈는데 어찌 가히 할 수 있는 것입니까?"

하니, 대답했다.

"능히 치욕을 견딜 수 있는 사람이면 견뎌낼 것이고, 명철明哲한 사람이면 하지 않는 것이다."

어떤 사람이 또 묻기를

"계포와 같이 사태가 절박해지면 명철한 사람이라도 어찌할 도리가 없지 않겠습니까?"

하니, 대답했다.

"명철한 사람이라면 항우와 같은 사람을 최후까지 섬기는 일은 하지 않을 것이다. 만약 최후까지 항우에게 벼슬을 했다면 어찌 피하는 바가 되겠는가! 〔그를 따라서 죽고 피하는 일은 하지 않을 것이다.〕"

◉ 계포季布의 이야기는 『사기』 「계포난포열전季布欒布列傳」에 있다.

或問 季布忍 焉可爲也 曰 能者爲之 明哲不爲也 或曰 當布¹之急 雖明

哲如之何 曰 明哲不終項²仕 如終項仕 焉攸避

〔혹자가 묻기를 계포季布의 인내는 어찌 할 수 있는 것인가. 답하기를 능자能者는 그것을 하고 명철明哲하면 하지 못한다. 혹자가 말하기를 계포의 절박함을 당하면 비록 명철하다고 해도 그것을 어떻게 하겠는가. 답하기를 명철하면 항우項羽에게 벼슬하기를 끝까지 하지 않는다. 만약 항우에게 벼슬하기를 끝까지 했다면 어디로 피할 것인가.〕

※

1 布(포) : 계포季布.
2 項(항) : 항우項羽.

26. 남이 할 수 없는 일을 행하는 것

어떤 사람이 현賢에 대해 물으니, 대답했다.

"남이 할 수 없는 일을 행하는 사람이다."

어떤 사람이 누군가 실례를 들어달라고 하니, 대답했다.

"안연顏淵과 검루黔婁와 상산商山의 사호四皓와 위현성韋玄成이다."

어떤 사람이 장자長者에 대해 물으니, 대답했다.

"조趙나라의 인상여藺相如가 구슬을 받들고 진秦나라에 사신으로 가 진나라의 야망을 꺾고 조나라의 위세를 높였으며, 또 귀국해서는 염파廉頗의 질투를 피해 언제나 그에게 양보해 국력의 분열을 막았다.

난포欒布는 그의 벗인 팽월彭越의 은혜와 의리를 배신하지 않고 고조高祖에게 피살된 그의 머리에 보고했다.

노魯나라의 협객인 주가朱家는 비밀리에 계포季布의 누명을 벗기기 위해 노력했으며 계포가 다시 존귀한 몸이 된 뒤에도 평생 만나지 않고 은혜를 팔려 하지 않았다.

　문제文帝의 낭郎인 직불의直不疑는 없는 의심을 받고 조금도 반박하지 않았다.

　한안국韓安國은 양梁나라 효왕孝王의 사신이 되어 경제景帝로 하여금 노여움을 풀게 했다. 이러한 일들이 장자長者의 실례가 될 것이다."

◉ 이궤李軌의 말에 의하면 한漢의 위현성韋玄成을 아울러 말한 이유는 『한서』「위현전韋賢傳」에 따라, 왕망은 한漢의 천하를 찬탈한데 대해 위현성은 자기의 집을 형에게 넘겨주었기 때문이라고 했다.
난포欒布의 이야기는 「계포난포열전季布欒布列傳」에, 주가朱家의 이야기는 「유협열전游俠列傳」에, 직불의直不疑의 이야기는 「만석장숙열전萬石張叔列傳」에, 한안국韓安國의 이야기는 「한장유열전韓長孺列傳」에 각각 보인다.

或問賢 曰 爲人所不能 請人 曰 顔淵 黔婁¹ 四皓² 韋玄³ 問長者 曰 藺相如⁴ 申秦而屈廉頗 欒布之不塗⁵ 朱家之不德 直不疑之不校 韓安國之通使

〔혹자가 현賢을 물으니 답하기를 남이 할 수 없는 것을 한다. 사람을 물으니 답하기를 안연顔淵·검루黔婁·사호四皓·위현韋玄이다. 장자長者를 물으니 답하기를 인상여藺相如가 진秦에 펴고 염파廉頗에게 굴복함이나, 난포欒布의 배반하지 않음이나, 주가朱家의 덕德으로 삼지 않은 것, 직불의直不疑가 반박하지 않은 것, 한안국韓安國의 통사通使 등이다.〕

※

1 黔婁(검루): 『열녀전』현명편賢明篇에 의하면 제나라의 고고한 선비라고 했다.

2 四皓(사호): 백발白髮인 네 사람의 장로長老, 곧 진秦의 난亂을 피해 상산商山
에 은거한 네 사람의 노인인 원공園公·기리계綺里季·하황공夏黃公·녹리 선생
用里先生으로 상산사호商山四皓라고 한다.

3 韋玄(위현): 위현성韋玄成.

4 藺相如(인상여): 전국시대 조나라의 현신賢臣.

5 欒布之不瀆(난포지부도): 부도不瀆는 천복본天復本에 의해, 불배不倍로 해석
하여 '배신하지 않다'로 풀이한다.

27. 여섯 필이라고 대답한 석경石慶

어떤 사람이 신하로서 자기의 충절과 덕을 스스로 얻은 사람에 대해
물으니, 대답했다.

"무제武帝의 태복太僕인 석경石慶이 무제에게서 수레에 몇 필의 말을
매었는가라는 물음을 받고 채찍으로 일일이 세어 보고 나서 여섯 필이라
고 대답한 일, 김일제金日磾 장군의 근신한 태도, 선제宣帝의 위장군衛將
軍인 장안세張安世의 신중함, 선제 때의 어사대부御使大夫인 병길丙吉이
선제가 어린 시절 민간에 있을 때 양육했으면서도 선제가 즉위한 뒤
조금도 입 밖에 내지 않은 일 등일 것이다."

또 신하로서 스스로 지은 죄로 말미암아 죽임을 당하는 것에 대해
물으니, 대답했다.

"무제武帝의 이사장군貳師將軍인 이광리李廣利가 인척姻戚인 유굴리
劉屈氂와 도모해 누이동생인 이부인李夫人이 낳은 창읍왕昌邑王을 즉위
시키려다 일이 탄로나 아내와 아들이 체포되었다는 말을 듣고 마침내
흉노匈奴에게 항복한 일, 선제宣帝의 기련장군祁連將軍인 전광명田廣明

이 지휘권을 남용한 일, 선제 때 좌풍익左馮翊의 관직에 있던 한연수韓延
壽가 전임자인 소망지蕭望之를 무고한 일, 또 선제 때 경조윤京兆尹인
조광한趙廣漢이 승상인 위상魏相의 집에 뛰어든 일 등이다."

◉ 석경石慶의 이야기는 「만석장숙열전萬石張叔列傳」에, 김일제金日磾의
이야기는 『한서』 「곽광김일제전霍光金日磾傳」에, 장안세張安世의 이야기
는 『한서』 「장탕전張湯傳」에, 병길丙吉의 이야기는 『한서』 「위상병길전魏
相丙吉傳」에 각각 보인다.
이광리李廣利의 이야기는 『한서』 「공손유전왕양채진정전公孫劉田王楊蔡
陳鄭傳」과 「흉노전 상匈奴傳上」에, 전광명田廣明의 이야기는 「흉노전 상匈
奴傳上」과 「혹리전酷吏傳」에, 조광한趙廣漢의 이야기는 『한서』 「조윤한장
양왕전趙尹韓張兩王傳」에 각각 보인다.

或問臣自得 曰 石[1]太僕之對 金將軍[2]之謹 張衛將軍[3]之愼 丙大夫[4]之不
伐善 請問臣自失 曰 李貳師[5]之執貳 田祁連[6]之濫帥 韓馮翊[7]之愬蕭[8]
趙京兆[9]之犯魏[10]

[혹자가 신하의 자득自得을 물으니 답하기를 석태복石太僕의 대답, 김장군
金將軍의 근신, 장위장군張衛將軍의 신중, 병대부丙大夫의 선善을 자랑하
지 않음 등이다. 청하여 신하의 자실自失을 물으니 답하기를 이이사李貳師
의 두 마음을 가짐, 전기련田祁連의 군사의 남용, 한풍익韓馮翊의 소망지蕭
望之를 무고誣告함, 조경조趙京兆의 위상魏相을 범犯함이다.]

※

1 石(석): 석경石慶.

2 金將軍(김장군): 김일제 장군金日磾將軍.

3 張衛將軍(장위장군): 위장군衛將軍인 장안세張安世.

4 丙大夫(병대부) : 어사대부御使大夫인 병길丙吉.

5 李貳師(이이사) : 이사장군貳師將軍인 이광리李廣利.

6 田祁連(전기련) : 기련장군祁連將軍인 전광명田廣明.

7 韓馮翊(한풍익) : 좌풍익左馮翊의 관직에 있는 한연수韓延壽.

8 蕭(소) : 소망지蕭望之.

9 趙京兆(조경조) : 경조윤京兆尹인 조광한趙廣漢.

10 魏(위) : 한漢나라 승상丞相인 위상魏相.

28. 의기欹器를 제압하는 방법

어떤 사람이 충분하게 차 있는 것을 유지하는 도道에 대해 물으니,
대답했다.

"그것은 노나라 환공桓公의 묘廟에서 공자孔子가 보았다고 하는 의기
欹器를 제압하는 방법일 것이다."

◉ '의기欹器를 제압하는 방법'이라는 말은 『순자荀子』 유좌편宥坐篇에
보이는 말인데, 의기欹器는 비면 기울고, 중간쯤 차면 똑바르고 가득하게
꽉 차면 뒤집힌다. 공자가 말하기를 "꽉 차서 뒤집히지 않는 것이 세상에
있을까."라고 했다고 한다.

或問持滿 曰 扼欹[1]

〔혹자가 만족滿足을 지님을 물으니 답하기를 의欹를 가져라.〕

※

1 扼欹(액의) : 이본李本에는 의欹가 없으나 송오본宋吳本에는 있다. 송오본을
　따른다.

29. 태고太古의 방법이 오히려 낫다

양왕손揚王孫이 발가벗겨 장사지내는 것으로써 앞 다투어 후장厚葬을 하는 세상의 풍습을 바로잡고자 한 것에 대해 말했다.

　"세상의 풍습을 바로잡고자 하는 일은 예禮에 바탕을 두고 해야 할 일이다. 알몸뚱이 장례葬禮라고 하는 것은 후장厚葬보다도 더 심한 방법이다. 만약 이런 방법으로 세상의 풍습을 바로잡고자 한다면 시체를 넝마에 싸서 골짜기에다 던져 버리던 태고太古 때의 방법으로 하는 것이 오히려 나을 것이다."

◉ 양왕손揚王孫은 『한서』 「양호주매운전揚胡朱梅云傳」에 보인다.

揚王孫 倮葬以矯世 曰 矯世以禮 倮乎 如矯世則葛溝尚矣

〔양왕손揚王孫은 나장倮葬하여 그것으로써 세상을 바로잡으려 했다. 말하기를 세상을 바로잡음에는 예禮로써 한다. 나倮이겠는가. 만약 세상을 바로잡으려면 갈구葛溝가 낫다.〕

30. 수식이 많은 문장이다

어떤 사람이 주관周官에 대해 물으니, 대답했다.

　"관제官制에 대해 적어 놓은 책이다."

　어떤 사람이 또 좌씨左氏의 저술에 대해 물으니, 대답했다.

　"물품의 등급을 평정評定한 것이다."

　또 태사천太史遷의 저술에 대해 물으니, 대답했다.

"있는 그대로를 기록한 것이다."

或問周官¹ 曰 立事 左氏² 曰 品藻 太史遷³ 曰 實錄

〔혹자가 주관周官을 물으니 답하기를 일을 세웠다. 좌씨左氏에 대해 말하기를 품조品藻다. 태사천太史遷을 말하기를 실록實錄이다.〕

※

1 周官(주관): 왕망王莽 때 박사博士를 두고 주례周禮라 일컬었다. 『한서漢書』 「예문지藝文志」의 주관경周官經 여섯 편篇이 있다.

2 左氏(좌씨): 『사기史記』 십이제후연표서十二諸侯年表序의 『좌씨춘추左氏春秋』. 유흠劉歆의 칠략七略에서부터 『좌씨전左氏傳』이라 칭하게 된 듯하다.

3 太史遷(태사천): 「예문지藝文志」에서는 태사공백삼십편太史公百三十篇, 곧 오늘의 『사기史記』.

제11권 연건淵騫

1. 안연과 민자건 같은 사람이 지금 있습니까?

어떤 사람이 묻기를

"공자 문하의 뛰어난 제자인 안연顏淵과 민자건閔子騫 같은 사람이
지금 시대에 어디 있겠습니까?"

하니, 대답했다.

"묻혀 있다."

어떤 사람이 또 묻기를

"안연과 민자건 같은 사람은 어떻게 하면 묻혀 있지 않게 하겠습니까?"

하니, 대답했다.

"그들은 공자孔子라고 하는 용의 비늘을 움켜잡고 봉황의 날개에
매달려 함께 따라 드날리는 것이다. 갑자기 일어나서는 미칠 수가
없는 것이다. 그들이 묻혀 있는 것이다. 묻혀 있는 듯이 하는 것이다."

● 안연顏淵과 민자건閔子騫은 세상에 드러나기를 좋아하지 않고, 조용히
들어앉아 학문에 전념하는 사람들이다.

或問 淵騫¹之徒 惡乎在 曰 寢 或曰 淵騫曷不寢 曰 攀龍鱗附鳳翼
巽以揚之 勃勃乎其不可及也 如其寢 如其寢

〔혹자가 묻기를 안연顏淵과 민자건閔子騫의 도徒는 어디에 있는가. 답하기
를 숨어 있다. 혹자가 묻기를 안연과 민자건은 어찌하면 묻혀 있지 않게
하는 것인가. 답하기를 용龍의 비늘을 움켜잡고 봉황鳳凰의 날개에 붙어
있어 손巽으로써 그것을 휘날린다. 발발勃勃하여 미칠 수가 없다. 묻혀
있는 것 같은가. 묻혀 있는 것 같은가.〕

※

1 淵騫(연건): 안연顏淵과 민자건閔子騫. 공자孔子 문하의 십철十哲의 한 사람이
  며 덕행德行이 뛰어났다.

2. 매일 새로운 경험을 하는 70여 제자

중니仲尼의 제자 70명은 중니에게서 날마다 듣지 못하던 것들을 듣고
볼 수 없었던 것들을 보았다. 문장文章은 족히 다스리지 않았다.

◉ 『한서』「양웅전 하揚雄傳下」에 의하면, 양웅은 처음에 문장가로서
한창 부賦를 지었다. 그 때 그는 윗사람을 풍자하는 것을 목적으로 했으나
역효과가 났다. 또 그것이 배우들의 업業과 같다고 여기고 아주 부賦의
제작을 중지해 버렸다고 한다.

七十子之於仲尼也 日聞所不聞 見所不見 文章亦不足爲矣

〔70제자는 중니仲尼에게서 날로 듣지 못할 바를 듣고, 보지 못할 바를
보았다. 문장文章 또한 다스림으로 삼지 않았다.〕

3. 모든 사람보다 뛰어난 것

군자君子는 덕德에 있어서 모든 사람보다 뛰어나고, 소인小人은 힘에 있어서 모든 사람보다 뛰어나다.

어떤 사람이 덕에 있어 모든 사람보다 뛰어난 것에 대해 물으니, 대답했다.

"순임금은 어버이에게 효도를 다하고, 우임금은 치수治水에 힘을 다하고, 고요皐陶는 나라를 다스리는 데 있어 큰 계획을 세웠다. 이것이 모든 사람보다 뛰어난 덕德이 아니겠는가."

또 모든 사람보다 뛰어난 힘에 대하여 물으니, 대답했다.

"진秦나라 도무왕悼武王과 그 신하인 오획烏獲·임비任鄙는 세발솥을 들어 올리고 맨손으로 소를 잡는 등의 일을 했으니, 이것이 모든 사람보다 뛰어난 힘이 아니겠는가."

君子絶德 小人絶力 或問絶德 曰 舜以孝 禹以功 皐陶[1]以謨 非絶德邪 力 秦悼武烏獲任鄙 扛鼎抃牛 非絶力邪

〔군자는 절덕絶德이요, 소인小人은 절력絶力이다. 혹자가 절덕을 물으니 답하기를 순舜은 효孝로써 하고 우禹는 공功으로써 하고 고요皐陶는 모謨로써 하였으니 절덕絶德이 아닌가. 절력絶力을 물으니 진秦의 도무왕悼武王과 오획烏獲·임비任鄙는 가마솥을 들고 소를 잡았으니 절력이 아닌가.〕

　　　　　　　　　　　※

1 皐陶(고요): 순임금의 어진 신하.

4. 맹가孟軻의 용기를 가르쳐 주십시오

어떤 사람이 용기에 대해 물으니, 대답했다.

"가軻가 용기 있는 사람이다."

또 묻기를

"어떤 가軻를 말씀하시는 것입니까?"

하니, 대답했다.

"가軻라고 하면 맹가(孟軻: 孟子)를 이르는 것이다. 진秦의 시황始皇을 노린 자객인 형가荊軻와 같은 사람은 군자의 도道에서 말한다면 다만 도적이라고 할 사람이다."

또 청하여 묻기를

"그렇다면 맹가孟軻의 용기를 가르쳐 주십시오."

하니, 대답했다.

"맹자는 의義에 용감하고 덕德을 행하는 데 과감했다. 빈부貧富와 귀천貴賤과 사생死生 등에 의해 마음을 동요시키지 않을 것을 주장했다. 용기에 가까이한 것이리라."

或問勇 曰 軻[1]也 曰 何軻也 曰 軻也者謂孟軻也 若荊軻君子盜諸 請孟軻之勇 曰 勇於義而果於德 不以貧富貴賤死生動其心 於勇也其庶乎

〔혹자가 용勇을 물으니 답하기를 가軻이다. 말하기를 어떤 가인가. 답하기를 가軻라고 하는 자는 맹가孟軻를 이른다. 형가荊軻와 같은 자는 군자의 도적이다. 청하여 맹가의 용勇을 물으니 답하기를 의義에 용감하고 덕德에 과감하고 빈부貧富나 귀천貴賤이나 사생死生으로써 그 마음을 동요하지

않았다. 용勇에 있어 그 가까운 것인져.]

※

1 軻(가): 맹가孟軻. 맹자孟子. 가軻는 이름이며 자는 여輿.

2 請(청): 청請 밑에 문問이 빠졌다고 했다.

5. 자기의 생각대로 주장한 노중련

노중련魯仲連은 자기의 생각대로 주장한 사람으로서 관직에 있으면서도 속박을 받으려고 하지 않았다. 인상여藺相如는 낮은 신분을 감수하면서 큰 공功을 세울 기회를 기다려 나라를 위해 자기를 제어하고 제멋대로 하지 않았다.

魯仲連傷而不制 藺相如制而不傷[1]

[노중련魯仲連은 탕傷하고 제制하지 않았으며, 인상여藺相如는 제制하고 탕傷하지 않았다.]

※

1 傷(탕): 탕蕩과 같고 탕傷자의 뜻이다. 멋대로 한 것이다.

6. 효왕孝王의 노여움을 산 추양

어떤 사람이 추양鄒陽에 대해 물으니, 대답했다.

"그는 양梁나라 효왕孝王의 노여움을 사 옥에 갇혔을 때 왕의 신용이 아직 충분하지 않은데도 불구하고 옥중에서 상서上書를 올려 자신의 무죄를 주장했다. 그것은 강개慷慨한 항변으로서 옥에서는 풀려났지만 위험한 것이었다."

◉『사기』「노중련추양열전魯仲連鄒陽列傳」을 참조한다.

或問鄒陽 曰 未信而分疑 忼辭免罥 幾矣哉

〔혹자가 추양鄒陽을 물으니 답하기를 아직 신임을 받지 못하면서 의심을
풀려고 강사忼辭하여 그물에서 벗어나기는 했지만 위험했다.〕

7. 여섯 나라의 중심인물인 네 사람

어떤 사람이 묻기를

　"위魏나라의 신릉군信陵君, 조趙나라의 평원군平原君, 제齊나라의
맹상군孟嘗君, 초楚나라의 춘신군春申君, 이 네 사람은 전국시대 말기에
있어서 여섯 나라의 중심인물이었습니다만, 모두 그 나라에 유익한
사람들이었습니까?"

하니, 대답했다.

　"위로 제후가 정권을 잃자 교활한 신하가 나라의 권세를 마음대로
휘두른 것에 지나지 않는다. 어찌 진정으로 나라에 유익한 자들이었겠
는가?"

或問 信陵[1]平原[2]孟嘗[3]春申[4]益乎 曰 上失其政 姦臣竊國命 何其益乎

〔혹자가 묻기를 신릉군信陵君·평원군平原君·맹상군孟嘗君·춘신군春申君
은 유익했는가. 답하기를 상上에서 정치를 잃었고 간신姦臣이 국명國命을
훔쳤으니 무엇이 그 유익함인가.〕

1 信陵(신릉): 신릉군信陵君. 전국시대 말기의 위魏나라 공자公子이며, 정치가.

2 平原(평원): 평원군平原君. 전국시대 말기의 조나라 공자公子이며, 정치가.

3 孟嘗(맹상): 맹상군孟嘗君. 전국시대 말기의 제나라 공족公族이며, 정치가.

4 春申(춘신): 춘신군春申君. 전국시대 말기의 초나라 정치가.

8. 저리자의 지혜

저리자樗里子의 지혜가 나라의 일을 계획하고 행하는 데 있어 자신의
묘지墓地를 쓰는 예언과 같이 훌륭하게 발휘되었더라면, 나는 그를
나라의 중요한 일을 점치는 시초점의 산대나 거북점의 거북의 등딱지같
이 저리자〔疾〕를 존중했을 것이다.

● 「저리자감무열전樗里子甘茂列傳」에 의하면 진秦나라 혜왕惠王의 아우
인 저리자樗里子는 지혜가 뛰어났다. 그는 "백년 뒤에는 나의 무덤을
끼고 천자의 궁전이 세워질 것이다."라고 예언하고 죽었는데, 과연 무덤의
동쪽과 서쪽에 한漢나라의 장락궁과 미앙궁이 세워졌다고 한다.

樗里子之知也 使知國如葬 則吾以疾[1]爲蓍龜

〔저리자樗里子의 지혜가 국가를 아는 일을 자신의 장례를 치르는 예언과
같이 했다면 나는 질疾을 시귀蓍龜로 삼았을 것이다.〕

1 疾(질): 저리자의 이름이다.

9. 주周는 양이고 진秦은 늑대이다

어떤 사람이 묻기를

　"주왕조周王朝의 순왕順王과 난왕赧王은 낙양洛陽 부근인 성주成周를 도읍으로 삼았는데 서쪽의 진秦나라에게 나라의 도읍을 바치기에 이르렀습니다. 그리고 진秦나라의 혜문왕惠文王과 소양왕昭襄王은 섬서성陝西省의 서쪽인 서산西山을 근거지로 해 마침내 동방의 여러 나라를 합병했습니다. 어느 쪽이 우세한 것이었습니까?"

하니, 대답했다.

　"주周는 양羊이고, 진秦은 늑대였다."

　또 묻기를

　"그렇다면 늑대가 우세한 것이었습니까?"

하니, 대답했다.

　"사람의 도리에서 보면 양이나 늑대나 다 같이 하나일 뿐이다."

周之順赧[1] 以成周而西傾 秦之惠文昭襄[2] 以西山[3]而東幷 孰愈 曰 周也 羊 秦也狼 然則狼愈與 曰 羊狼一也

〔주周의 순왕順王과 난왕赧王은 성주成周로써 서쪽에 기울었고, 진秦의 혜문왕惠文王과 소양왕昭襄王은 서산西山으로써 동쪽을 병합幷合했다. 누가 나은가. 답하기를 주는 양羊이고 진은 늑대였다. 그러면 늑대가 나은가. 답하기를 양이나 늑대나 한 가지다.〕

※

1 周之順赧(주지순난): 주왕조周王朝의 순왕順王과 난왕赧王.
2 秦之惠文昭襄(진지혜문소양): 진나라의 혜문왕惠文王과 소양왕昭襄王.

3 西山(서산): 기산岐山. 섬서성陝西省의 서쪽.

10. 몽념의 충절은 칭찬할 가치가 없다

어떤 사람이 묻기를

"진秦나라의 장군인 몽념蒙恬은 충성스러운 장군이었음에도 죽임을
당했습니다. 이것으로 미루어 본다면 충절忠節을 어떻게 하는 것이
가한 것입니까?"

하니, 대답했다.

"몽념은 장성長城을 쌓고 산을 파 골짜기를 메워 서쪽으로는 임조臨洮
에서 시작해 동쪽으로는 요하遼河까지 이르러 연결하는 일을 일으켰다.
그것은 한없이 백성을 혹사시켜도 힘이 모자라고 다만 죽는 자만이
늘어갈 뿐이었다. 충성이 알맞지 않은 것이었다."

或問 蒙恬[1]忠而被誅 忠奚可爲也 曰 塹山堙谷 起臨洮擊[2]遼水 力不足
而死有餘 忠不足相[3]也

〔혹자가 묻기를 몽념蒙恬은 충성하였으나 주살誅殺을 당했다. 충성은
어떻게 하는 것이 가한가. 답하기를 산을 파 골짜기를 메워 임조臨洮에서
시작해 요수遼水에 이어졌다. 힘이 부족한데 죽음은 남음이 있었다. 충성
은 도움에 알맞지 않았다.〕

※

1 蒙恬(몽념): 진나라 장군. 만리장성萬里長城을 축조했다.
2 擊(격): 계繫繫의 오자誤字.
3 相(상): 칭稱稱의 오자誤字.

11. 여불위는 지혜가 많은 사람이었습니까?

어떤 사람이 묻기를

 "여불위呂不韋는 얼마나 지혜가 있었습니까? 조趙나라에 인질로 잡혀 있는 진秦나라 왕손王孫 자초子楚를 보고는 장차 황금알을 낳을 것이라고 여겨서 사람을 돈으로 바꾸었습니까?"

하니, 대답했다.

 "누가 여불위를 지혜롭다고 여기겠는가. 국가로써 종족을 바꾸었을 뿐이다. 여불위는 도둑으로서 물건을 훔치려고 구멍을 뚫거나 담을 넘는 좀도둑의 우두머리일 뿐이다. 물건을 훔치려고 구멍을 뚫거나 담을 넘는 좀도둑이 한 섬을 짊어지고 가는 것은 보았으나, 낙양을 짊어지고 간다는 것은 보지 못했다."

◉ 사마천司馬遷도 또 공자孔子의 이른바 '유명인'이란 여자呂子의 일인 것 같다고 평했다. 겉으로는 인격자인 듯 행세하지만 하는 짓은 크게 다르고 그리고도 태연스럽게 행동하는 그런 자가 가는 곳마다에서 이름을 날린다고 『논어』 안연편顔淵篇에서 말했다.

或問 呂不韋[1]其智矣乎 以人易貨 曰 誰謂不韋智者與 以國易宗 不韋之盜 穿窬之雄乎 穿窬也者 吾見擔石矣 未見雒陽也

〔혹자가 묻기를 여불위呂不韋는 그 지혜로운 자인가. 사람으로써 재화財貨로 바꾸었을 뿐인가. 답하기를 누가 여불위를 지혜로운 자라고 이르는가. 국가로써 종宗으로 바꾸었다. 여불위의 도둑질은 천유穿窬의 웅雄이다. 천유라는 자는 내가 담석擔石은 보았으나 아직 낙양雒陽은 보지 못했다.〕

※

1 呂不韋(여불위): 전국시대 말기의 대상인으로 뒤에 진秦나라의 재상이
  되었다가 자살했다.

12. 어질지 못한 장군을 어떻게 임명할 수 있는가?

진秦나라 장군인 백기白起는 어질지 못한 사람이었다. 어떻게 임명되었
는가. 장평長平의 싸움에서 조나라의 항복한 군사 40만을 땅 구덩이에
묻어 버렸다. 황제黃帝와 싸웠던 큰 악한인 치우蚩尤의 난亂이라고
하더라도 이 정도는 아니었을 것이다. 들판에는 사람의 고기가 넘치고
내와 골짜기에는 사람의 피가 흘렀다. 이렇게 어질지 못한 장군을
어떻게 임명할 수 있었겠는가.

　어떤 사람이 같은 진秦나라 장군인 왕전王翦에 대해 물으니, 대답했다.

　"시황제始皇帝가 바야흐로 여섯 나라를 사냥할 때 왕전은 그의 이빨
노릇을 한 사람이다. 아아."

◉ 백기白起 장군이 조나라의 항복한 포로 40만을 구덩이에 매장한 이야기
는 『사기』「백기왕전열전白起王翦列傳」에 보인다.

秦將白起[1]不仁 奚用爲也 長平之戰 四十萬人死 蚩尤之亂 不過於此
矣 原野猒人之肉 川谷流人之血 將不仁 奚用爲 翦[2]曰 始皇方獵六國
而翦牙 歟

〔진秦의 장군 백기白起는 불인不仁했다. 어찌해 임용任用되었는가. 장평長
平의 싸움에 사십만 인人을 죽였다. 치우蚩尤의 난亂도 이것보다 지나치지

않았다. 원야原野에는 사람의 고기가 넘쳐나고, 천곡川谷에는 사람의 피가 흘렀다. 장군은 불인不仁했는데 어찌해 임용되었는가. 왕전王翦에 대해 물었다. 답하기를 시황始皇이 바야흐로 육국六國을 사냥질함에 왕전은 그 어금니였다. 아아.]

※

1 白起(백기): 전국시대 진秦나라의 장군.
2 翦(전): 왕전王翦. 진秦나라의 장군.

13. 섭정聶政은 어떠합니까?

어떤 사람이 묻기를

"오나라의 요리要離는 임금과 신하의 의리를 다한 사람이 아니었겠습니까? 한 집안을 희생해 군주의 명령에 따라 죽었으니 말입니다."

하니, 대답했다.

"요리는 주군主君인 합려闔閭가 선왕先王의 아들인 경기慶忌를 죽이고자 하는 것을 알고 경기를 죽이기 위해 일을 꾸며 일부러 자기의 아내와 아들을 불살라 죽이고 그 복수를 경기에게 하게 했다. 그것은 참으로 거미나 뿌리를 파먹는 벌레의 화려함이다. 어떻게 가히 의義라고 이를 수 있겠는가."

또 묻기를

"섭정聶政은 어떠합니까?"

하니, 대답했다.

"섭정은 엄중자嚴仲子의 부탁을 받고 한韓나라 상부相府에 침입해 대신인 협루俠累를 찔러 죽인 뒤 자기 누이가 난처해질 것을 두려워하고 스스로 낯가죽을 찢고 죽었다. 그것은 참으로 장사壯士의 화려함이다. 어찌 가히 의의義를 다했다고 이를 수 있겠는가."

또 묻기를

"형가荊軻는 어떠합니까?"

하니, 대답했다.

"형가는 한韓나라 태자인 단丹에게서 진왕秦王 암살의 의뢰를 받고, 진秦나라의 망명자인 번어기樊於期의 머리와 연燕나라의 요충지인 독항督亢의 지도를 받들고 예측하기 어려운 진나라에 입국한 자이다. 그것은 참으로 자객刺客의 화려함이다. 어찌 가히 의의義를 다했다고 이를 수 있겠는가."

◉ 요리要離의 이야기는『여씨춘추』중동기仲冬紀 충렴편忠廉篇에 보인다. 섭정聶政의 이야기는 한책이韓策二에 보인다. 또 형가荊軻의 이야기는 연책삼燕策三에 보인다.

或問 要離非義者與 不以家辭國 曰 離也火妻灰子 以求反於慶忌 實蛛蝥之劘¹也 焉可謂之義也 政² 爲嚴氏³犯韓 刺相俠累 曼面爲姊 實壯士之靡也 焉可謂之義也 軻⁴ 爲丹奉於期⁵之首燕督亢之圖 入不測之秦 實刺客之靡也 焉可謂之義也

〔혹자가 묻기를 요리要離는 의자義者가 아닌가. 가정으로써 국가를 사辭하지 않았다. 답하기를 요리는 아내를 불사르고 자식을 재로 만들어 그것으로써 돌아오는 것을 경기慶忌에게서 구했다. 실로 거미와 뿌리를 파먹는 벌레의 화려함이었다. 어떻게 그것을 일러 의의義라고 할 수 있겠는가. 섭정聶政에 대해 물으니 답하기를 엄씨嚴氏를 위해 한韓을 범범해 재상宰相

인 협루俠累를 찔러 죽이고 낯가죽을 벗겨 누이를 위했다. 실로 장사壯士의 화려함이었다. 어떻게 그것을 일러 의義라고 할 수 있겠는가. 형가荊軻에 대해 물으니 답하기를 단丹을 위해 번어기樊於期의 목과 연燕의 독항督亢의 지도地圖를 받들고 헤아릴 수 없는 진秦으로 들어갔다. 실로 자객刺客의 화려함이었다. 어떻게 그것을 일러 의義라고 할 수 있겠는가.〕

※

1 蛛蝥之勵(주모지마): 주蛛는 거미. 모蝥는 뿌리를 파먹는 벌레. 마勵는 미靡로 고쳐야 한다. 미靡는 여기서 화려함으로 풀이된다.

2 政(정): 섭정聶政.

3 嚴氏(엄씨): 엄중자嚴仲子.

4 軻(가): 형가荊軻.

5 於期(어기): 번어기樊於期.

14. 장의張儀와 소진蘇秦의 권모술수

어떤 사람이 묻기를

"장의張儀와 소진蘇秦은 함께 귀곡 선생鬼谷先生의 법술法術을 배우고 합종合縱과 연횡連衡으로써 유세遊說하여 각각 십수년 동안 중국을 편안하게 했습니다. 옳은 것이었습니까?"

하니, 대답했다.

"권모술수로 제후들을 속인 자들이다. 성인聖人의 처지에서는 미워할 자들이다."

또 묻기를

"공자孔子가 정리한 경전들이 읽혀지기는 하였지만 실제로는 장의와 소진의 술수術數가 행해진 것을 어떻게 생각하십니까?"

하니, 대답했다.

"심한 것이다. 봉황인 척하면서 매로 난 것이다."

또 묻기를

"그런데 자공子貢도 위하지 않았습니까?〔한 번 나라에서 나와서는 노魯를 존속시키고, 제齊를 어지럽히고, 오吳를 깨뜨리고, 진晉을 강하게 하여 월越을 패자霸者로 만들었다.〕"

하니, 대답했다.

"천하의 나라들이 뒤얽혀 어지러운 것을 해결하지 못하는 것을 자공子貢은 부끄럽게 여겼던 바이다. 유세로써 부귀영화를 얻지 못하는 것을 장의와 소진은 부끄럽게 여겼던 바이다."

◉ 자공子貢의 이야기는 『중니제자열전仲尼弟子列傳』에 있다.

或問 儀[1]秦[2]學乎鬼谷[3]術 而習乎縱橫[4]言 安中國者 各十餘年 是夫 曰 詐人也 聖人惡諸 曰 孔子讀而儀秦行 何如也 曰 甚矣 鳳鳴而鷙翰也 然則子貢[5]不爲與 曰 亂而不解 子貢恥諸 說而不富貴 儀秦恥諸

〔혹자가 묻기를 장의張儀와 소진蘇秦은 귀곡鬼谷의 술術을 배워 합종合縱과 연횡連橫의 말을 익혀 중국中國을 안정시키기 각각 십여 년十餘年이었다. 옳은 일인가. 답하기를 사인詐人이다. 성인은 그것을 미워한다. 말하기를 공자가 읽혀지고 장의와 소진이 행해졌다. 어떠한가. 답하기를 심하구나. 봉명鳳鳴하고 지한鷙翰이다. 그러면 자공子貢은 하지 아니하였는가. 답하기를 어지러운 것을 해결하지 못하는 것을 자공은 부끄러워했고, 유세遊說하여 부귀富貴하지 못한 것을 장의와 소진은 부끄러워했다.〕

※

1 儀(의) : 장의張儀. 전국시대의 종횡가縱橫家. 진秦나라 혜문왕惠文王의 신임
을 받아 연횡책連衡策을 주장해 한韓·위魏·제齊·연燕·조趙·초楚의 6국六國
으로 하여금 진秦나라에 복종하게 하려고 힘썼다.

2 秦(진) : 소진蘇秦. 전국시대의 종횡가. 연燕나라 문후文侯에게 합종책合縱策
의 이익을 설명해 채택되었고, 이어 조趙·한韓·위魏·제齊·초楚를 설득해
합종合縱에 성공했다. 이에 6국六國의 재상을 겸했다.

3 鬼谷(귀곡) : 귀곡 선생鬼谷先生. 장의張儀와 소진蘇秦의 스승이라고 전한다.

4 縱橫(종횡) : 종縱은 6국六國을 합해 진秦나라에 대항하는 동맹인 합종合縱을
말하고, 횡橫은 진秦나라에 복종하게 하는 정책으로 연횡連橫이라고 한다.
소진蘇秦이 먼저 합종동맹合縱同盟의 장長이 되었고, 이어서 장의張儀가 진秦
의 재상이 되어 연횡책으로 활약했다.

5 子貢(자공) : 공자孔子의 제자. 성은 단목端木, 이름은 사賜.

15. 말을 잘하는 것도 하나의 재주다

어떤 사람이 말하기를

"장의와 소진은 재주 있는 사람이었습니다. 그들의 거대한 발자취를
다시는 밟지 못할 것 아니겠습니까?"

하니, 대답했다.

"그 옛날에 간사하고 아첨을 잘하는 사람이 있으면 순임금도 어렵다
고 여겼으니 또한 재주인 것이다. 재주여! 재주는 우리의 무리가 재주로
여기는 성인의 도를 배우는 사람의 재주는 아닌 것이다."

◉ 순제舜帝의 이야기는 『순전舜典』에 보인다.

或曰 儀秦其才矣乎 跡不蹈已 曰 昔在任人 帝[1]曰難之 亦才矣 才乎才
非吾徒之才也

〔혹자가 말하기를 장의와 소진은 그 천재天才인가. 자취를 밟지 못할
뿐인가. 답하기를 옛날에 임인任人은 제帝도 그것을 어렵다고 말했다.
또한 재才이다. 재才인가 재才여. 우리 무리의 재才는 아니다.〕

※

1 帝(제): 순제舜帝를 가리킨다.

16. 지조 지키기로 일관한 사람

아름다운 행동이 있는 사람에는 원공園公·기리계綺里季·하황공夏黃公·
녹리 선생甪里先生이 있다. 언사言辭로써 공功을 세운 사람에는 누경婁
敬·육가陸賈가 있다. 도리를 굳게 지녀 굽히지 않은 사람에는 왕릉王陵·
신도가申屠嘉가 있다. 지조 지키기를 한결같이 한 사람에는 주창周昌·
급암汲黯이 있다. 유학儒學을 굳게 지킨 사람에는 원고생轅固生·신공申
公이 있다. 하늘이 내리는 재앙과 변고가 의미하는 것에 밝은 사람에는
동중서董仲舒·하후승夏侯勝·경방京房이 있다.

◉ 원공園公·기리계綺里季·하황공夏黃公·녹리 선생甪里先生의 네 사람은,
진秦의 난亂을 피해 상산商山에 은거한 장로長老들로 상산사호商山四皓라
고 한다. 「유후세가留侯世家」에 의하면 고조高祖가 사士를 경시하는 것을
보고 입조入朝하지 않고 태자를 옹호해 고조로 하여금 태자의 폐위를
단념하도록 하였다고 했다.

「누경숙손열전婁敬叔孫列傳」에 의하면 누경婁敬은 고조에게 관중關中에

도읍을 둘 것을 권하고, 선우單于에게 강가(降嫁: 황족으로 신하에게 시집가는 것)에 의하게 해 흉노와의 화평책和平策을 입안했다고 한다. 그리고 「역생육가열전酈生陸賈列傳」에 의하면 육가陸賈는 남월왕南越王 위타尉他를 설득해 한漢나라에 신하로서 종속하게 하고, 고조를 위해 『신어新語』를 저술해 고금의 득실을 서술했다고 했다.

「진승상세가陳丞相世家」에 의하면 왕릉은 여태후呂太后가 일족인 여씨呂氏를 왕으로 봉하고자 할 때 홀로 반대하였다고 했다. 그리고 「장승상열전張丞相列傳」에 의하면 신도가申屠嘉는 문제文帝의 농신弄臣인 등통鄧通과 경제景帝의 총신寵臣인 조조晁錯의 만례범법慢禮犯法을 엄하게 꾸짖었다고 했다.

「장승상열전」에 의하면 주창周昌은 고조가 태자를 바꾸고자 할 때 강경하게 간하였다고 했다. 그리고 「급정열전汲鄭列傳」에 의하면 급암汲黯은 승상丞相인 공손홍公孫弘과 정위廷尉인 장탕張湯을 면전에서 꾸짖었다고 했다.

원고생轅固生과 신공申公은, 두 사람이 다 한초漢初에 있어서 제로시학齊魯詩學의 조조祖인데, 「유림열전儒林列傳」에 의하면 원고생轅固生이 공손홍公孫弘을 경계하는 말에 곡학아세曲學阿世하지 말라고 하였다고 했다.

동중서董仲舒와 하후승夏侯勝과 경방京房은 『사기』「유림열전儒林列傳」과 『한서』「동중서전董仲舒傳」에 의하면, 세 사람은 무제武帝·선제宣帝·원제元帝 때의 유학자儒學者로 각각 『춘추春秋』, 『상서尙書』, 『역易』에 정통하였다고 했다.

美行 園公綺里季夏黃公甪里先生 言辭 婁敬陸賈 執正 王陵申屠嘉 折節[1] 周昌汲黯 守儒 轅固申公 菕異[2] 董相[3]夏侯勝京房

〔미행美行은 원공園公·기리계綺里季·하황공夏黃公·녹리 선생甪里先生,
언사言辭는 누경婁敬·육가陸賈, 집정執正은 왕릉王陵·신도가申屠嘉, 절절
折節은 주창周昌·급암汲黯, 수유守儒는 원고轅固·신공申公, 재이菑異는
동상董相·하후승夏侯勝·경방京房이다.〕

※

1 折節(절절): 절折은 항抗의 오자誤字.

2 菑異(재이): 재앙과 변괴. 재菑는 재災와 같은 글자로 재앙의 뜻.

3 董相(동상): 동중서董仲舒. 동중서는 강도江都와 교서膠西 두 군주의 재상이
되었으므로 이렇게 말한 것이다.

17. 고조의 공업을 도운 사람들

어떤 사람이 한고조漢高祖의 재상인 소하蕭何와 조참曹參에 대해 물으
니, 대답했다.

"소하는 천하天下의 법령法令을 제정했고, 조참은 아무런 변경을
덧붙이지 않고 그것을 계승했다."

어떤 사람이 한고조漢高祖의 공신功臣인 등공 하후영滕公夏侯嬰·관
영灌嬰·번쾌樊噲·역상酈商에 대해 물으니, 대답했다.

"이 네 사람은 호협한 것에 끼는 사람들이었다.〔곧 좌우에서 고조의
공업을 도운 사람들이다.〕"

어떤 사람이 또 진秦나라의 박사博士였다가 한고조漢高祖에게 종군한
숙손통叔孫通에 대해 물으니 대답했다.

"학문을 하는 사람이었다."

어떤 사람이 또 원앙爰盎에 대해 물으니, 대답했다.

"충성하는 것은 모자라고 지나치게 말이 많았다."

어떤 사람이 또 조조晁錯에 대해 물으니, 대답했다.

"어리석은 사람이었다."

어떤 사람이 혹리酷吏, 곧 법률에 의해 인정이 전혀 없이 단속하는 관리에 대해 물으니, 대답했다.

"범이고 범이다. 더욱이 뿔과 날개까지 달린 범일 뿐이다."

어떤 사람이 또 화식貨殖, 곧 재산財産을 불리는 데 성공한 사람에 대해 물으니 대답했다.

"모기일 뿐이다."

하고는, 다시 이어서 말했다.

"국가의 3천의 사람들의 피를 빨고 거친 것들을 먹고 물을 마시고 갈박(褐博: 거친 베로 지은, 천한 사람들이 입는 옷)을 입게 하면서도 죽음이 다할 때까지도 수심이 없는 사람들이다."

어떤 사람이 또 순리循吏, 곧 도리道理에 따라 정치를 행하는 관리에 대해 물으니, 대답했다.

"진정한 관리들이다."

어떤 사람이 또 의협심을 따르는 무리에 대해 물으니, 대답했다.

"나라의 신령스러운 것을 도둑질하는 자들이다."

어떤 사람이 또 영행佞幸, 곧 아첨하여 군주의 비위를 맞추고 군주에게 총애를 받는 신하에 대해 물으니, 대답했다.

"헤아릴 필요가 없는 사람이다."

◉ 등공 하후영滕公夏侯嬰·관영灌嬰·번쾌樊噲·역상酈商이 고조의 공업을

도왔다는 것은 「번력등관열전樊酈滕灌列傳」에 보인다.

「원앙조조열전爰盎晁錯列傳」에 의하면 원앙이 경제景帝를 설득해 조조晁錯를 참형하고 오초吳楚 칠국七國의 반란을 진압하라고 한 것은 실상 사사로운 원한 때문이었다고 했다. 조조晁錯는 제후왕諸侯王의 영지를 깎으려고 획책하다가 도리어 피살되었다. 의협심을 따르는 무리는 개인의 의기를 존중하고 국법國法을 무시하기 때문이다.

或問 蕭曹[1] 曰 蕭也規 曹也隨 滕灌樊酈[2] 曰 俠介 叔孫通 曰 槧人也 爰盎 曰 忠不足而談有餘 晁錯 曰 愚 酷吏 曰 虎哉虎哉 角而翼者也 貨殖 曰 蚊 曰 血國三千 使抒疎飮水褐博[3] 沒齒無愁也 或問循吏 曰 吏也 游俠 曰 竊國靈也 佞幸 曰 不料而已

〔혹자가 소하蕭何와 조참曹參을 물으니 답하기를 소하는 규정規定했고 조참은 따랐다. 등공滕公·관영灌嬰·번쾌樊噲·역상酈商을 물으니 답하기를 협개俠介이다. 숙손통叔孫通을 물으니 답하기를 참인槧人이다. 원앙爰盎을 물으니 답하기를 충성은 부족하되 말은 여유가 있다. 조조晁錯를 물으니 답하기를 어리석다. 혹리酷吏를 물으니 답하기를 범이다. 범이다. 뿔이 있고 날개도 있는 것이다. 화식貨殖을 물으니 답하기를 모기이다. 말하기를 나라의 3천의 피를 빨고 소疎를 먹고 물을 마시고 갈박褐博을 입게 하면서도 연치年齒를 몰沒할 때까지 근심이 없다. 혹자가 순리循吏를 물으니 답하기를 이吏이다. 유협游俠을 물으니 답하기를 국가의 영靈을 훔친 것이다. 영행佞幸을 물으니 답하기를 헤아릴 수 없을 뿐이다.〕

※

1 蕭曹(소조): 소하蕭何와 조참曹參. 소하는 한고조漢高祖의 명재상名宰相으로 장량張良·한신韓信과 더불어 삼걸三傑이라 일컬어진다.

2 滕灌樊酈(등관번력) : 등공 하후영滕公夏侯嬰과 관영灌嬰과 번쾌樊噲와 역상
  酈商.

3 褐博(갈박) : 거친 베로 만든, 천한 사람들이 입는 옷.

18. 나라의 평안을 도모하는 신하

어떤 사람이 근세에 있어서 사직社稷의 신하인 나라의 평안을 도모하는
일을 자기의 임무로 하는 신하에 대해 물으니, 대답했다.

"제왕帝王의 스승이 된 장자방張子房의 지혜나, 음모로써 고조를
도왔으나 적이 깨우침이 없었던 진평陳平의 융통성이나, 외척外戚인
여씨呂氏를 멸하고 문제文帝를 세운 강후絳侯 주발周勃의 결단이나,
무제武帝가 남긴 조서詔書의 내용을 받들어 한漢나라를 수호한 대장군
곽광霍光의 용기 같은 것이다. 이런 것을 아울러 갖추고 예악禮樂을
더하여 몸을 다스린다면, 그 사람을 사직의 신하라 일컬을 수 있을
것이다."

어떤 사람이 또 묻기를

"공손홍公孫弘과 동중서董仲舒는 함께 무제시대의 유학자입니다만,
어느 쪽이 예악의 다스림에 가깝습니까?"

하니, 대답했다.

"동중서는 그것을 행하고자 하는 재주와 뜻을 가지고 있었으나 불행
하게도 실현시키지는 못한 사람이다. 공손홍은 크게 용열容悅한 것이
용납되었을 뿐이다."

● 장자방張子房의 지혜는 「유후세가留侯世家」에, 진평陳平은 「진승상세

가陳丞相世家」에, 주발周勃은 「여후본기呂后本紀」에 각각 보인다.

동중서董仲舒에 대해 오비吳祕는 『한서』 「예악지禮樂志」를 인용해 말하기를 "그 때 무제武帝는 외정外征에 전심하여 예문禮文의 일에 유의留意할 틈이 없었다."고 했다.

或問近世社稷之臣[1] 曰 若張子房[2]之智 陳平之無悟 絳侯勃[3]之果 霍將軍[4]之勇 終之以禮樂 則可謂社稷之臣矣 或問 公孫弘董仲舒[5]孰邇 曰 仲舒欲爲而不可得者也 弘容[6]而已矣

〔혹자가 근세近世 사직社稷의 신臣을 물으니 답하기를 장자방張子房의 지혜, 진평陳平의 무오無悟, 강후絳侯인 주발周勃의 과단성, 곽장군霍將軍의 용기와 같은 것이며, 이것을 마침에 예악禮樂으로써 하면 사직의 신이라 이를 수 있다. 혹자가 묻기를 공손홍公孫弘과 동중서董仲舒는 누가 가까운가. 답하기를 동중서는 하고자 해 얻지 못한 자이고 공손홍은 크게 용열했을 뿐이다.〕

※

1 社稷之臣(사직지신): 나라의 평안을 도모하는 신하. 『맹자』 진심상편盡心上篇에 안사직신安社稷臣이라는 말이 있는데 사직의 신하는 나라를 편안하게 하는 것으로 기쁨을 삼는다고 했다.

2 張子房(장자방): 장량張良. 자방子房은 장량張良의 자字.

3 勃(발): 주발周勃.

4 霍將軍(곽장군): 대장군大將軍인 곽광霍光.

5 董仲舒(동중서): 전한前漢의 유학자儒學者.

6 容(용): 용열容悅. 상대의 뜻에 영합하고 아부하여 환심을 사는 일. 『맹자』 진심상편盡心上篇에 임금을 섬기는 신하의 한 유형으로써 말했다.

19. 근세의 이름난 장수에 대해 물었다

어떤 사람이 근세近世에 있어서의 뛰어난 대신大臣에 대해 물으니,
대답했다.

"만약 정위廷尉인 장석지張釋之의 공평함, 경조윤京兆尹인 준불의雋
不疑의 부정을 간파하는 안목, 우부풍右扶風인 윤옹귀尹翁歸의 청렴함,
왕자 공王子貢의 특별한 행동을 아울러 갖춘다면 근세의 뛰어난 대신일
것이다."

어떤 사람이 또 근세의 이름난 장수에 대해 물으니, 대답했다.

"만약 조후条侯 주아부周亞夫의 오吳·초楚 칠국七國의 난亂에 있어서
의 수비, 장평후長平侯 위청衛青과 관군후冠軍侯 곽거병霍去病의 정벌,
박륙후博陸侯 곽광霍光이 어린 황제를 위해 보여준 신중함 같은 것을
아울러 갖춘다면 근세의 이름난 장수일 것이다."

어떤 사람이 또 옛날의 뛰어난 장수를 물으니, 대답했다.

"북을 쳐 진군進軍시킴에 도덕으로써 고무시키고 인의仁義로써 정벌
하는 사람이다. 싸움터에서 서로 싸워 시체를 전차戰車에 싣고 또는
칼날을 피로 물들이는 따위의 일은 모두 피하는 사람이다."

◉ 장석지張釋之는 「장석지풍당열전張釋之馮唐列傳」에, 준불의雋不疑는
『한서』「준소우설평팽전雋疎于薛平彭傳」에, 윤옹귀尹翁歸와 왕자 공王子
貢은 「조윤한장량왕전趙尹韓張兩王傳」에, 주아부周亞夫는 「강후주발세가
絳侯周勃世家」에, 위청衛青과 곽거병霍去病은 「위장군표기열전衛將軍驃騎
列傳」에 각각 보인다.

或問近世名卿 曰 若張廷尉¹之平 雋京兆²之見 尹扶風³之絜 王子貢⁴之
介 斯近世名卿矣 將 曰 若条侯⁵之守 長平⁶冠軍⁷之征伐 博陸⁸之持重
可謂近世名將矣 請問古 曰 鼓之以道德 征之以仁義 輿尸血刀 皆所不
爲也

〔혹자가 근세의 명경名卿을 물으니 답하기를 만약 장정위張廷尉의 공평,
준경조雋京兆의 안목, 윤부풍尹扶風의 결絜, 왕자 공王子貢의 개介면 이것
이 근세의 명경이다. 장군을 물으니 답하기를 만약 조후条侯의 수비,
장평長平·관군冠軍의 정벌, 박륙博陸의 지중持重이면 가히 근세의 명장名
將이라 이를 수 있다. 청하여 옛날을 물으니 답하기를 고무시키되 도덕으
로써 하고 나아가는데 인의仁義로써 하며, 시체를 수레에 싣고 칼을 피로
씻는 일은 모두 하지 않는 바이다.〕

※

1 張廷尉(장정위): 정위廷尉인 장석지張釋之. 정위는 형옥을 맡은 최고책임자
  이다.
2 雋京兆(준경조): 경조윤京兆尹인 준불의雋不疑. 경조윤은 수도首都의 장관長
  官이다.
3 尹扶風(윤부풍): 우부풍右扶風인 윤옹귀尹翁歸. 우부풍은 수도인 장안長安
  서부西部의 장관長官이다.
4 王子貢(왕자공): 이름은 존尊. 경조윤京兆尹으로 사람들의 덕망이 두터웠다.
5 条侯(조후): 주아부周亞夫를 가리킨다.
6 長平(장평): 장평후長平侯. 위청衛靑을 가리킨다.
7 冠軍(관군): 관군후冠軍侯. 곽거병霍去病을 가리킨다.
8 博陸(박륙): 박륙후博陸侯. 곽광霍光을 가리킨다.

20. 서역을 개척한 장건張騫

처음으로 서역西域의 길을 개척하였다고 하는 장건張騫이나 19년 동안
이나 흉노에게 잡혀 있으면서도 항복하지 않은 소무蘇武, 이 두 사람은
사신으로서 명을 받들고 신임의 표시인 부절符節을 꽉 움켜쥐고, 목숨을
걸고 굽히지 않아 군주의 명령을 욕되게 하지 않았다. 옛날의 훌륭한
사신이라고 하더라도 이들에게는 미치지 못할 것이다.

◉ 장건張騫은『사기』「대원열전大宛列傳」에, 소무蘇武의 이야기는『한서』
「소건전蘇建傳」에 있다.

張騫¹蘇武²之奉使也 執節沒身不屈王命 雖古之膚使 其猶劣諸

〔장건張騫·소무蘇武가 사신使臣을 받들어 부절符節을 잡고 몸을 바쳐 왕명
王命을 굽히지 않았다. 비록 옛날의 부사膚使라 하더라도 그들이 용렬한
것이 되는 것 같은져.〕

※

1 張騫(장건): 한漢나라 무제武帝 때 서방西方의 월지국月支國과 동맹을 맺기
  위해 서역으로 가다가 흉노에게 잡혀 10여 년 간 포로생활을 하다 탈출하여
  목적지에 도달했으나 뜻을 이루지 못했다. 그러나 동서 교통로를 연 공로가
  지대하다.
2 蘇武(소무): 한漢나라 무제武帝 때 흉노에 사신으로 갔다 억류되어 19년
  만에 돌아왔으나 절의를 굽히지 않았다.

21. 큰 인물인 것처럼 말하는 동방삭

세상에서는 동방삭東方朔을 큰 인물이나 되는 듯이 일컫고 있으나 그의 말은 모두 가르침으로서 들을 만한 것이 못 되고, 그의 행위는 모두 모범으로 삼기에 부족하며, 지금에 전하는 그의 기풍氣風이나 문장文章은 세상에서 평판되는 만큼 볼 만한 것이 못 된다.

어떤 사람이 말하기를

"동방삭은 이른바 조정 안에 은둔한 사람입니다."

하니, 대답했다.

"옛날의 은둔한 사람들에 대해서는, 그들이 문답한 말과 그들의 행위에 대해서 다 듣고 있으나 동방삭의 이야기와는 크게 다르다."

어떤 사람이 또 말하기를

"은둔하는 방법에는 여러 가지가 있다고 합니다."

하니, 대답했다.

"당연한 일이다. 성인聖人으로서의 말과 행동이 그 시대에 받아들여지지 않는다면 성인도 은둔하는 것이다. 현인賢人으로서의 말과 행동이 그 시대에 받아들여지지 않는다면 현인도 은둔하는 것이다. 농담을 하거나 우스갯짓을 해 그 시대에 받아들여지지 않는다면 익살스러운 사람도 은둔하는 것이다. 그 옛날에 기자箕子가 주왕紂王의 폭정을 피해 자기 몸뚱이에 옻을 발라 문둥병 환자처럼 만들었고, 초나라의 광접여狂接輿가 머리를 풀어헤쳐 미치광이 흉내를 낸 것은 핍박이 두려워 세상에서 버림을 받으려고 한 짓이었다. 기자箕子가 홍범洪範을 만들어 무왕武王을 도왔고, 광접여가 '봉황鳳凰이여, 봉황이여'라고

노래하여 공자孔子를 풍자한 것은 몸을 온전하게 해 도道를 지키라고
한 것이었다."

어떤 사람이 다시 묻기를

"그렇다면 동방삭이 실제 이상으로 명성을 얻고 있는 것은 무엇
때문입니까?"

하니, 대답했다.

"생각나는 대로 즉석에서 묘한 대답을 하고 곤란하지 않도록 우스갯
짓을 해 천자의 허물을 바로잡도록 하는데 덕을 더럽혔다. 생각나는
대로 즉석에서 묘한 대답을 하는 것은 여유가 있음과 같고, 무진장한
응대應對는 지혜로운 사람 같고, 정당한 간언諫言은 참되고 곧은 것을
생각하게 하고, 덕을 더럽힌 행위는 세상을 피하는 사람과 같았다."

어떤 사람이 또 묻기를

"그러면 그를 무엇이라 부를 것인지 가르쳐 주십시오."

하니, 대답했다.

"농담 잘하는 사람이다."

또 묻기를

"누구와 비교될 수 있습니까?"

하니, 대답했다.

"백이伯夷가 아니면 꾸밈을 숭상하거나 세상을 피하는 데 의지하며
세속적인 세계에 묻혀 뜬세상의 되어가는 모양을 구경하는 그러한
처세관이다. 그는 익살꾼의 우두머리일 것이다."

어떤 사람이 또 묻기를

"조정朝廷에 은둔한다고 하는 것은, 무도한 군주를 섬기는 것을 수치

스럽게 여기지 않고 낮은 관직을 사양하지 않는다고 맹자에게 평을
받은 유하혜柳下惠가 그런 사람이 아닙니까?"

하니, 대답했다.

"군자는 그를 조심성이 모자라는 사람이라고 말한다. 옛날 세상에서
는 이상理想을 높이 가지는 사람은 백이伯夷·숙제叔齊와 같이 수양산首
陽山 밑에서 굶어 죽어서 그 이름을 남기고, 어떤 이는 낮은 지위에
있어 녹봉을 받으면서 은둔하였던 것이다."

◉ '옛날의 은둔가隱遁家'라고 한 것은, 기자箕子나 초楚의 광접여狂接輿
같은 사람을 이르는 말이다. 『한서』「동방삭전東方朔傳」에 의하면, 기자나
광접여에 비해 동방삭이 비유선생론非有先生論에 있어서 위의 두 사람을
인용해 넌지시 자기에게 견준 것은 당치도 않다고 했다. 동방삭의 처세관
은 자기 몸에 족할 만큼의 것을 귀하게 여겼으므로, 세상 티끌에 묻히는
것을 싫어하지 않은 유하혜柳下惠나 노자老子의 처세를 교巧라고 했다.
유하혜에 대한 맹자의 평은 『맹자』공손추상편公孫丑上篇에 보인다.

世稱東方生[1]之盛也 言不純師 行不純表 其流風遺書 蔑如也 或曰 隱
者也 曰 昔之隱者 吾聞其語矣 又聞其行矣 或曰 隱道多端 曰 固也
聖言聖行 不逢其時 聖人隱也 賢言賢行 不逢其時 賢者隱也 談言談行[2]
而不逢其時 談者[3]隱也 昔者 箕子之漆其身也 狂接輿之被其髮也 欲
去而恐罹害者也 箕子之洪範 接輿之歌鳳也哉 或問 東方生 名過實者
何也 曰 應諧不窮 正諫穢德 應諧似優 不窮似哲 正諫似直 穢德似隱
請問名 曰 詼達 惡比 曰〔非夷齊而是柳下惠戒其子以尙容首陽爲拙
柱下爲工飽食安坐以仕易農依隱玩世詭時不逢[4]〕非夷 尙容 依隱 玩

世 其滑稽之雄乎 或問 柳下惠 非朝隱者與 曰 君子謂之不恭 古者高餓
顯 下祿隱

[세상에서는 동방생東方生의 성대盛大함을 일컫지만, 말은 오로지 스승이
될 수 없고, 행함은 오로지 모범이 될 수 없으며, 그 유풍流風과 유서遺書는
멸여蔑如하다. 혹자가 말하기를 은자隱者이다. 말하기를 옛날의 은자는
내 그 말을 듣고, 또 그 행함을 들었다. 혹자가 말하기를 은도隱道는
다단多端하다. 말하기를 진실이다. 성언聖言과 성행聖行이 그 때를 만나지
못하면 성인聖人도 숨는다. 현언賢言과 현행賢行이 그 때를 만나지 못하면
현자賢者도 숨는다. 담언談言과 담행談行이 그 때를 만나지 못하면 담자談
者도 숨는다. 옛날에 기자箕子가 그 몸뚱이에 옻칠을 하고, 광접여狂接輿가
그 머리털을 풀어헤친 것은, 떠나고자 하여 해害를 당할 것을 두려워한
것이다. 기자의 홍범洪範, 광접여의 가봉歌鳳인 것겨. 혹자가 묻기를
동방생의 이름이 실제를 지나치는 것은 왜 그런가. 답하기를 응해應諧하여
막히지 않고, 정간正諫하는데 덕德을 예穢한다. 응해가 우優와 비슷하고,
막히지 않음이 철哲과 비슷하고, 정간正諫이 직直과 비슷하고, 덕을 예穢함
이 은隱과 비슷하다. 청하여 명名을 물으니 답하기를 회달詼達이다. 무엇
에 비比할 것인가. 답하기를 백이伯夷를 비非라 하고 용容을 숭상하고
은隱에 의해 세상을 희롱했다. 그 골계滑稽의 웅雄인겨. 혹자가 묻기를
유하혜柳下惠는 조朝에 숨는 자가 아닌가. 답하기를 군자君子는 그것을
불공不恭이라 이른다. 옛날에는 굶주림을 드러내는 것을 고상하게 여겼고
녹봉 아래에서 녹祿에 숨었다.]

※

1 東方生(동방생): 동방삭東方朔. 한무제漢武帝의 신하. 해학과 변설辯說에
능했다. 속설俗說에 서왕모西王母의 복숭아를 훔쳐 먹어 죽지 않고 장수하였
으므로 삼천갑자 동방삭이라 일컬어진다.

2 談言談行(담언담행): 회언회행詼言詼行. 담談은 회詼의 오자로 농담하다,
  장난하다의 뜻.

3 談者(담자): 회자詼者.

4 非夷齊…詭時不逢(비이제…궤시불봉): 연문衍文인 것 같다.

22. 인의仁義의 도적

함부로 남을 칭찬하는 자는 인仁을 해치는 자이다. 함부로 남을 비방하
는 자는 의義를 해치는 자이다. 인을 해치는 사람은 공자가 말한 소위
향원鄕原에 가까운 자이고, 의를 해치는 사람은 향산鄕訕에 가까운
자이다.

● 공자孔子는 『논어』 양화편陽貨篇에서 향원鄕原은 덕德을 해치는 적이라
고 했고, 위령공편衛靈公篇에서는 함부로 칭찬하거나 비방하지 않는다고
했다.

妄譽仁之賊也 妄毁義之賊也 賊仁近鄕原[1] 賊義近鄕訕[2]

〔망령되게 칭찬하는 것은 인仁의 적이요, 망령되게 헐뜯는 것은 의義의
적이다. 인仁을 도적질하는 것은 향원鄕原에 가깝고, 의義를 도적질하는
것은 향산鄕訕에 가깝다.〕

※

1 鄕原(향원): 진실하지는 않지만 허식을 가져 흠잡을 데가 없는 사람.

2 鄕訕(향산): 남의 진실을 거짓인 양 꾸짖는 사람.

23. 대단한 인물 이중원李仲元

어떤 사람이 묻기를

"선생께서는 촉蜀나라 사람이십니다. 그 나라의 인재에 대해 말씀해 주십시오."

하니, 대답했다.

"이중원李仲元이라는 사람이 있다. 대단한 인물이다."

어떤 사람이 또 묻기를

"어떤 인물인지 들려주십시오."

하니, 대답했다.

"이익과 권세 앞에 자기의 뜻을 굽히는 일이 없고, 출세를 위해 그 몸을 수고롭게 하지 않았다."

또 묻기를

"그렇다면 백이나 유하혜 같은 인물입니까?"

하니, 대답했다.

"백이도 아니고 유하혜도 아니다. 그것이 맞는다거나 맞지 않는다거나 하는 중간 입장에 있을 뿐이다."

또 묻기를

"그런 훌륭한 인물이라면 어찌 알려지지 않은 것입니까?"

하니, 대답했다.

"공자와 같은 분이 없었다면, 어떻게 서산西山에서 굶어 죽은 백이·숙제와 같은 사람이나 동쪽 나라에서 세 번씩이나 조정에서 쫓겨났던 유하혜와 같은 신하가 어찌 알려질 수 있었겠는가."

또 묻기를

"왕양王陽이나 공우貢禹도 중니를 만났습니까?"

하니, 대답했다.

"샛별이 밝게 빛을 내는 것은 화려한 문채의 힘인 것이다."

또 묻기를

"이와 같은 것이라면, 이중원은 왜 벼슬을 해 사람들이 우러러보는 높은 지위에 나가지 않은 것입니까?"

하니, 대답했다.

"밝게 빛나는 것은 자신의 힘이다. 그러나 이끌어 높이 끌어올리는 것은 하늘이 하는 일이다. 그대는 스스로의 힘으로 높이 오르는 것이라고 생각하는가.

아무튼 이중원은 세상 사람들의 스승이라고 할 만한 인물이다. 이중원의 용모를 눈으로 보는 사람은 저절로 마음이 긴장되고, 그의 말을 귀로 듣는 사람은 저절로 안색을 고치게 되고, 그의 행동을 떠올리는 사람은 저절로 깊이 반성하게 된다. 그런 까닭에 이중원이 그의 덕으로써 남을 감복시켰다는 이야기는 들었지만 그가 덕으로써 남에게 절의節義를 굽혔다고 하는 이야기를 들은 적이 없다. 이중원이야말로 남들이 외경畏敬하고 두려워하는 사람이다."

어떤 사람이 묻기를

"옛날의 용자勇者인 하육夏育과 맹분孟賁은 어떠한 사람입니까?"

하니, 대답했다.

"하육과 맹분은 사람들이 그들의 힘은 두려워했지만 그 덕이 없음은 업신여겼던 것이다."

308

어떤 사람이 청하여 묻기를

"그러면 덕을 닦는 조목條目을 가르쳐 주십시오."

하니, 대답했다.

"바른 것이 아니면 보지 않는 것이다. 바른 것이 아니면 듣지 않는 것이다. 바른 것이 아니면 말하지 않는 것이다. 바른 것이 아니면 행하지 않는 것이다. 대저 그 보고 듣고 말하고 행하는 것을 바르게 할 수 있는 사람이야말로 옛날 우리의 선사先師이신 공자께서도 두려워 공경하셨던 것이다. 만약 보고 듣고 말하고 행하는 것을 바르게 하지 못한다면 하육이나 맹분과 같은 용맹이 있다 하더라도 사람들로부터 멸시를 당할 것이다."

◉ 이중원李仲元의 인물됨은 『고사전高士傳』에 있다.

或問 子蜀人也 請人 曰 有李仲元者 人也 其爲人也奈何 曰 不屈其意 不累其身 曰 是夷惠之徒與 曰 不夷不惠 可否之閒[1]也 如是則奚名之 不彰也 曰 無仲尼 則西山之餓夫[2] 與東國之絀臣[3] 惡乎聞 曰 王陽貢禹 遇仲尼乎 曰 明星皓皓 華藻之力也與 曰 若是則奚爲不自高 曰 皓皓者 己也 引而高之者天也 子欲自高邪 仲元世之師也 見其貌者肅如也 聞其言者愀如也 觀其行者穆如也 鄲聞以德詘人矣 未聞以德詘於人 也 仲元畏人也 或曰 育賁 曰 育賁也 人畏其力而侮其德 請條 曰 非正不視 非正不聽 非正不言 非正不行 夫能正其視聽言行者 昔吾先 師之所畏也 如視不視 聽不聽 言不言 行不行 雖有育賁 其猶侮諸

〔혹자가 묻기를 그대는 촉인蜀人이다. 인물人物을 묻겠다. 답하기를 이중 원李仲元이라는 사람이 있는데 인물이다. 그 인물됨이 어떠한가. 답하기

를 그 뜻을 굽히지 않고 그 몸을 더럽히지 않는다. 말하기를 그는 백이伯夷
나 유하혜柳下惠의 무리인가. 답하기를 백이가 아니고 유하혜가 아니다.
그렇고 그렇지 않고의 중간이다. 그와 같으면 어찌해 이름이 빛나지
않는가. 답하기를 중니仲尼가 없으면 서산西山의 아부餓夫와 동국東國의
출신紬臣이 어찌 유명해졌을 것인가. 말하기를 왕양王陽과 공우貢禹는
중니仲尼를 만났는가. 답하기를 명성明星의 호호皓皓함은 화조華藻의 힘인
져. 말하기를 그와 같다면 어찌해 스스로 높아지지 않는 것인가. 답하기를
호호皓皓한 것은 자기이다. 이끌어서 그것을 높게 하는 것은 하늘이다.
그대는 스스로 높아지고자 하는가. 중원仲元은 세상의 스승이다. 그 용모
를 보는 자는 숙여肅如하고, 그 말을 듣는 자는 초여愀如하고, 그 행行을
보는 자는 목여穆如하다. 다만 덕德으로써 남을 굴한 것은 들었지만 아직
덕으로써 남에게 굽혔다는 것은 듣지 못했다. 중원은 남을 두렵게 한다.
혹자가 말하기를 하육夏育과 맹분孟賁을 묻겠다. 답하기를 하육과 맹분은
사람이 그 힘을 두려워하고 그 덕德을 업신여겼다. 조목條目을 청해 물으니
답하기를 정正이 아니면 보지 않고 정이 아니면 듣지 않고 정이 아니면
말하지 않고 정이 아니면 행行하지 않는다. 대저 능히 그 시視·청聽·언言·
행行을 바르게 할 수 있는 자는 옛날의 우리 선사先師가 두려워하는 바이다.
만약 보는 것이 볼 것이 아니고 듣는 것이 들을 것이 아니고 말하는
것이 말할 것이 아니고 행하는 것이 행할 것이 아니면 비록 하육과 맹분이
있다고 하더라도 오히려 업신여기는 것과 같다.]

※

1 不夷不惠可否之間(불이불혜가부지한) : 왕영보汪榮寶에 의하면 고어古語의
　인용引用인 듯하다.
2 西山之餓夫(서산지아부) : 서산에서 굶어 죽은 사람. 수양산首陽山에서 굶어
　죽은 백이伯夷와 숙제叔齊를 말한다.

3 東國之絀臣(동국지출신): 동쪽 나라에서 쫓겨난 신하. 유하혜柳下惠를 이르
는 말. 유하혜는 노魯나라의 대부로 이름은 전展. 세 차례나 파면을 당했다가
복직되었다고 한다.

제12권 군자君子

1. 내부에 충만하면 밖으로 나타난다

어떤 사람이 묻기를

"군자는 입을 열어 말하면 법으로 삼을 만한 문장을 이루고 움직이면 그 행동이 덕德의 완전한 모습을 보이는 것은 무슨 까닭입니까?" 하니, 대답했다.

"그 내부에 가득 찬 것이 저절로 밖으로 나타나 아름다운 언행言行을 이루기 때문이다. 그것은 마치 명공名工인 공수반公輸般이 도끼를 휘두르고, 명사수名射手인 예羿가 활을 당겨 화살을 쏘는 것과 같다. 군자는 보통 때는 쓸데없는 말을 하지 않지만 한번 입을 열면 반드시 적절한 말을 한다. 보통 때는 가볍게 움직이지 않지만 한번 움직이면 반드시 그때에 알맞은 행동을 하는 것이다."

或問 君子言則成文 動則成德 何以也 曰 以其弸中而彪外也 般[1]之揮斤 羿[2]之激矢 君子不言 言必有中也 不行 行必有稱也

〔혹자가 묻기를 군자君子는 말하면 문文을 이루고 움직이면 덕德을 이룬다. 무슨 까닭인가. 답하기를 그 속이 차 있으면 밖으로 문채가 있는

것이다. 공수반公輪般이 도끼를 휘두르고 예羿가 화살을 날린다. 군자는 말하지 않지만 말하면 반드시 중中에 맞고, 행行하지 않지만 행하면 반드시 들어맞음이 있다.〕

※

1 般(반): 명공名工인 공수반公輪般.
2 羿(예): 활을 잘 쏘는 명인.

2. 도의의 실천에 강경한 군자

어떤 사람이 군자의 부드러움과 굳셈을 물으니, 대답했다.

"군자는 인仁을 행함에 있어서는 부드럽고, 의義를 실천함에 있어서는 굳센 것이다."

或問君子之柔剛 曰 君子於仁也柔 於義也剛

〔혹자가 군자의 유강柔剛을 물으니 답하기를 군자는 인仁에 있어서는 유柔하고, 의義에 있어서는 강剛하다.〕

3. 군자는 기구器具가 아니다

어떤 사람이 묻기를

"배에서는 음료를 따르지 않고, 충거衝車 안에서는 채소 반찬을 담지 않는다고 하는 속담이 있습니까?"

하니, 대답했다.

"있다."

어떤 사람이 또 말하기를

"큰 그릇은 본래 작은 물건에는 적당하지 않다는 뜻이군요."

하니, 대답했다.

"그것은 기구器具의 이야기다. 군자는 기구가 아닌 것이다."

◉ "군자는 기구器具가 아니다."라고 한 말은 군자는 큰 것이나 작은 것에나 다 유능하다는 것을 뜻한다.

或問 舫不漿 衝不薺 有諸 曰 有之 或曰 大器固不周於小乎 曰 斯械也
君子不械

[혹자가 묻기를 배에서는 술이 없고 충거衝車에서는 냉이가 없다. 그런 것이 있는가. 답하기를 있다. 혹자가 말하기를 큰 그릇은 본래 작은 것에는 맞지 않는 것인가. 답하기를 그것은 기계이다. 군자는 기계가 아니다.]

　　　　　　　　　※

1 衝(충): 충거衝車. 적의 성벽에 돌진하여 파괴하는 전차.

4. 신실하게 그것을 실천한 사람

어떤 사람이 묻기를

"맹자는 널리 배워서 자세하게 풀이해 나가는 것은 장차 요점을 알기 위한 것이라고 말하였는데 그는 의론議論의 요점을 알고 있었던 것입니까? 또 군자가 깊이 도道를 추구하는 것은 스스로 그 도리를 체득하고자 해서라고 말하였는데 덕의 극치를 알고 있었던 것입니까?"

하니, 대답했다.

"단지 알고만 있었던 것이 아니라 진실로 그것을 실천한 사람이었다."

어떤 사람이 묻기를

"선생님께서는 제자백가諸子百家를 낮게 평가하시는데 맹자도 개인적인 사상가로서의 제자가 아니겠습니까?"

하니, 대답했다.

"제자백가라는 것은 자기의 지식에 바탕을 두고 공자와 도를 같이 하지 않는 사람을 말하는 것이다. 맹자가 과연 공자와 도를 같이 하지 않은 사람이었는가. 다르게 하지 않은 사람이다."

◉『맹자』이루하편離婁下篇에 보면 장차 요점을 알고자 널리 자세하게 풀이한다는 말과 군자의 자득自得에 대한 말이 있다.

或問 孟子知言之要 知德之奧 曰 非苟知之 亦允蹈之 或曰 子小諸子 孟子非諸子乎 曰 諸子[1]者以其知異於孔子者也 孟子異乎 不異

〔혹자가 묻기를 맹자孟子는 말의 요점要點을 알고 덕德의 깊숙한 데를 알았는가. 답하기를 진실로 그것을 알 뿐 아니라 또한 진실로 그것을 실천했다. 혹자가 말하기를 그대는 제자諸子를 작다고 하는데, 맹자는 제자가 아닌가. 답하기를 제자라는 것은 그 지知로써 공자와 다른 자이다. 맹자는 다른가. 다르지 않다.〕

※

1 諸子(제자): 개인적인 사상가들을 이르는 말. 제자백가諸子百家.

5. 공자의 학통學統에서 나온 손경孫卿

어떤 사람이 묻기를

"손경孫卿이 묵적墨翟과 송연宋銒 등 여러 사상가의 설說을 비난한 것은 이해할 수 있습니다. 그러나 자사子思와 맹가孟軻까지 논란함에 이르러서는 잘못된 것이 아닙니까?"

하니, 대답했다.

"나는 손경孫卿과 함께 한 동문同門이며 창문이 다르다는 것을 보는 것이다. 오직 성인聖人만이 다르지 않게 되는 것이다."

◉ 손경(孫卿: 荀子)이 묵적墨翟·송연宋銒 등의 사상가의 설說을 비난한 것은 『순자』 비십이자편非十二子篇의 이야기다.

或曰 孫卿[1]非數家之書 侃也 至于子思[2]孟軻 詭哉 曰 吾於孫卿與 見同 門而異戶也 惟聖人爲不異

〔혹자가 묻기를 손경孫卿이 몇몇 학자의 서書를 비난非難한 것은 좋다. 자사子思와 맹가孟軻에 이르러서는 괴이쩍지 않은가. 답하기를 나는 손경에 있어서는 동문同門이면서 이호異戶임을 본다. 오직 성인만이 다르지 않은 것이다.〕

※

1 孫卿(손경): 순자荀子. 전국시대 유학자儒學者로 공자의 제자인 자하子夏의 학파. 맹자의 성선설性善說에 대해 성악설性惡說을 제창했다.

2 子思(자사): 전국시대의 유학자로 공자의 손자이며, 증자曾子의 제자요, 맹자의 스승이다. 이름은 급伋, 자사子思는 자字.

6. 군자는 자기의 덕성을 온전하게 한다

소가 순수한 흑색이거나 순수한 붉은색이거나 또는 순수한 백색의
털을 가지고 뿔도 가지런한 것은 종묘의 희생으로 오르는 것인가!
그러므로 군자도 자신의 덕을 온전히 하고자 하는 것이다.

牛玄騂白睟[1]而角 其升諸廟乎 是以君子全其德

〔소가 검거나 붉거나 희고 훔치르르하며 뿔이 있으면 그것은 종묘宗廟에
올리는 것인가. 이로써 군자는 그 덕德을 온전히 하는 것이다.〕

※

1 牛玄騂白睟(우현성백수): 순수한 흑색·순수한 붉은색·순수한 백색의 소.
  수睟는 수粹와 같은 것으로 순수하다의 뜻.

7. 군자는 옥玉과 같다고 하는 까닭은?

어떤 사람이 군자는 옥玉과 같다고 하는 까닭을 물으니, 대답했다.
  "순수하고 곱고, 온화함과 윤택함을 지니고 있다. 부드럽고 온화한
색을 띠지만 그 성질은 견고하며, 익숙하면서도 날카롭지만 대오隊伍에
서는 형용하는 것이 불가한 것이다."

● "군자는 옥과 같다."고 한 말은 『시경詩經』 진풍소융편秦風小戎篇에
있는 말이다.

或問君子似玉 曰 純淪溫潤 柔而堅 玩而廉 隊乎其不可形也

〔혹자가 군자의 옥玉과 같은 점을 물으니 답하기를 순純하고 윤淪하고
온溫하고 윤潤하여, 유柔하면서 견堅하고, 완玩하면서 염廉하며, 대오隊伍
하게 형용形容할 수가 없다.〕

8. 사대강四大江과 같은 중니의 도道

어떤 사람이 말하기를

"중니仲尼의 술述은 두루 널리 미치기는 하지만 편안하지는 않고,
크기는 하지만 작은 데에는 쓸모가 없습니다. 그 쓰임은 마치 소가
몸뚱이는 크면서도 작은 쥐 한 마리도 잡지 못하는 것과 같은 것입니다."
하니, 대답했다.

"중니의 도道는 마치 사대강四大江, 곧 양자강揚子江·황하黃河·회수
淮水·제수濟水와 같은 것이다. 중국을 두루 돌면서 물의 혜택을 주고
중국 문화의 토대土臺를 만들고 나서 끝내는 바다로 들어간다. 그
밖의 사람들의 도道라고 하는 것은 저 서북지방의 작은 흐름에 불과하
다. 그것들은 겨우 서북지방의 야만野蠻의 땅을 적시고 그들의 풍습을
구별시켜 주고 나서 어떤 것은 타수沱水로 합류하고 어떤 것은 한수漢水
와 합쳐지는 것이다."

或曰 仲尼之術 周而不泰 大而不小 用之猶牛鼠[1]也 曰 仲尼之道猶四
瀆[2]也 經營中國 終入大海 他人之道者西北之流也 綱紀夷貉 或入于
沱[3] 或淪于漢[4]

〔혹자가 묻기를 중니仲尼의 술術은 넓으면서 편안하지 않고 크면서 작지

않다. 그 쓰임은 오히려 소에 쥐와 같다. 말하기를 중니의 도는 사독四瀆과 같다. 중국中國을 경영해 마침내 대해大海로 들어간다. 타인他人의 도라는 것은 서북西北의 흐름이다. 이맥夷貉을 강기綱紀하고 혹은 타수沱水로 들어가고 혹은 한수漢水에 합류合流한다.]

※

1 猶牛鼠(유우서): 소에 쥐와 같다. 『장자』소요유편逍遙遊篇에 있는 "지금 저 들소는 크기가 하늘에 드리운 구름처럼 크다. 때문에 얼마든지 큰일을 능히 할 수 있겠지만 한 마리 작은 쥐는 잡을 수가 없다."고 한 말을 인용한 것이다.

2 四瀆(사독): 사대강四大江, 곧 양자강揚子江·황하黃河·회수淮水·제수濟水.

3 沱(타): 타수沱水. 양자강 상류의 한 지류支流.

4 漢(한): 한수漢水.

9. 회남왕 유안의 『회남자』

『회남홍렬(淮南鴻烈: 淮南子)』이 사용되는 바는 태사공太史公의 『사기』가 사용되는 바와 같지 못하다. 태사공의 『사기』는 성인聖人도 장차 취하는 것이 있을 것이다. 이에 반해 『회남자』는 취하는 것이 없을 것이다. 반드시 있다고 한다면 유가설儒家說을 서술한 부분일 것이다.

성인의 도道에 들락날락하는 것은 회남왕淮南王 유안劉安의 서서書인 『회남홍렬』, 이른바 『회남자』이다. 미사여구로 문장을 꾸며 치세治世에 유익함이 적은 것은 사마장경(司馬長卿: 司馬相如)의 부부賦다. 인간 세상의 일에 마음을 두고 도덕적인 취사선택을 단행하지 못하고 만 것은 사마자장(司馬子長: 司馬遷)의 『사기』이다.

　다 같이 인간 세상에 마음을 둔 것이 심하다고는 해도, 중니仲尼는 의義를 사랑했으나 자장子長은 기이한 것만을 아꼈을 뿐이다.

◉ 태사공太史公의 『사기』는 태사공의 자서自序에 보이는 것과 같이 『춘추春秋』를 이상으로 했다. 『회남자』는 도가적인 것으로 돌아갔기 때문에 『사기』에는 성인이 취할 것이 있고 『회남자』에는 드물다고 한 것이다.

淮南¹說之用 不如太史公之用也 太史公 聖人將有取焉 淮南鮮取焉爾 必也儒乎 乍出乍入 淮南也 文麗用寡 長卿²也 多愛不忍 子長³也 仲尼 多愛 愛義也 子長多愛 愛奇也

〔회남淮南의 설說의 사용은 태사공太史公의 사용만 같지 못하다. 태사공은 성인도 장차 취할 것이 있을 것이다. 회남은 취할 것이 적을 뿐이다. 반드시 유자儒者인가. 잠깐 나타났다가 잠깐 들어가는 것은 회남이다. 문장이 아름다우면서 사용이 적은 것은 장경長卿이다. 다애多愛하면서 참지 못하는 것은 자장子長이다. 중니仲尼의 다애多愛는 의義를 사랑하고 자장의 다애는 기奇를 사랑한다.〕

　　　　　　　　　※

1 淮南(회남): 사람으로는 회남왕淮南王인 유안劉安을 가리키고, 책으로는 유안劉安이 찬纂한 저서 『회남자淮南子』를 가리킨다. 책의 정식 명칭은 『회남홍렬淮南鴻烈』이다.
2 長卿(장경): 사마상여司馬相如. 장경長卿은 자字.
3 子長(자장): 사마천司馬遷. 자장子長은 자字.

10. 엉터리로 가득 차 있는 고서古書

어떤 사람이 말하기를

"고서古書의 전하여 이어 오는 것이 과단성이 있지 않은 것이 심합니다."

하니, 대답했다.

"과단성이 있지 않다는 것은 과단성이 있지 않다는 것이다. 사람들이 무당의 북으로 쓰는 것이다."

或曰 甚矣 傳書之不果[1]也 曰 不果則不果矣 人[2]以巫鼓

〔혹자가 말하기를 심하구나. 전서傳書의 과단하지 못함이. 말하기를 과단하지 못하면 과단하지 않은 것이다. 사람이 무고巫鼓로써 한다.〕

※

1 果(과) : 실實·신信과 통한다.

2 人(인) : 우又의 오자誤字. 인人자로 보아도 된다.

11. 성인의 말의 가치는 변하지 않는다

어떤 사람이 묻기를

"성인聖人의 말은 단丹이나 청靑을 색칠하는 것과 같이 선명하다고 하는데, 그것이 사실입니까?"

하니, 대답했다.

"아아, 그 무슨 말이냐? 단丹과 청靑의 색칠은 처음 얼마 동안은 선명하지만 오래 지나면 변색한다. 그러나 성인의 말의 가치는 변하는 것이 아닐 뿐이다."

或問 聖人之言 炳若丹靑 有諸 曰 吁是何言與 丹靑初則炳 久則渝
渝乎哉

〔혹자가 묻기를 성인의 말은 빛나는 것이 단청丹靑과 같다고 하는데
그러한가. 답하기를 아아, 이 무슨 말인가. 단청은 처음에는 선명하지만
오래 되면 변한다. 변하겠는가.〕

12. 성인은 어찌해 변화가 많습니까?

어떤 사람이 묻기를

"성인의 도道는 하늘과 같다고 했습니다. 하늘은 항상 떳떳한 것이
있습니다. 어찌해 성인은 변화가 많은 것입니까?"

하니, 대답했다.

"성인이란 진실로 변화가 많은 것이다. 공자의 제자 중에서 자유子游
와 자하子夏는 책을 얻었으나 책의 사용되는 바를 얻지 못했다. 재아宰我
와 자공子貢은 그의 말을 얻었으나 그의 말의 사용되는 바를 얻지
못했다. 안연과 민자건은 그의 덕행을 얻었으나 그 덕행의 사용되는
바를 얻지 못했다. 성인의 글, 말씨, 덕행은 하늘인 것이다. 하늘은
변화가 적은 것이었는가!"

或曰 聖人之道若天 天則有常矣 奚聖人之多變也 曰 聖人固多變 子游[1]
子夏[2]得其書矣 未得其所以書也 宰我[3]子貢[4]得其言矣 未得其所以言
也 顏淵[5]閔子騫[6]得其行矣 未得其所以行也 聖人之書言行 天也 天其
少變乎

〔혹자가 말하기를 성인의 도道는 하늘과 같다. 하늘은 곧 상常이 있는데 어찌해 성인은 변화가 많은가. 답하기를 성인은 본래 변화가 많다. 자유子游와 자하子夏는 그 서書를 얻었지만 아직 그 서書의 이유를 얻지 못하였고, 재아宰我와 자공子貢은 그 언言을 얻었지만 아직 그 언의 이유를 얻지 못하였으며, 안연顏淵과 민자건閔子騫은 그 행行을 얻었지만 아직 그 행의 이유를 얻지 못했다. 성인의 서書·언言·행行은 천天이다. 천은 그 변화가 적은가.〕

※

1 子游(자유): 공자의 제자. 성은 언言, 이름은 언偃. 자유는 자字.

2 子夏(자하): 공자의 제자. 성은 복卜, 이름은 상商. 자하는 자.

3 宰我(재아): 공자의 제자. 성은 재宰, 이름은 여予. 자는 자아子我.

4 子貢(자공): 공자의 제자. 성은 단목端木, 이름은 사賜. 자공은 자.

5 顏淵(안연): 공자의 수제자인 안회顏回이다. 성은 안顏, 이름은 회回. 자는 자연子淵.

6 閔子騫(민자건): 공자의 제자. 성은 민閔, 이름은 손損. 자건은 자.

13. 군자의 처세에도 방해가 되는 것이 있다

어떤 사람이 묻기를

"성인은 자기의 생각대로 행동하는 것입니까? 무슨 말에 단서가 많은 것입니까?"

하니, 대답했다.

"그대는 아직 우임금이 홍수를 다스린 방법을 생각해 본 일이 없는가? 어떤 때는 동쪽으로, 어떤 때는 북쪽으로 물길을 터서 큰물을 소통시키는 데 있어 물의 장애물이 없는 쪽으로 이끈 것이다. 군자가 처세함에 있어서도 반드시 방해가 되는 것이 있는 것이다. 그렇다면 어떻게 해 바르게 밀고 나아갈 수 있을까? 강의 물은 장애물이 있는 곳을 피해 흐르면 바다에 도달한다. 군자는 방해가 되는 것을 피해 행하면 이치에 통달하는 것이다."

或曰 聖人自恣與 何言之多端也 曰 子未覩禹之行水與 一東一北 行之無礙也 君子之行 獨無礙乎 如何直往也 水避礙則通于海 君子避礙則通于理

〔혹자가 말하기를 성인은 스스로 뜻대로 하는 것인가. 어찌 말이 다단多端한가. 답하기를 그대는 아직 우禹의 물을 다스림을 보지 못했는가. 한 번은 동으로 한 번은 북으로 그것을 막히는 데가 없는 데로 돌린다. 군자의 행行도 홀로 막히는 데가 없는 것인가. 어떻게 해서 곧게 가겠는가. 물이 막히는 데를 피하면 바다로 통하고 군자가 막히는 데를 피하면 이치에 통한다.〕

14. 자기의 결점을 애호하는 소인

군자는 남의 장점을 좋아하고 자기의 장점을 잊는다. 소인小人은 헐뜯는 것을 좋아하고 남의 좋은 점을 잊는다.

君子好人之好 而忘己之好 小人好己之惡 而忘人之好

〔군자는 남의 좋은 점을 좋아하여 자기의 좋은 점을 잊는다. 소인小人은 자신의 헐뜯는 것을 좋아하여 남의 좋은 점을 잊는다.〕

15. 앞으로 나아가는 사람을 상대로 할 것이다

어떤 사람이 묻기를

"선생님께서는 이 천하에서 누구와 함께 하겠습니까?"

하니, 대답했다.

"저 앞으로 나아가는 사람과 함께 할 것이다."

또 묻기를

"저 높은 지위를 탐내는 사람과 많은 녹봉을 바라는 사람들을 어찌 상대할 수 있겠습니까?"

"이것은 탐하는 것이고 앞으로 나아가는 것이 아니다. 앞으로 나아간 다고 할 수 있는 것은 도道에 있어서의 전진이요, 덕德에 있어서의 바람이며, 성대한 인의仁義로써 하는 것이다. 나아갈 때를 당하여는 나아가고, 물러날 때를 당하여는 물러난다. 매일 부지런히 힘쓰고 게으름을 모르는 것이다."

어떤 사람이 묻기를

"나아가는 것을 사명使命으로 하여 전진하는 경우에 대해서는 잘 들었습니다. 그러면 언뜻 보아 물러나는 듯이 보이면서 나아가는 경우에 대해 가르쳐 주시기 바랍니다."

하니, 대답했다.

"옛날에 안연은 물러나는 것을 앞으로 나아가는 듯이 했으며 천하에 서 짝이 될 사람이 적었다."

어떤 사람이 또 묻기를

"이와 같은 것이라면 어찌해 반드시 물러나는 것을 실행하는 이가 적은 것입니까?"

하니, 대답했다.

"반드시 전진하는 것도 짝을 하는 것이 쉽지만 반드시 물러나는 것도 짝을 하는 것이 쉬운 것이다. 나아가는 것을 예禮로써 하고 물러나는 것을 의義로써 하는 것은 짝하는 것이 어려운 것이다."

◉『논어』옹야편雍也篇에서 공자는 "어지구나. 회回여. 한 소쿠리의 밥을 먹고 한 표주박의 물을 마시며 누추한 곳에 사는 것을 고치지 않는구나."라고 했다.

或曰 子於天下則誰與 曰 與夫進者乎 或曰 貪夫位也 慕夫祿也 何其與 曰 此貪也 非進也 夫進也者 進於道 慕於德 殷之以仁義 進而進 退而退¹ 日孳孳而不自知勌者也 或曰 進進則聞命矣 請問退進 曰 昔乎顔淵以退爲進 天下鮮儷焉 或曰 若此則何少於必退也 曰 必進易儷 必退易儷也 進以禮 退以義 難儷也

〔혹자가 말하기를 그대는 천하天下에 있어서 누구와 함께 할 것인가. 답하기를 저 나아가는 자와 더불어 할까. 혹자가 말하기를 저 지위를 탐하고 저 녹祿을 사모하는 자와 어떻게 그 더불어 하는가. 답하기를 이것은 탐하는 것이다. 나아가는 것이 아니다. 저 나아가는 자는 도道로 나아가고, 덕德을 사모하며, 그것을 바로잡음에 인의仁義로써 한다. 나아감에는 나아가고 물러남에는 물러난다. 날로 부지런히 하여 스스로 게으름을 알지 못하는 자이다. 혹자가 말하기를 나아감에 나아가는 것의 명命을 들었다. 청하여 물러나고 나아가는 것을 물으니 답하기를 옛날에 안연顔淵은 물러남으로써 나아감을 삼아 천하에 나란히 할 자가 없었다.

326

혹자가 말하기를 이와 같다면 어찌해 반드시 물러나는 것을 적다고 하는가. 답하기를 반드시 나아가는 것도 짝하기가 쉽고 반드시 물러나는 것도 짝하기가 쉽다. 나아감에 예禮로써 하고 물러남에 의義로써 하는 것은 짝하기가 어렵다.〕

※

1 退而退(퇴이퇴): 사마광司馬光은 퇴이진退而進으로 고쳐 세속적으로는 후퇴한 때에라도 도덕적으로는 항상 전진前進한다는 의미로 해석했다.

16. 죽음과 삶을 같게 보는 것

어떤 사람이 묻기를

"죽는 것과 사는 것을 가지런하게 여기고, 가난한 것과 부유한 것을 동등하게 여기고, 귀한 것과 천한 것을 균등하게 여기는 것은 어떠한 것입니까?"

하니, 대답했다.

"이와 같은 것을 주장하는 사람은 두려운 것이 있을 것이다. 죽음과 삶을 가지런하게 여기고, 가난한 것과 부유한 것을 동등하게 여기고, 귀한 것과 천한 것을 균등하게 여기는 것이라고 믿는다면 나는 성인聖人이라도 헛된 말을 하는 것이라고 여긴다."

◉ 죽음과 삶, 부귀나 빈천貧賤을 같게 보는 것은 묵자墨子다. 양웅揚雄은 맹자의 처지에서 그것을 반박하는 것일 것이다.

或曰 人有齊死生同貧富等貴賤 何如 曰 作此者其有懼乎 信死生齊貧富同 貴賤等 則吾以聖人爲囂囂[1]

〔혹자가 말하기를 사람이 사생死生이 가지런하고, 빈부貧富가 동등하고, 귀천貴賤이 동등한 것이란 어떠한가. 답하기를 이렇게 하는 자는 그 두려움이 있는 것인가. 참으로 사생을 똑같이 여기고, 빈부를 똑같이 여기고, 귀천을 똑같이 여기는 것을 믿는다면 나는 성인으로써 시끄럽게 하는 것으로 여길 것이다.〕

※

1 囂囂(효효): 마음대로 말하다. 쓸데없는 말을 하다. 헛되이 떠들다.

17. 삼재三才에 통용되는 유학의 도

하늘과 땅과 사람을 『역전易傳』에서는 삼재三才라고 해 만물의 근본으로 삼았다. 이 삼재에 통달한 것을 유학儒學의 도道라고 한다. 하늘과 땅, 이른바 자연계自然界에는 통달했어도 인도人道에는 통달하지 못한 것은 기예技藝에 지나지 않는다.

通天地人 曰儒 通天地而不通人 曰伎

〔천天·지地·인人에 통하는 것을 유儒라고 한다. 천天과 지地에 통하고 인人에 통하지 않는 것을 기伎라고 한다.〕

18. 자신으로부터 공경이 시작되어야 한다

사람이라고 하는 것은 반드시 먼저 일어난 연후에 남에게 이름이 있는 것이다. 먼저 구한 연후에 남에게 주는 것이다.

사람이 반드시 그 스스로를 사랑한 연후에 모든 이가 사랑하는 것이다. 사람이 반드시 그 스스로를 공경한 연후에 모든 사람이 공경하는 것이다. 스스로를 사랑하는 것은 인仁의 지극한 것이고, 스스로를 공경하는 것은 예禮의 지극한 것이다. 스스로를 사랑하고 공경하지 않고 남을 사랑하고 공경할 자는 있지 않는 것이다.

人必先作 然後人名之 先求 然後人與之 人必其自愛也 而後人愛諸 人必其自敬也 而後人敬諸 自愛仁之至也 自敬禮之至也 未有不自愛敬 而人愛敬之者也

〔사람이 반드시 먼저 하고 그러한 뒤에 남이 이름한다. 먼저 구한 연후에 남이 주는 것이다. 사람이 반드시 그 스스로를 사랑하고 그러한 뒤에 남이 그를 사랑한다. 사람이 반드시 그 스스로를 공경하고 그러한 뒤에 남이 그를 공경한다. 스스로를 사랑하는 것은 인仁의 지극함이다. 스스로를 공경하는 것은 예禮의 지극함이다. 아직 스스로를 사랑하고 공경하지 않고서 남이 그를 사랑하고 공경하는 자 있지 않았다.〕

19. 사람도 장수할 수 있습니까?

어떤 사람이 묻기를
  "용이나 거북이나 기러기나 큰고니 따위는 또한 장수하는 짐승들이 아닙니까?"
하니, 대답했다.
  "장수하는 것들이다."
  또 묻기를

"사람도 그와 같이 장수할 수가 있겠습니까?"

하니, 대답했다.

"사물은 그의 성性을 사용하고, 사람은 그의 인仁을 사용하는 것이다."

或問 龍龜鴻鵠¹不亦壽乎 曰 壽 曰 人可壽乎 曰 物以其性 人以其仁
〔혹자가 묻기를 용과 거북과 기러기와 고니는 또한 장수長壽하지 않는가.
답하기를 장수한다. 말하기를 사람도 장수할 수 있는가. 답하기를 만물은
그 성性으로써 하고, 사람은 그 인仁으로써 한다.〕

※

1 鴻鵠(홍곡): 기러기와 고니.

20. 장수할 수 있는 인간은 없다

어떤 사람이 묻기를

"사람들이 선인(仙人: 신선)이라고 말하는 것은 실제로도 있는 것입
니까?"

하니, 대답했다.

"아아, 나는 들었느니라. 옛날의 성인인 복희씨伏羲氏나 신농씨神農
氏도 이 세상에서 그 모습을 감추었다. 황제黃帝·요임금·순임금도
목숨이 다해 죽었고, 문왕文王은 필畢 땅에 묻혔으며, 공자孔子의 무덤
은 노성魯城 북쪽에 있다는 말을 들었다. 홀로 그대만이 그의 죽는
것을 아까워하는 것인가. 오래 살 수 있는 것은 사람의 힘으로 미칠
바가 아니다. 선인이라는 것은 그대의 무리에게 보탬이 없을 것이다."

330

어떤 사람이 말하기를

"성인聖人이 선인仙人의 술術術을 배우려고 하지 않는 것은 서로의 도道가 다르기 때문입니다. 성인의 도는 천하에 있어서 단 한 가지 사물이라도 알지 못하는 것을 부끄럽게 여기는 것입니다. 선인仙人의 도는 천하에 있어서 단 하루라도 장생長生하지 못하는 것을 부끄럽게 여기는 것입니다."

하니, 대답했다.

"삶이여! 삶이여! 명성은 삶이라고 하지만 실제로는 죽은 것이다."

어떤 사람이 이르기를

"세상에 선인이 실제로 존재하지 않는 것이라면 어떻게 선인의 이야기가 전해질 수 있습니까?"

하니, 대답했다.

"이야기라는 것은 마음대로 떠들어댈 수 있지 않겠는가. 오직 요란스럽게 떠들어대면 없는 것도 있는 것처럼 되는 것이다."

어떤 사람이 선인은 실제로 존재하느냐고 물으니 대답했다.

"생각한 바가 없다. 선인이 존재하는가, 않는가 하는 것은 문제로 삼을 만한 것이 아니다. 사람이 진지하게 물어야 할 것은 충忠과 효孝에 대한 질문이다. 충신이나 효자가 자신의 장생에 마음 쓸 겨를이 있겠는가, 겨를이 없겠는가 하는 것이다."

或問 人言仙者有諸乎 吁 吾聞 宓羲神農歿 黃帝堯舜 殂落而死 文王 畢 孔子魯城之北 獨子愛其死乎 非人之所及也 仙亦無益子之彙矣 或曰 聖人不師仙 厭術異也 聖人之於天下 恥一物之不知 仙人之於天

下 恥一日之不生 曰 生乎生乎 名生而實死也 或曰 世無仙則焉得斯語
曰 語乎者非囂囂也與 惟囂囂能使無爲有 或問仙之實 曰 無以爲也
有與無非問也 問也者忠孝之問也 忠臣孝子偟乎 不偟

〔혹자가 묻기를 사람으로서 선인仙人이라고 말하는 자가 있는가. 아아,
나는 듣기를 복희宓羲·신농神農은 몰沒하였고, 황제黃帝·요堯·순舜도 목
숨이 다해 죽었다. 문왕文王은 필畢에, 공자는 노성魯城의 북방에 있다고
했다. 홀로 그대는 그 죽음을 아끼는가. 사람이 미칠 바가 아니다. 선인仙人
도 또한 그대의 무리에게 유익함이 없다. 혹자가 말하기를 성인이 선인仙人
을 스승으로 하지 않는 것은 그 술術이 달라서이다. 성인은 천하에 있어서
한 가지 사물이라도 알지 못하는 것을 부끄러워한다. 선인은 천하에
있어서 하루라도 장생長生하지 못하는 것을 부끄러워한다. 말하기를 생生
인가. 생인가. 명名은 생生이지만 실은 죽음이다. 혹자가 말하기를 세상에
선인이 없다면 어떻게 이 말을 얻었는가. 답하기를 말이라는 것은 시끄러
운 것이 아닌가. 오직 시끄러우면 능히 무無를 유有로 만들 수 있다.
혹자가 선인의 실제를 물었다. 답하기를 생각한 바가 없었다. 유有와
무無는 질문質問이 아니다. 질문이라는 것은 충忠과 효孝의 질문이다.
충신과 효자에게 겨를이 있는 것인가. 겨를이 없는 것인가.〕

※

1 宓羲(복희): 복희씨伏羲氏. 삼황三皇의 한 사람인 성군聖君.

21. 수명은 연장할 수 있는 것입니까?

어떤 사람이 묻기를

"수명壽命은 더할 수 있는 것입니까?"

332

하니, 대답했다.

"덕일 것이다."

또 묻기를

"안회顔回나 염백우冉伯牛는 덕을 행하였는데 어찌해 수명을 더하지 못하였습니까?"

하니, 대답했다.

"덕을 행하였기에 이와 같이 이름이 남은 것이다. 만약 안회가 도를 깨뜨렸거나 염백우가 덕을 손상시켰거나 하였다면 어떻게 그와 같이 될 수 있었겠는가?"

또 묻기를

"인의仁義를 손상시키는 것을 아무렇지도 않게 생각하는 사람이라도 오래 살 수 있는 것 같습니다."

하니, 대답했다.

"그러한 자는 망령된 짓을 하고 있을 뿐이다. 군자는 결코 망령되지 않는 것이다."

或問 壽可益乎 曰 德 曰 回牛¹之行德矣 曷壽之不益也 曰 德故爾 如回之殘 牛之賊也 焉得爾 曰 殘賊或壽 曰 彼妄也 君子不妄

〔혹자가 묻기를 수壽는 더할 수 있는가. 답하기를 덕德이다. 말하기를 안회顔回나 염백우冉伯牛는 덕을 행했는데 어찌해 수명을 더하지 않았는가. 답하기를 덕이 있었기 때문에 그렇다. 만약 안회가 잔殘하고 염백우가 적賊했다면 어떻게 얻었겠는가. 말하기를 잔적殘賊도 수壽할 수 있다. 말하기를 그것은 망령이다. 군자는 망령되지 않다.〕

※

1 回牛(회우): 안회顏回와 염백우冉伯牛. 염백우는 공자의 제자로서, 성은
염冉, 이름은 경耕. 백우伯牛는 그의 자字인데 덕행德行에 뛰어났다.

22. 그것이 자연의 법칙이다

살아 있는 것에는 반드시 죽음이 있다. 처음이 있는 것은 반드시 끝이
있다. 그것이 자연의 법칙이다.

有生者必有死 有始者必有終 自然之道也

〔생生이 있는 것은 반드시 사死가 있고 처음이 있는 것은 반드시 끝이
있는 것은 자연의 도道이다.〕

23. 자신도 속이는 소인小人

군자는 남에게 충실한 것이다. 하물며 자신에게 있어서이겠는가! 소인
小人은 자기 자신조차 속이는 것이다. 하물며 남에게 있어서이겠는가!

君子忠人 況己乎 小人欺己 況人乎

〔군자는 남에게 충忠하는데 하물며 자기이겠는가. 소인小人은 자기를
속이는데 하물며 남이겠는가.〕

제13권 효지孝至

1. 효행孝行은 인도人道의 극치이다

효孝라는 것은 인간의 도리 중에 가장 지극한 것이다. 한마디로 효孝라는 것은 다른 모든 덕행德行이 갖추어져 있으며, 성인聖人이라 하더라도 효도에 더할 말이 없는 것이다.

孝至矣乎 一言而該 聖人不加焉
〔효孝는 지극한 것인져. 한마디로 갖추어져 성인도 더할 수 없다.〕

2. 부모는 자식에게 하늘과 땅과 같다

부모라고 하는 것은 자식에게 있어서 하늘과 땅 같은 존재이다. 만물의 근원인 하늘이 없으면 아무것도 생겨날 수가 없다. 만물의 모태母胎인 땅이 없으면 아무것도 형체를 지닐 수가 없다. 그러면 하늘과 땅이 만물을 풍족하게 하는 것인가. 만물이 하늘과 땅을 풍족하게 하는 것인가. 부모의 풍족한 것을 풍족하게 하는 것은 풍족하게 하는 것이 아니다. 부모를 섬기는 데 스스로 부족한 것을 알고 있는 자는 그 순임금뿐이었다.

父母子之天地與 無天何生 無地何形 天地裕於萬物乎 萬物裕於天地
乎 裕父母之裕 不裕矣 事父母自知不足者 其舜乎

〔부모는 자식의 천지인가. 하늘이 없으면 어떻게 생겨나고 땅이 없으면
어떻게 형체가 있겠는가. 천지가 만물을 넉넉하게 하는가. 만물이 천지를
넉넉하게 하는가. 부모의 넉넉한 것을 넉넉하게 하는 것을 넉넉하게
하는 것이라고 하지 않는다. 부모를 섬겨 스스로 족足하지 못한 것을
아는 자는 그 순舜인져.〕

3. 효자는 하루를 소중히 여긴다

언제까지나 영원히 이어질 수 없는 것은 어버이에게 효도하고 어버이를
봉양하는 것을 이르는 것이다. 효자는 하루라도 소중히 여겨 효행에
힘쓰는 것이다.

◉『한시외전韓詩外傳』에 전하는 "나무가 고요하고자 하나 바람이 멈추지
않고, 자식이 봉양하고자 하나 부모가 기다리지 않는다樹欲靜而風不止
子欲養而親不待."라고 하는 데서 한 말이다.

不可得而久者 事親之謂也 孝子愛日

〔얻어서 오래할 수 없는 것은 어버이 섬김을 이르는 것이다. 효자는
날을 아긴다.〕

4. 돌아가신 부모의 모습을 뵙는 효자

효자는 제사를 지내는 것이 있다. 재계齋戒하는 것도 있다. 대개 돌아간 사람의 모습을 간직하고, 끊어지려는 인연因緣을 이어지게 하는 것은 오직 재계일 뿐이다. 그러므로 효자는 재계에 있어서는 돌아가신 부모가 그곳에 계신 것 같은 모습으로 뵙는 것이다. 그런 까닭에 선조先祖에게 제사를 지낼 때는 남인 빈객賓客을 초대하지 않는 것이다. 인간이면서 부모에게 제사지내지 않는 것은 승냥이나 수달만도 못한 것이다.

◉ "인간으로서 선조에게 제사를 지내지 않는 것은 승냥이나 수달만도 못하다."라고 했는데, 수달이 이른 봄에 물고기를 잡아 제사 지내 듯이 늘어놓고 승냥이가 늦가을에 짐승을 잡아 제사 지내 듯이 늘어놓는다고 하는 것은 『예기禮記』월령편月令篇과 그 밖에서도 보인다.

孝子有祭乎 有齊乎 夫能存亡形屬荒絶者 惟齊也 故孝子之於齊 見父母之存也 是以祭不賓 人而不祭 豺獺乎

〔효자는 제사가 있는 것인가. 재계齋戒가 있는 것인가. 대저 능히 망형亡形을 존存하고 황절荒絶을 잇는 것은 오직 재계다. 그러므로 효자의 재계에 있어서는 부모의 존재를 본다. 이로써 제사에 불빈不賓한다. 사람으로서 제사를 지내지 않는 것은 시달豺獺인져.〕

5. 좋은 자식이라고 말할 수 있는 것

어떤 사람이 자식으로서의 도리를 물으니, 대답했다.

"어버이가 살아계실 때에도 돌아가신 후에도 예禮를 다해 섬긴다면 가히 자식으로서의 도리를 다했다고 이를 것이다."

◉ 『논어』위정편爲政篇에 "부모가 살아계실 때에는 예禮로써 섬기고, 돌아가시면 예로써 장사지내며, 예로써 제사지낸다."는 말이 있다.

或問子 曰 死生盡禮 可謂能子乎

〔혹자가 자식됨을 물으니 답하기를 죽어서나 살아서나 예禮를 다하는 것을 능히 자식이라고 이를 것인져.〕

6. 아버지와 아들로서 훌륭한 석분石奮 부자

석분石奮과 석건石建은 아버지로서 아들로서 함께 훌륭한 사람들이었다. 그 아버지가 없었으면 그 아들도 나타나지 않았고, 그 아들이 없었으면 그 아버지도 있지 않았을 것이다.

어떤 사람이 묻기를

"석분石奮 부자父子와 같이 반드시 아버지와 아들 양쪽이 있어야 하는 것입니까?"

하니, 대답했다.

"요임금은 성인聖人이지만 좋은 아들을 두지 못했고, 순임금도 성인이지만 좋은 아버지를 가지지 못했다. 그러나 요임금이 좋은 아버지이고, 순임금이 좋은 아들인 것과 같지 못할 것이다."

◉ 석분石奮과 석건石建 부자의 이야기는 『사기』「만석장숙열전萬石張叔列傳」에 보인다.

曰石奮石建¹ 父子之美也 無是父無是子 無是子無是父 或曰 必也兩
乎 曰 與堯無子舜無父 不如堯父舜子也

〔석분石奮과 석건石建은 부자父子의 훌륭함이다. 그 부친이 없으면 그
자식이 없고, 그 자식이 없으면 그 부친이 없다. 혹자가 말하기를 반드시
둘이어야 하는가. 답하기를 요堯가 아들이 없고 순舜이 부친이 없는 것은
요는 부친이요, 순은 아들인 것과 같지 못한 것이다.〕

※

1 曰石奮石建(왈석분석건): 진은복秦恩復은 밑의 ‘석석石石’자를 연문衍文으로 보
  고 있으나 근거가 분명하지 않다.

7. 어떻게 허위虛僞를 분별합니까?

어떤 사람이 묻기를
　“아들이 (자신은) 콩을 먹으면서 헌 무명옷을 걸치고, 그의 어버이에
게는 좋은 음식을 대접하면서 좋은 옷을 입혀드리는 일이 있는데,
그는 장차 효도하는 사람이라는 평판을 얻으려고 하는 것입니다. 어떤
사람들은 ‘그런 방법은 위선僞善이다.’라고 말하는데, 어떻게 생각하십
니까?”
하니, 대답했다.
　“유자儒者가 의복을 빌려 착용하고 서적을 빌려 읽고는 3개월이
지나도록 돌려주지 않는다고 해서, 누가 그 사람을 유자儒者가 아니라고
할 것인가?”
　어떤 사람이 또 묻기를
　“그렇다면 무엇으로 허위虛僞를 분별합니까?”

하니, 대답했다.

"남이 보는 데에서는 도道를 행하고 남이 없는 데에서는 그만두는 것, 이런 것을 위선僞善이라고 이른다. 인물을 관찰하는 데에는 그 사람이 어떻게 실행하는가 혹은 실행하지 않는가를 상세하게 고찰하는 것뿐이다."

◉『논어』위정편爲政篇에서는 "그 사람이 행하는 바를 보고 그 행하는 동기를 관찰하고 그가 만족해하는 바를 살핀다면 그 사람됨을 어찌 숨길 수 있겠는가."라고 했다. 왕영보汪榮寶에 의하면 왕망王莽이 군자인 척 행동하는 것에 대한 풍자라고 했다.

子有含菽縕絮 而致滋美其親 將以求孝也 人曰僞 如之何 曰 假儒衣書服而讀之 三月不歸 孰曰非儒也 或曰 何以處僞 曰 有人則作 無人則輟 之謂僞 觀人者審其作輟而已矣

〔아들은 콩을 먹고 헌 솜으로 만든 옷을 입으면서 맛있고 좋은 것을 그 어버이에게 드리는 일이 있어 그것으로써 효孝를 구하고자 한다. 사람이 말하기를 위선僞善이라고 하는데 그것을 어떻다고 하는가. 답하기를 유자儒者가 옷과 책을 빌려서 그것을 입고 읽으면서 석 달 동안 돌려주지 않는다고 누가 유자가 아니라고 하겠는가. 혹자가 말하기를 무엇으로써 허위虛僞를 분별하는가. 답하기를 남이 있으면 하고 남이 없으면 그만두는 그것을 허위라고 이른다. 사람을 보는 자는 그가 하고 그만두는 것을 자세히 살필 따름이다.〕

8. 최고의 명예는 인仁과 효

〔명예名譽에는 인仁이라든가 효孝라든가 하는 명예가 있다.〕 그 명예를
위하지 않았는데도 저절로 그 명예를 얻는 것은 명예의 지극한 것이다.
명예를 위해 얻어지는 명예는 그 다음의 것이다.

不爲名之名 其至矣乎 爲名之名 其次也
〔명예를 위하지 않는 명성名聲은 지극함인져. 명예를 위하여 하는 명성은
그 다음이다.〕

9. 어떤 것을 좋은 계략이라고 합니까?

어떤 사람이 충실한 말과 좋은 계략에 대해 물으니, 대답했다.
  "옛날의 현명한 신하인 직稷이나 설契에 일치하는 말을 충실하다고
이르는 것이다. 고요皐陶와 계책이 합치하는 것을 좋은 계략이라고
한다."
  어떤 사람이 또 묻기를
  "높게 하는 것은 어떻게 하겠습니까?"
하니, 대답했다.
  "또한 힘쓸 뿐이다. 낮은 수준의 것이라면 소진蘇秦·장의張儀·상앙商
鞅·이사李斯 등도 또한 성실한 말과 좋은 계략의 소유자들이었다."
◉ 여기서 소진蘇秦·장의張儀·상앙商鞅·이사李斯를 지적한 것은 이궤李軌
가 말하기를, 한漢나라 신하였던 사람으로서 왕망의 장상將相이 된 사람들

을 은근히 낮춰 보고 한 말이라고 했다.

或問忠言嘉謀 曰 言合稷契[1] 謂之忠 謀合皐陶[2] 謂之嘉 或曰 邵如之何
曰 亦勖之而已 痺則秦儀鞅斯[3] 亦忠嘉矣

[혹자가 충언忠言과 가모嘉謀를 물으니 답하기를 언言은 직稷과 설契에
합하면 그것을 충忠이라 이른다. 모謀는 고요皐陶에 합하면 그것을 가嘉라
고 이른다. 혹자가 말하기를 소공邵公은 어떠한가. 답하기를 또한 힘쓸
뿐이다. 낮으면 소진蘇秦·장의張儀·상앙商鞅·이사李斯도 또한 충忠이요,
가嘉다.]

※

1 稷契(직설): 직稷과 설契. 요임금·순임금 시대의 현신賢臣.
2 皐陶(고요): 요임금·순임금 시대의 현신.
3 秦儀鞅斯(진의앙사): 소진蘇秦·장의張儀·상앙商鞅·이사李斯. 상앙은 춘추
  시대 진秦의 정치가인데 공손앙公孫鞅이라고도 한다.

10. 그 빛은 지금까지도 미치고 있다

요임금·순임금의 도道는 훌륭했다. 하왕조夏王朝·은왕조殷王朝·주왕
조周王朝의 도는 위대했다. 더욱이 그 광채는 멀리 지금까지도 뻗치고
있다.

　어떤 사람이 묻기를

　"어떠한 것을 이르는 것입니까?"

하니, 대답했다.

　"요임금이나 순임금은 덕을 갖춘 사람에게 천자의 자리를 선양禪讓한

것이 그러한 것이고, 하왕조의 우임금은 홍수를 다스린 공적이 그러한
것이며, 은왕조의 탕왕은 폭군인 걸왕桀王을 추방하고 주왕조의 무왕武
王은 역시 폭군인 주왕紂王을 토벌하여 백성을 구원한 것이 그러한
것이다."

堯舜之道皇兮 夏殷周之道將兮 而以延其光兮 或曰 何謂也 曰 堯舜以
其讓 夏以其功 殷周以其伐

〔요堯·순舜의 도道는 훌륭하구나. 하夏·은殷·주周의 도는 위대하구나.
그리고 그것으로써 그 광채를 늘렸구나. 혹자가 말하기를 무슨 말인가.
답하기를 요堯와 순舜은 그 선양禪讓으로써 했고, 하夏는 그 공功으로써
했고, 은殷과 주周는 그 정벌로써 했다.〕

11. 천하를 받은 것도 과분한 것은 아니다

어떤 사람이 묻기를

"제후들이 먹는 것은 눈처럼 새하얀 쌀밥에, 입는 것은 꽃과 같이
아름다운 무늬의 비단옷에, 나서면 붉게 칠을 한 수레의 사두마차四頭馬
車에, 몸에는 황금과 구슬을 매달아 번쩍번쩍 빛납니다. 이것은 너무
지나친 사치가 아닙니까?"

하니, 대답했다.

"거기에 걸맞은 덕德이 갖추어져 있다면 순舜이나 우禹가 천하를
넘겨받은 것도 과분한 것은 아니었다. 그러나 거기에 걸맞은 덕이
갖추어지지 않는다면 다섯 량의 인끈을 받는 관리나 반통의 인장을

쓰는 관리가 되는 것조차 분分에 넘치는 일일 것이다."

或曰 食如螘[1] 衣如華 朱輪駟馬 金朱煌煌 無已泰乎 曰 由其德 舜禹受
天下 不爲泰 不由其德 五兩之綸 半通[2]之銅 亦泰矣

〔혹자가 말하기를 밥은 눈과 같고 옷은 꽃과 같고 주륜사마朱輪駟馬와
금주황황金朱煌煌한 것은 매우 사치한 것이 아닌가. 답하기를 그 덕德에
말미암으면 순舜과 우禹가 천하를 받은 것도 사치한 것이 아니고, 그
덕에 말미암지 않으면 오량五兩의 윤綸과 반통半通의 동銅도 또한 사치다.〕

※

1 食如螘(식여의): '의螘'는 개미라는 뜻인데 흰개미를 뜻한다. 왕영보汪榮寶는
  '애螘'로 고쳤다. '애螘'는 흰 눈과 같이 새하얀 것을 뜻하는 것으로 보았다.
  그러나 의螘는 흰개미를 뜻하므로 새하얀 쌀밥과 같은 뜻이다.

2 半通(반통): 반인半印. 장방형長方形의 도장. 한漢나라의 제도에 승상丞相·열
  후列侯로부터 영승令丞에 이르기까지 모두 정방형正方形의 도장을 쓰고 오직
  색부嗇夫 같은 낮은 벼슬아치만이 이 도장을 썼는데, 이 도장은 정방형의
  도장을 반으로 쪼갠 것이므로 반인이라 했다.

12. 천하에 통용되는 다섯 가지 도

천하에 통용되는 도道는 다섯 가지요, 그것을 실천하는 마음가짐은
하나이다. 그것은 노력하는 것이다.

● 다섯 가지의 도道는 『중용』에서는 군신君臣·부자父子·부부夫婦·곤제
昆弟·붕우朋友의 사귐을 오달도五達道라 했고, 『맹자』 등문공상편滕文公
上篇에서는 친친·의義·별別·서序·신信의 오륜五倫을 들었다. 그리고 『서
경』의 순전舜典 및 고요모皐陶謨에서의 오전五典은 공전孔典에 의하면,

부의父義·모자母慈·형우兄友·제공弟恭·자효子孝의 오상五常의 가르침
이라고 했다.

天下通道五 所以行之一 曰勉

〔천하의 통도通道는 다섯, 그것을 행하는 까닭은 하나다. 가로되 힘쓰는
것이다.〕

13. 힘은 기껏 해야 백 사람의 힘뿐이다

어떤 사람이 묻기를

"힘이 센 사람이 큰 솥을 들어올리기도 하고 화려하게 채색한 기旗를
들어올리기도 했다는 이야기가 있습니다만, 지智와 덕德에 대해서도
이러한 이야기가 있습니까?"

하니, 대답했다.

"힘이란 기껏 해야 백 사람의 힘인 것이다. 덕으로써 고르게 하고
어리석은 아버지와 모진 어머니의 마음을 돌려 화목하게 지내고, 덕이
있는 사람에게 천하를 선양한 것이 있다. 또 지혜로써 천지의 참모습을
알고, 헤아릴 수 없는 신비한 것을 형상한 것이 있다. 백 사람의 힘뿐이겠
는가!"

◉ 덕德에 뛰어난 것은 순임금의 실례이고, 지智에 뛰어난 것은 『역易』을
만든 복희씨伏羲氏·문왕文王·공자의 세 성인을 염두에 두고 한 말이다.

或曰 力有扛洪鼎揭華旗 智德亦有之乎 曰 百人矣 德諧頑嚚 讓萬國

知情天地 形不測 百人乎

14. 무슨 뜻인지 가르쳐 주십시오

어떤 사람이 군주君主에 대해 물으니, 대답했다.

"밝게 빛난 사람들이다."

어떤 사람이 또 신하臣下에 대해 물으니, 대답했다.

"순종順從하여 편안하게 하는 것이다."

감히 묻습니다.

"무엇을 이르는 것입니까?"

하니, 대답했다.

"군자君子는 윗자리에 있게 되면 밝은 지혜로써 아랫사람들에게 광명을 주고, 아랫자리에 있게 되면 순종하여 윗자리에 있는 사람을 편안하게 하는 것이다."

或問君 曰 明光 問臣 曰 若禔[1] 敢問 何謂也 曰 君子在上 則明而光其下 在下 則順而安其上

〔혹자가 군주君主를 물으니 답하기를 명광明光이다. 신臣을 물으니 답하기를 약지若禔이다. 감히 묻건대 무슨 말인가. 답하기를 군자가 위에 있으면 밝아서 그 아래를 비추고 아래에 있으면 순종하여 그 위를 편안하게 한다.〕

※

1 若禔(약지) : 순종하여 편안하게 한다.

15. 성인은 자기의 인격을 닦는 데 힘쓴다

어떤 사람이 묻기를

"성인聖人은 하늘이 변화하고 땅이 이상한 현상을 일으키는 것을 문제로 삼습니까?"

하니, 대답했다.

"성인은 자기의 덕을 닦는 일에만 마음을 쓰고 하늘이 변화하고 땅이 이상한 현상을 일으키는 데 주의하는 것은 그 다음으로 삼는다. 그러므로 평소에도 항상 덕을 닦는 것이 근본이요, 변이變異를 만나서 허둥거리며 수양修養에 노력하는 것은 말단인 것이다. 근본과 말단이 함께 바르게 다스려지지 않고 높은 자리를 보전한 사람은 있지 않았다."

◉ 이 이야기를 왕영보는, 왕망의 만년인 천봉연간天鳳年間에 자주 재해가 일어났는데 왕망이 그것들을 상서로운 것이라고 한 사실들에 대한 발언이라고 했다.

或曰 聖人事異乎 曰 聖人德之爲事 異亞之 故常修德者本也 見異而修德者末也 本末不修而存者 未之有也

〔혹자가 말하기를 성인은 이異를 일삼는가. 답하기를 성인은 덕德을 일삼는다. 이異는 그에 버금이다. 그러므로 항상 덕을 닦는 것이 본本이요, 이異를 보고 덕을 닦는 것은 말末이다. 본말本末을 닦지 않고 존재하는 것은 아직 있지 않다.〕

348

16. 천자가 모든 백성을 통치할 수 있는 것은

하늘과 땅이 구하는 것은 이 백성이다. 이 백성이 구하는 것은 한 사람인 천자인 것이다. 한 사람인 천자가 구하는 것은 백성의 마음인 것이다.

天地之得[1] 斯民也 斯民之得 一人也 一人之得 心矣

〔천지의 득得은 사민斯民이다. 사민의 득은 일인一人이다. 일인의 득은 심心이다.〕

※

1 天地之得(천지지득): 사마광司馬光은 천지天地가 그 도道를 얻는 것이라고 했다. 유사배劉師培는 '득得'은 '중中'과 통하고, '중中'은 '심心'을 말한다고 했다. 득得은 구하는 것이다.

17. 연령이 높아질수록 인덕도 높아지는 사람

나는 여러 전傳에 의해 들었는데, 나이 들어 늙어 가면 경계할 것이 탐하는 데 있다고 했다. 연령이 높아지면 높아질수록 덕도 더욱 높아지는 사람은 공자의 제자들일 것이다.

● 『논어』 계씨편季氏篇에 보면 군자가 경계해야 할 세 가지로 소년기에는 여색을 경계해야 하고, 장년기에는 싸움을 경계해야 하며, 노년기에는 욕심을 경계해야 한다고 했다.

吾聞諸傳¹ 老則戒之在得² 年彌高而德彌邵者 是孔子之徒與

〔나는 제전諸傳에서 들었는데, 늙으면 경계警戒함이 득得에 있다고 한다.
나이가 점점 높아지면서 덕德이 점점 높아지는 자는 이 공자의 무리인져.〕

※

1 傳(전): 전한前漢시대에는 『논어論語』, 『효경孝經』, 『맹자孟子』, 『이아爾雅』
  등의 서書를 전傳이라 불렀다.
2 得(득): 탐욕이다. 『논어』 계씨편에 '戒之在得계지재득'이라고 했다.

18. 어느 편이 바람직합니까?

어떤 사람이 묻기를

"처음에는 덕을 두었는데 끝마침에는 덕이 없는 사람이나 끝마침에
는 덕이 있었는데 처음에는 덕이 없던 사람은 누가 편안하겠습니까?"
하니, 대답했다.

"어찌 먼저 병이 들었다가 뒤에 병이 나은 것이겠는가! 어찌 먼저는
완전한 몸이었는데 뒤에 병에 걸린 것이겠는가!"

或問 德有始而無終 與有終而無始也 孰寧 曰 寧先病而後瘳乎 寧先瘳
而後病乎

〔혹자가 묻기를 덕德이 시작이 있고 끝이 없는 것은 끝이 있고 시작이
없는 것과 무엇이 나은가. 답하기를 어찌 먼저 앓고 나중에 낫겠는가.
어찌 먼저 낫고 나중에 앓겠는가.〕

19. 그것을 다스리는 방법은 미묘한 도이다

어떤 사람이 큰 것에 대해 물으니 대답했다.

"작은 것이다."

어떤 사람이 또 먼 것에 대해 물으니 대답했다.

"가까운 것이다."

어떤 사람이 그 말의 뜻을 깨닫지 못하니, 다시 말했다.

"천하天下는 큰 것이지만 그것을 다스리는 방법은 미묘微妙한 도道에 있다. 또한 작은 것이 아니겠는가. 사해四海는 멀리까지 퍼져 있지만 그것을 다스리는 것은 천자天子의 마음에 있다. 또한 가까운 것이 아니겠는가."

◉ 『중용』에 의하면, 군자君子는 도道의 큰 것을 말하면 천하에 그것을 실을 것이 없을 정도이고, 도의 작은 것을 말하면 천하에 그것을 다시 더 작게 분석할 수 없을 정도라고 했다.

或問大 曰小 問遠 曰邇 未達 曰 天下爲大 治之在道 不亦小乎 四海爲遠 治之在心 不亦邇乎

〔혹자가 큰 것을 물으니 답하기를 작은 것이다. 먼 것을 물으니 답하기를 가까운 것이다. 아직 깨닫지 못하자 말하기를 천하는 크다고 하지만 그것을 다스림은 도道에 있으니 또한 작지 않은가. 사해四海는 멀다고 하지만 그것을 다스림은 마음에 있으니 또한 가깝지 않은가.〕

20. 준철俊哲과 홍수洪秀라는 것은

어떤 사람이 준철(俊哲: 준수하고 어진 것)이라고 하는 것과 홍수(洪秀: 크게 빼어난 것)라고 하는 것에 대해 물으니, 대답했다.

"성인聖人의 도道를 밝게 아는 것을 준俊이라고 이르는 것이다. 재능과 덕행德行에 있어 남보다 빼어난 경우를 홍洪이라고 이른다."

◉ 왕영보汪榮寶는 말하기를 준철俊哲과 홍수洪秀는 당시 인재를 등용하는 과科의 명칭일 것이라고 했다.

或問俊哲洪秀 曰 知哲聖人 之謂俊 秀穎德行 之謂洪

〔혹자가 준철俊哲과 홍수洪秀를 물으니 답하기를 성인을 밝게 아는 것을 준俊이라고 한다. 덕행德行에 수영秀穎하는 것을 홍洪이라고 한다.〕

21. 좋다고 결정한 뒤에 행동하는 군자

군자는 행동할 때에는 모든 일에서 헤아려보는 것이며, 일을 할 때에는 모든 예에서 헤아려보는 것이다.

君子動則擬諸事 事則擬諸禮

〔군자는 움직이면 일에서 헤아리고 일이면 예禮에서 헤아린다.〕

352

22. 중심이 되는 행위란 도덕적인 행위이다

어떤 사람이 가지가지의 말 중에서 가장 좋은 말과 가지가지의 행위 중에서 으뜸이 되는 것에 대해 물으니, 대답했다.

"가지가지의 말 중에서 가장 좋은 말이란 덕에 대한 말이요, 가지가지의 행위 중에서 으뜸이 되는 행위란 덕을 행하는 것이다."

어떤 사람이 태평성세에 대해 물으니, 대답했다.

"그것은 요순堯舜시대나 주왕조周王朝가 융성한 때의 모습일 것이다. 『서경書經』의 요전堯典·순전舜典이나 『시경詩經』의 대아大雅·소아小雅를 한번 읽어 보면 참으로 평화롭고 즐거운 기분을 가히 알 수 있는 것이다."

或問群言之長 群行之宗 曰 群言之長德言也 群行之宗德行也
或問泰和 曰 其在唐虞成周[1]乎 觀書及詩 溫溫乎其和可知也

〔혹자가 군언群言의 장長과 군행群行의 종宗을 물으니 답하기를 군언의 장은 덕언德言이고 군행의 종은 덕행德行이다.

혹자가 태화泰和를 물으니 답하기를 그 당唐·우虞·성주成周에 있을 것인 져. 서書 및 시詩를 보건대 온온溫溫하여 그 화和를 알 수 있다.〕

※

1 成周(성주): 주왕조周王朝가 융성하던 때.

23. 관저關雎의 시가 만들어진 시기

주왕조周王朝의 강왕康王 시절에 천하는 태평해 40여 년 동안이나 형벌을 집행할 일이 없다고 할 정도였다. 그러므로 태평을 구가하는 노랫소리가 백성들 사이에서 불려졌다. 이때 요조한 숙녀가 왕후王后가 되었으면 좋겠다고 바라는 관저關雎의 시詩가 만들어졌다. 이것은 잘 다스려진 시절의 풍습이 사람들의 몸에 배어 있었기 때문이다.

제나라 환공桓公 시절에 세상은 어지러워졌는데, 『춘추』에서 환공이 야만의 나라인 초나라를 굴복시킨 소릉邵陵의 모임을 찬미한 것은 난세의 괴로움이 사람들의 마음에 배어 있었기 때문이다.

그러므로 치세治世의 풍습에 물들어 있으면 처음의 혼란도 곧 마음이 아프고, 난세亂世 속에서 평생을 괴롭게 지내면 약간의 다스려짐조차도 기뻐하게 되는 것이다.

◉『사기』 주본기周本紀에 주나라 강왕康王 때 40여 년 간 형刑의 집행執行이 없었다고 했다. 그리고 『공양전公羊傳』 희공 4년의 기록에 제나라 환공桓公이 초나라를 굴복시킨 일을 『춘추春秋』에서 찬미한 부분이 보인다.

周康之時[1] 頌聲作乎下 關雎[2]作乎上 習治也 齊桓[3]之時縕 而春秋美邵陵[4] 習亂也 故習治則傷始亂也 習亂則好始治也

[주周의 강왕康王 때 송성頌聲이 아래에서 만들어지고, 관저關雎가 위에서 만들어진 것은 다스려짐에 익숙해져서였다. 제齊의 환공桓公 때는 어지러웠다. 그렇건만 춘추春秋에서 소릉邵陵을 기린 것은 어지러움에 익숙해져서였다. 그러므로 다스려짐에 익숙해지면 처음으로 어지러워진 것에

괴로워하고, 어지러움에 익숙해지면 처음으로 다스려짐도 좋아한다.〕

※

1 周康之時(주강지시): 주왕조 강왕康王의 시대.

2 關雎(관저): 『시경』에 수록된 시詩의 이름.

3 齊桓(제환): 제齊나라 환공桓公.

4 邵陵(소릉): 지명地名. 제나라 환공이 초나라를 굴복시키고 회합한 곳.

24. 사방에서 공물을 받은 한나라

한漢나라 조정의 천자가 베푼 덕에 의한 교화는 진실로 변방 이민족의
국가를 따르게 했다고 이를 것이다. 남쪽의 황지국黃支國으로부터
서쪽의 대하국大夏國, 동방의 동제인東鞮人, 북방의 흉노도 다 그 진귀한
보물을 공물貢物로 바치면서 조회에 참가했다. 한나라 천자의 덕德에
의한 교화는 진실로 변방 이민족의 국가를 따르게 했다고 이를 것이다.
세상에서 드문 일이었다.

漢德其可謂允懷矣 黃支[1]之南 大夏[2]之西 東鞮[3]北女[4] 來貢其珍 漢德其
可謂允懷矣 世鮮焉

〔한漢의 덕德은 그 진실로 지극하다고 할 수 있다. 황지黃支의 남南,
대하大夏의 서西, 동제東鞮, 북녀北女도 와서 진귀珍貴한 것을 바쳤다.
한漢의 덕은 그 진실로 지극하다고 이를 만하다. 세상에서 적었다.〕

※

1 黃支(황지): 황지국黃支國. 인도의 마드라스 남방에 해당. 『한서漢書』「지리
   지地理志」에 의하면 평제平帝의 원시연간原始年間에 산 서우犀牛를 바쳤다고

한다.

2 大夏(대하): 대하국大夏國. 아프가니스탄 북부의 발흐에 도읍都邑한 박트리
아. 무제武帝 때 장건張騫에 의해 교통交通이 열렸다.

3 東鞮(동제):「지리지」의 동제인東鞮人. 일본日本을 가리키는 말인 듯하다.
일정한 해를 정해 공물貢物을 바치고 내조來朝했다고 한다.

4 北女(북녀): 북노北奴의 노奴가 여女가 된 것으로, 흉노匈奴를 가리킨다.

25. 최상의 정치란 먼 나라가 사모하는 것

천자가 크고 넓어 그 끝을 알 수 없는 성인聖人의 덕으로써 교화해
먼 나라의 사람들까지 다 그 덕을 사모하고 조회에 참가하게 하는
것이 가장 좋은 정치이다.

빛나는 정의로운 군대로써 사방의 무도한 나라를 정벌하는 것은
그 다음 가는 정치이다. 야만족野蠻族이 중국에 침입해 천자의 관리와
백성을 움직여 맞서 싸우느라 나라의 힘을 다 기울이고 군대를 약화시키
는 따위는 가장 좋지 않은 정치이고 그 아래는 없는 것이다.

● 왕영보汪榮寶에 의하면 왕망의 대흉노책對匈奴策을 풍자한 것이라고
한다.

荒荒聖德 遠人咸慕 上也 武義璜璜 兵征四方 次也 宗夷猾夏¹ 蠢迪王
人 屈國喪師 無次也

〔황황荒荒한 성덕聖德을 먼 나라 사람들 모두가 사모하는 것은 상上이다.
무의武義가 황황璜璜하여 군사로 사방을 정벌하는 것은 다음이다. 만이蠻
夷가 중국을 어지럽히고 왕인王人을 준적蠢迪하여 국력國力을 굽히고 군사

를 잃는 것은 다음이 없는 것이다.]

※

1 宗夷猾夏(종이활하): 순전舜典에는 만이활하蠻夷猾夏로 되어 있다. 옛날에
  '만蠻'을 '종宗'으로 썼으므로 종宗은 만蠻의 오자일 것이다. 하夏는 중국中國.

26. 최고의 덕의 상징은 기린과 봉황

기린麒麟의 잘 다듬어진 예의 바른 자태와 봉황鳳凰의 법도에 맞는
우아한 모습은 어느 것이나 가장 지극한 덕의 상징이다. 용이나 범의
용맹스러움, 매나 독수리의 사나운 모습은 어느 것이나 아직 지극한
덕에는 이르지 못한 것이다.

麟之儀儀[1] 鳳之師師[2] 其至矣乎 螭[3]虎桓桓 鷹隼獥獥[4] 未至也

〔기린麒麟의 의의儀儀함과 봉황鳳凰의 사사師師함은 그 이를 것인가. 이螭
나 호虎의 환환桓桓함이나 응鷹이나 준隼의 잔잔獥獥함은 이르지 않을
것이다.〕

※

1 儀儀(의의): 거동에 예의가 있는 모양.
2 師師(사사): 의법이 바른 모양.
3 螭(이): 용龍의 일종. 일설에는 범과 비슷하게 생겼으면서도 비늘이 달린
  맹수猛獸의 이름이라고도 한다.
4 獥獥(잔잔): 새가 빨리 나는 모양.

27. 후하게 대우하지 않을 수 있는가

어떤 사람이 묻기를

"흉흉訩訩한 북방의 미개인인 흉노가 다만 조회에 참가했다는 것만으로 많은 은전을 주고 중국의 비단과 오색의 수를 놓은 비단옷을 입히고, 중국의 황금으로 만든 인장印章과 소뿔로 만든 띠를 두르게 하고, 궁중에서 산해진미의 음식을 먹게 하는 것은 지나친 잔치를 연 것이 아닙니까?"

하니, 대답했다.

"그 옛날 고조高祖·문제文帝·무제武帝의 삼대三代 동안은 흉노가 실로 군사의 주인이었다. 그런데 선제宣帝 때부터 저쪽에서 머리를 숙이고 내조해 북방의 번신蕃臣을 일컫기에 이르렀다. 이것이야말로 한실漢室 역대 종묘의 신의 혜택이요, 사직社稷의 영령靈靈의 보살핌이다. 후하게 잔치를 열지 않을 수 있겠는가."

● 왕영보汪榮寶는 한대漢代를 추론追論해 왕망이 대외정책에 있어 실패한 것을 암시한 것이라고 했다. 한조漢朝의 흉노에 대한 후한 대우에 관한 이야기는 『한서』「흉노전 하匈奴傳下」와 「선제기宣帝紀」에 나와 있다.

或曰 訩訩[1]北夷 被我純繢 帶我金犀 珍膳寧餬[2] 不亦享乎[3] 曰 昔在高文武[4] 實爲兵主 今稽首來臣 稱爲北蕃 是爲宗廟之神 社稷之靈也 可不享

〔혹자가 말하기를 흉흉訩訩한 북이北夷가 우리의 순회純繢를 입고, 우리의 금서金犀를 띠고, 진선珍膳 영호寧餬를 또한 향享하지 아니한가. 답하기를 옛날 고제高帝·문제文帝·무제武帝 때에 실로 군사의 주主였으나 지금은

계수稽首하고 내신來臣하여 일컬어 북번北蕃이라고 한다. 이것은 종묘宗廟
의 신神과 사직社稷의 영靈이 하는 것이다. 향하지 않을 수 있는가.〕

※

1 訩訩(흉흉): 떠들썩한 모양. 소란한 모양

2 寧餬(영호): 편안하게 붙어 살다의 뜻. 일설에는 만호曼餬가 알맞다고 했다.

3 不亦享乎(불역향호): 누리다. 『어람御覽』에 의해 향享을 후厚로 풀이한다고
  했다.

4 高文武(고문무): 한초漢初의 고조高祖·문제文帝·무제武帝.

28. 군대를 함부로 출동시키지 않은 한나라

백룡퇴白龍堆의 황지荒地로부터 서쪽과 대막大漠의 사막砂漠으로부터
북쪽의 지대는 다 새와 짐승의 고기를 먹고 그 가죽을 의복으로 하는
미개인들이 사는 곳이었다. 지방정부〔郡〕에서 평정하기 위해 함부로
천자의 군대를 출동시키는 일은 한漢나라 조정에서는 하지 않았던
것이다.

龍堆¹以西 大漠²以北 鳥夷獸夷 郡勞王師 漢家不爲也

〔용퇴龍堆에서 서쪽, 대막大漠에서 북쪽은 조이鳥夷요, 수이獸夷다. 군郡
에서 왕사王師를 수고롭게 하는 일은 한가漢家에서는 하지 않았다.〕

※

1 龍堆(용퇴): 천산남로天山南路의 사막沙漠지대에 있던 사구沙丘의 일종.
  백룡퇴白龍堆.

2 大漠(대막): 고비사막. 당시는 흉노의 세력권이었다.

29. 주애군은 원제元帝 때 폐지했다

주애군朱崖郡은 무제武帝 때 새로 설치하였으나 난亂이 그치지 않아
원제元帝 때 마침내 폐지했다. 그것은 가연지賈捐之의 간언諫言에 의한
것이었다. 만약 그렇게 하지 않았다면 물고기나 껍질 있는 벌레의
무리와 같은 미개인들 때문에 중국의 예에 맞는 의복을 갖춰 입는
사람들이 수고를 하는 결과가 되었을 것이다.

朱崖[1]之絶　捐之[2]之力也　否則介鱗易我衣裳

〔주애군朱崖郡을 끊은 것은 가연지賈捐之의 힘이었다. 아니었다면 개린介
鱗으로 우리 의상衣裳을 바꾸었을 것이다.〕

※

1 朱崖(주애): 해남도海南島의 해구海口 부근. 무제武帝 때 공벌해 담이儋耳와
　주애朱崖의 두 군郡을 설치했으나 가끔 난亂이 일어나 원제元帝 때 폐지했다.
2 捐之(연지): 가연지賈捐之.

30. 선조나 여러 신을 제사 지내면…

군주 되는 자는 백성을 번성하게 하고, 재물을 풍족하게 하는 것이다.
또 인간의 도道를 밝히고, 의義를 천하에 펴 제왕帝王의 사용하는 것을
성취시키고, 천지의 조화를 도와 완성시켜 오곡五穀을 먹는 사람으로
하여금 웃음을 웃고 편안하게 살게 하는 것이다. 그와 같이 하고 선조先
祖나 여러 신神에게 제사 지낸다. 그 신령神靈들이 또한 기꺼이 흠향하지
않겠는가!

360

君人者 務在殷民阜財 明道信義 致帝者之用 成天地之化 使粒食之民
粲¹也晏也 享于鬼神 不亦饗乎

〔사람에게 군주君主 되는 자는 힘쓰는 일이 백성을 번성하게 하고, 재財를
풍족하게 하며, 도道를 밝히고 의義를 펴 제왕帝王의 사용을 이루어지게
하고, 천지의 화化를 이루어서 입식粒食의 백성으로 하여금 찬粲하고
안晏하게 하는 것이다. 귀신에게 제사 지내는 일도 한다. 또한 흠향하지
않겠는가.〕

※

1 粲(찬): 웃고 즐기다.

31. 하늘이 수고하는 것이 있겠습니까?

하늘의 도道는 노력해서 공功을 이루는 것이다.

어떤 사람이 노력해서 공을 이루는 것에 대해 물으니, 대답했다.

"〔태양이 주천周天하는 것은 365도度 4분의 1이라고 하며〕1일에 한
번 돈다. 이것을 하늘이 노(勞: 노력)하는 것이라고 한다. 이렇게 하여
365일에 전체 하늘을 한 번 돌면 1년이 된다. 이것을 하늘의 공功이라고
한다."

어떤 사람이 또 묻기를

"군주는 편안하게 있고 신하는 열심히 수고하는 것이 군신君臣의
도道입니다. 어찌 하늘이 노력하는 것입니까?"

하니, 대답했다.

"하늘의 운행運行은 자연적인 것으로 편안히 행해지는 것이나 우리들
의 도덕규범道德規範으로 바라보면 날로 새로운 만물의 생성生成이

행해지고 있으므로 그것을 노력하는 것이라고 하는 것이다."

天道勞功 或問勞功 曰 日一日¹勞 考載曰功 或曰 君逸臣勞 何天之勞
曰 於事則逸 於道則勞

〔천도天道는 노공勞功이다. 혹자가 노공을 물으니 답하기를 하루에 한
번을 노勞라 하고, 한 해를 이루는 것을 공功이라 한다. 혹자가 말하기를
군주는 편안하고 신하는 수고한다. 하늘이 수고하는 것은 무엇인가.
답하기를 일에 있어서는 편안하고 도道에 있어서는 노력한다.〕

※

1 日(일): 왈曰로 고치는 것이 마땅하다.

32. 이윤伊尹보다 더한 왕망

주왕조周王朝의 성왕成王을 보좌한 주공단周公旦 이래로 안한공安漢公
왕망王莽만큼 훌륭한 인물은 있지 않았다. 그가 열심히 보좌한 것은
아형阿衡이라 불린 은왕조殷王朝의 현명한 신하인 이윤伊尹보다 더했다.

● 찬탈자簒奪者인 왕망을 예찬한 것은, 고래古來로 물의의 대상이었다.
양웅揚雄을 변호하는 사람들은, 신황제新皇帝가 된 왕망을 한공漢公이라
고 일컬은 점, "아형阿衡보다 지나치다."라고 말해 천자의 지위를 넘본
일이 없는 이윤伊尹을 들고 있는 점 등에 의거해서 저자가 고심한 것을
강조한 것이다.

周公以來 未有漢公¹之懿也 勤勞則過於阿衡²

〔주공周公 이래 아직 한공漢公의 아름다움이 있지 않다. 근로勤勞는 곧 아형阿衡을 앞선다.〕

※

1 漢公(한공) : 안한공安漢公. 왕망王莽을 가리킨다.
2 阿衡(아형) : 은왕조殷王朝의 탕왕湯王의 현명한 신하인 이윤伊尹의 관직 명칭.

33. 한나라의 운명은 중천에 당도했다

한漢나라를 일으켜 고조高祖가 한왕漢王이 된 해로부터 평제平帝가 왕망에게 시해弑害된 해까지 무릇 210년간 한漢나라의 명운命運은 태양이 중천中天에 한 것에 가까웠다. 벽옹辟雍을 세워 덕화德化의 근본을 정하고, 학교를 세워 교육을 일으키고, 예악禮樂을 제정해 문치文治를 꾸미고, 거마車馬와 의복衣服의 형식을 정하여 절도를 보이고, 옛날의 정전井田과 형법刑法의 제도를 부활하고, 노예奴隷의 매매賣買를 중지시켰다. 대단한 일이었다.

◉ 고조高祖가 한왕漢王이 된 해는 기원전紀元前 206년이고, 평제平帝가 왕망에게 시해弑害된 해는 기원 5년이므로 한조漢朝는 210년 동안 계속되었다. 그리고 벽옹辟雍 이하는 다 왕망이 한 일이다. 여기도 문제가 되는 점이지만 처음에 한흥漢興 운운한 것으로 변명이 된다.

漢興二百一十載而中天 其庶矣乎 辟雍[1]以本之 校學以敎之 禮樂以容之 輿服以表之 復其井刑 勉[2]人役 唐矣夫

〔한漢이 일어나 이백일십년二百一十年이 되어 중천中天하였으니, 그 가깝지 않은가. 벽옹辟廱으로써 그것을 근본으로 하고, 교학校學으로써 그것을 가르치고, 예악禮樂으로써 그것을 장식하고, 여복輿服으로써 그것을 나타내고, 그 정전井田과 형법刑法을 부활復活시켜 인역人役을 면免했다. 당唐하도다.〕

※

1 辟廱(벽옹): 천자가 예악을 행해 덕화德化를 선양하는 곳, 곧 대학이다.
2 勉(면): 면免의 뜻으로 쓰였다.

제14권 법언서法言序

1. 학행學行편을 만든 이유는

하늘이 백성을 이 세상에 내려 보냈을 때 인간은 아무것도 모르는 어리석은 상태에서 본능대로 행동하고 총명한 마음은 열리지 않았다. 이에 성인聖人이 나와 사람들에게 모든 도리道理를 가르쳤다. 이때 '학행편學行篇'을 만들었다.

天降生民[1] 侾侗顓蒙[2] 恣乎情性 聰明不開 訓諸理 譔學行

〔하늘이 생민生民을 내리고 공동전몽侾侗顓蒙했다. 정성情性을 마음이 내키는 대로 해 총명聰明이 열리지 않았다. 모든 이리를 가르치는 것으로 학행學行을 지었다.〕

※

1 天降生民(천강생민): 하늘이 백성을 이 세상에 내리시고, 나를 그 군주君主로 삼으시고 스승으로 삼으시어 이와 같이 고하시다. 『맹자』 양혜왕하편梁惠王下篇을 인용한 글이다.
2 侾侗顓蒙(공동전몽): 공동侾侗은 어리석다. 전몽顓蒙은 몽매하다.

2. 오자吾子편을 만든 이유는

주공周公 이래 공자孔子에 이르러서 예악禮樂으로써 천하를 다스리는 왕자王者의 도道가 완성되었다. 그러한 뒤에 세상은 드디어 국가의 대법大法이 괴리되었고 제자백가諸子百家가 각자의 주장하는 아름다운 것을 들고 주공·공자의 도道와 다른 것을 주창하여 도모했다. 이에 '오자편吾子篇'을 만들었다.

降周迄孔 成于王道 然後[1]誕章[2]乖離 諸子圖徽 譔吾子

〔주공周公으로부터 내려와 공자孔子에 이르러서 왕도王道를 이루었다. 연후然後에 탄장괴리誕章乖離되고 제자諸子가 휘徽를 도모圖謀해 오자吾子를 만들다.〕

※

1 然後(연후): 진은복秦恩復은 연然은 종終이 마땅하다고 했다.
2 誕章(탄장): 국가의 중대한 법전.

3. 수신修身편을 만든 이유는

무릇 사물에는 근본이 되는 진실이 있어 그것이 뜻에 미쳐 베풀어지는 것이다. 행동하는 것을 다 극복하지 못하는 것은 모든 몸에 근본 하는 것이다. 이에 '수신편修身篇'을 만들었다.

事有本眞 陳施於意[1] 動不克咸 本諸身 譔修身

〔사물에는 근본의 진실이 있어 진술陳述하여 의意에 베푼다. 행동하는 것을 다 극복하지 못하면 그것은 자신에게 근본 하는 것이므로 수신修身을 만들다.〕

※

1 陳施於意(진시어의): 『한서漢書』 「양웅전揚雄傳」에 인용한 바로는 '의意'는 '억億'으로 되어 있다.

4. 문도問道편을 만든 이유는

넓고 아득하여 끝을 알 수 없는 천도天道는 옛 성인聖人에게 참고하는 것에 있다. 이것을 지나치면 중용中庸을 잃고 여기에 미치지 못하면 도道에 이르지 못한다. 간사한 것으로 속이는 것은 불가하다. 이에 '문도편問道篇'을 만들었다.

芒芒天道 昔在聖考 過則失中 不及則不至 不可姦罔 譔問道
〔망망芒芒한 천도天道는 옛날의 성인을 고考하는 데 있다. 지나치면 중용中庸을 잃고 미치지 못하면 이르지 못한다. 간망姦罔해서는 안 되므로 문도問道를 만들다.〕

5. 문신問神편을 만든 이유는

성인聖人은 신비롭고 형용하기 어려운 마음의 활동으로 천지사방 온 곳을 다스린다. 그 일은 도道·덕德·인仁·의義·예禮에 매여 있다. 〔이것이 도가道家의 설說 등과 다른 점이다.〕 이에 '문신편問神篇'을 만들었다.

神心忽恍 經緯萬方 事繫諸道德仁義禮 譔問神

〔신심神心은 홀황忽恍하여 만방을 경위經緯하지만 일은 도道·덕德·인仁·의義·예禮에 연계連繫되므로 문신問神을 만든다.〕

6. 문명問明편을 만든 이유는

밝게 지혜로운 사람은 그 지혜의 밝음으로 사방을 밝혀 다함이 없다. 생각지 않은 재앙災殃을 피해 천명을 온전하게 한다. 이에 '문명편問明篇'을 만들었다.

明哲煌煌 旁燭無疆 遜于不虞[1] 以保天命 譔問明

〔명철明哲은 황황煌煌하여 널리 비춰 끝이 없다. 불우不虞를 손遜해 그것으로써 천명天命을 보보保하므로 문명問明을 만든다.〕

※

1 遜于不虞(손우불우): '遜'을 손순遜順이라 풀이하여 평소부터 남을 거스르지 않도록 하여 생각지 않은 일에 대비한다고 하는 것이 통설通說이다.

7. 과견寡見편을 만든 이유는

원대한 말은 천지天地에 고루 미쳐 신명神明의 활동을 돕는다. 그만큼 그윽하고 깊으며 광대한 것을 제 멋대로 해서 비근한 말〔邇言〕을 뛰어넘었다. 이에 '과견편寡見篇'을 만들었다.

邇言周于天地 贊于神明 幽弘攟[1]廣絶于邇言[2] 譔寡見

〔먼 말은 천지天地에 두루 하여 신명神明을 돕는다. 유홍幽弘하고 광광撗廣하여 이언邇言을 끊는 것으로 과견寡見을 만든다.〕

※

1 撗(광): 횡橫의 오자誤字이다.
2 邇言(이언): 통속적이어서 알기 쉬운 말.

8. 오백五百편을 만든 이유는

성인聖人은 총명하고 깊고 아름다운 덕德으로써 하늘의 행동을 이어받아 신묘한 이치를 미루어 헤아려 만물의 무리에서 으뜸이며 모든 법도를 다스렸다. 이에 '오백편五百篇'을 만들었다.

聖人聰明淵懿 繼天測靈 冠乎群倫 經諸範 譔五百

〔성인聖人은 총명聰明하고 연의淵懿하여 하늘을 계승繼承하고 영령靈을 헤아리며 군륜群倫에 관冠하여 그것을 모든 범範에 경經하는 것으로 오백五百을 만든다.〕

9. 선지先知편을 만든 이유는

정치를 확립하고 백성을 고무시켜 천하의 만민을 감동시켜 교화하는 것은 중화中和의 덕에 앞서는 것이 없다. 중화의 덕을 행하기 위해서는 먼저 백성들의 실정에 밝지 않으면 안 된다. 이에 '선지편先知篇'을 만들었다.

370

立政鼓衆 動化天下 莫尙於中和 中和之發 在於哲民情 譔先知

〔정치政治를 세워서 대중을 고무鼓舞하고 천하를 동화動化하는 것은 중화中和보다 더 나은 것은 없다. 중화의 발발發함은 민정民情의 밝은 것에 있는 것으로 선지先知를 만들다.〕

10. 중려重黎편을 만든 이유는

중니仲尼가 세상에 나온 이래 나라의 군주·장군·승상丞相·경卿·사士 등의 이름난 신하들이 들쭉날쭉해 가지런하지 못했다. 모든 성인聖人의 도道를 규준規準으로 해 그것들을 평목平木했다. 이에 '중려편重黎篇'을 만들었다.

仲尼以來 國君將相卿士名臣 參差不齊 一綦諸聖 譔重黎

〔중니仲尼 이래 국군國君·장상將相·경사卿士 등의 명신名臣이 참치參差하여 한결같지 않다. 하나로 그것을 모든 성인에게 규준規準하여 중려重黎를 만들다.〕

11. 연건淵騫편을 만든 이유는

중니仲尼 사후死後 한漢나라 시대에 이르기까지 덕행德行으로 뛰어난 사람은 안연顏淵과 민자건閔子騫이 일컬어지고, 군주를 잘 보좌한 신하로는 소하蕭何와 조참曹參이 일컬어져 뛰어난 장군將軍의 이름에 이르렀다. 그들 인물의 존귀한 점과 비천한 점을 서술하고 품평品評을 더해 이에 '연건편淵騫篇'을 만들었다.

◉ 서序는 본래 이궤주본李軌注本에는 없고, 『한서』「양웅전揚雄傳」 말末에 인용한 『법언』 서序에 보이는 것으로서, 유종원柳宗元 이래 후인後人의 위작僞作으로 의심을 받고 있다.

중려편重黎篇과 연건편淵騫篇의 두 편은 본래 『춘추』 이후의 인물을 논평한 한 편이었으나, 장편長篇이기 때문에 임시로 둘로 나눈 것으로서, 서序는 공통이었다. 거기서 후인이 따로 연건편淵騫篇의 서序를 위작僞作해 『한서』에 삽입하고, 그것이 또 『법언』에 채입採入되었을 것이라고 한다.

仲尼之後 訖于漢 道德行顏閔[1] 股肱蕭曹[2] 爰及名將 尊卑之條 稱述品藻 譔淵騫

〔중니 이후 한漢에 이르기까지 덕행德行에는 안연顏淵과 민자건閔子騫, 고굉股肱에는 소하蕭何와 조참曹參이라 말하고, 이에 명장名將에 미친다. 존비尊卑의 조條를, 칭술稱述하여 품조品藻한 것으로 연건淵騫을 만들다.〕

※

1 道德行顏閔(도덕행안민): 『한서』에는 '행行'자가 없다. 이 경우에는 '도덕道德에는 안민顏閔'이라 풀이할 것이다. 안민顏閔은 안연顏淵과 민자건閔子騫.

2 蕭曹(소조): 소하蕭何와 조참曹參.

12. 군자君子편을 만든 이유는

군자는 끝마침을 순수하게 하고 알려지는 것을 다스리는 것이다. 활동하고 나아가는 것을 단속하고 넓게 성인의 법칙을 여는 것이다. 이에 '군자편君子篇'을 만들었다.

君子純終領聞[1] 蠢迪撿押[2] 旁開聖則 譔君子

〔군자君子는 마침을 순수하게 하고 문문聞을 영령領한다. 검압撿押해서 널리 성칙聖則을 여는 것으로 군자君子를 만들다.〕

※

1 純終領聞(순종영문): 끝마치는 것을 순수하게 하고 알려지는 것을 다스리다.
2 撿押(검압): 검갑檢押으로 써야 할 것이다. 조사하고 단속하는 것이다.

13. 효지孝至편을 만든 이유는

효孝는 부모를 편안하게 하는 것보다 큰 것은 없다. 부모를 편안하게 하는 것은 선조先祖의 신령神靈을 편안하게 해 드리는 것보다 큰 것은 없다. 선조의 신령을 편안하게 해 드리는 것은 사방의 외국 사람들까지 다 기쁜 마음으로 제전祭典을 돕기 위해 오는 것보다 큰 것은 없다. 이에 '효지편孝至篇'을 만들었다.

孝莫大於寧親 寧親莫大於寧神 寧神莫大於四表之歡心 譔孝至

〔효孝는 어버이를 편안하게 하는 것보다 큰 것은 없고, 어버이를 편안하게 하는 것은 신神을 편안하게 하는 것보다 큰 것은 없으며, 신神을 편안하게 하는 것은 사표四表의 환심歡心보다 큰 것은 없는 것으로 효지孝至를 만들다.〕

이준영李俊寧

동양문화사상연구소 소장.

어릴 때부터 노사蘆沙 학맥인 일재逸齋 정홍채鄭弘采 선생 문하[月山書堂]에서 경전經典을 배우고 연구하였다. 자는 도문道文, 호는 지한止漢이다.

해역서로 『대학大學』, 『시경詩經』, 『십팔사략十八史略』, 『주역周易』, 『묵자墨子』, 『중용中庸』, 『주례周禮』 등 다수가 있다.

《동양학총서 29》 **법언法言**

초판 1쇄 인쇄 2015년 4월 10일 | **초판 1쇄 발행** 2015년 4월 17일
지은이 양웅 | **해역** 이준영 | **펴낸이** 김시열
펴낸곳 도서출판 자유문고
　　　　서울시 영등포구 선유로 49 미주프라자 B1-102호
　　　　전화 (02) 2637-8988 | 팩스 (02) 2676-9759
ISBN 978-89-7030-088-7　04150　　값 15,000원
ISBN 978-89-7030-000-9　(세트)
http://cafe.daum.net/jayumungo